Sprache
und
Literatur 90

Helmut Motekat

Das zeitgenössische deutsche Drama

Einführung und
kritische Analyse

Verlag W. Kohlhammer
Stuttgart Berlin Köln Mainz

CIP-Kurztitelaufnahme der Deutschen Bibliothek

Motekat, Helmut
Das zeitgenössische deutsche Drama: Einf. u. krit. Analyse.
1. Aufl.
Stuttgart, Berlin, Köln, Mainz:
Kohlhammer 1977.
  (Sprache und Literatur; 90)
  ISBN 3-17-002028-5

Inhalt

Einleitung 7

Das Drama der »Zwanziger Jahre« 23

Das deutsche Drama seit 1945 34
*Wolfgang Borchert — Bertolt Brecht — Carl Zuckmayer — Georg
Kaiser — Fritz von Unruh
(Ernst Toller — Wolfgang Hildesheimer — Richard Hey — Peter
Hirche — Leopold Ahlsen — Günter Grass — Martin Walser)*

Die Anfänge einer neuen Dramatik 46
*Wolfgang Borchert — Stefan Andres
(Georges Bernanos — Paul Claudel — Thornton Wilder —
Thomas Stearns Eliot — Tennessee Williams — Arthur Miller)*

Das dokumentarische Zeitstück 51
*Rolf Hochhuth — Peter Weiss — Heinar Kipphardt — Tankred
Dorst — Martin Walser — Hans Magnus Enzensberger
(Hans Helmut Kirst — Wolfgang Graetz — Walter Jens — Peter
Lützkendorf — Peter Lothar)*

Ein neues Geschichtsdrama in einer Zeit ohne historisches Bewußtsein? 88
Carl Zuckmayer — Peter Weiss

Das »Neue Volksstück« 106
*Ödön von Horváth — Marieluise Fleißer — Martin Sperr —
Franz Xaver Kroetz
(Harald Sommer — Wolfgang Bauer — Peter Turrini — Wolf-
gang Deichsel — Rainer Werner Faßbinder)*

Sinnlosigkeit als Thema: Das zeitgenössische Drama des Absurden 129
Thomas Bernhard

Plebejer und Heimkehrer 135
Martin Walser — Günter Grass

Das Fragwürdigwerden der Identität 143
Max Frisch

Tragikomik und Groteske im zeitgenössischen Drama 160
Friedrich Dürrenmatt

Theater ohne Drama oder das »Sprechstück« 180
Peter Handke

Das Drama der Gegenwart. Sackgasse oder »Neue Gleise«? 188

Anmerkungen 194

Register 202

Einleitung

Das »zeitgenössische Drama« deutscher Sprache als Gegenstand kritischer Auseinandersetzung zu erörtern, ist zweifellos schwieriger als ein im heutigen Begriffssinn »modernes Drama« zu schreiben. Denn ein solches »Drama« zu verfassen scheint heute für den — enttäuschten — Theaterbesucher nicht viel mehr vorauszusetzen als ein auf irgendeine Weise begründetes »soziales Engagement« des Autors und dazu eine »flinke«, von Selbstkritik und den Gesetzen dramatischer Ästhetik unbehinderte Feder. Die tendenz- und modegeneigten Theaterleiter und -regisseure, die derartige »Dramen« inszenieren, muß ihr Verfasser nicht mühevoll suchen. Und daß es ihnen mit Hilfe qualifizierter Schauspieler hin und wieder gelingt, sogar aus dramatisch unergiebigen Texten Aufführungserfolge zu erzielen, ist als Tatsache unbestritten.

Aber nicht über das, was vorzügliche Regie und Darstellungsweise auch aus fragwürdigen »dramatischen« Vorlagen zu machen vermögen, ist im folgenden zu handeln, sondern von eben diesen Texten als solchen. Die Bezeichnung »Drama« meint in diesem Buch ausschließlich den in Dialogen, Monologen und Regieanweisungen vom Autor formulierten Gesamttext eines mehr oder weniger »modernen« Dramas als literarischen Gegenstand.

Nun ist mit der Bezeichnung »Drama« das Bewußtsein von einer der drei durch lange Tradition historisch begründeten und entwickelten poetischen Gattungen verbunden. Mit diesem Wissen um die *Gattung Drama* und ihre Gesetze in historischen Abwandlungen von der antiken Tragödie über das Drama des Mittelalters mit seinen Anfängen in der kirchlichen Liturgie bis zum Drama der Renaissance, des Barock, der Aufklärungszeit, der Klassik und Romantik und des 19. Jahrhunderts verbinden sich bestimmte, einigermaßen fest begründete und beschreibbare Vorstellungen von dem, was ein Drama zu sein und was es — als ein Werk der Sprache — in seinen typischen Ausdrucksformen zu vergegenwärtigen und an den Zuschauer zu vermitteln habe.

Diese Vorstellungen, in kritischen Auseinandersetzungen mit bereits vorhandenen oder als Forderungen an erst zu schreibende Dramen formuliert, haben sich je nach den Lebensauffassungen und Kunsttheorien einzelner Epochen im Rahmen einer gewissen Variationsbreite geändert. Bei dieser Feststellung ist es unnötig, die solche Veränderungen repräsentierenden Namen anzuführen. Sie sind in jeder gängigen Geschichte des europäischen und deutschen Dramas nachzulesen.

Von derartigen Veränderungen aber sind durch die Jahrhunderte und durch allen Geschmacks- und Stilwandel (auch durch gesellschaftliche Veränderungen) einige Eigenschaften des Dramas unberührt geblieben. Ich möchte sie vorab als die bei allen historischen Veränderungen *konstant bleibenden Elemente* des *Dramas als Gattung* bezeichnen. Diese Elemente sind insgesamt durch die Absichten des Dramatikers bestimmt; sie sind aber in ihren Eigenschaften von unterschiedlicher Art. Das sei in möglichster Kürze beschrieben:

Einziges Objekt des Dramas von seinen Anfängen bis heute ist der Mensch (als Individuum, Gruppe, Volk, Masse, wobei auch in ihnen im Grunde jedes Individuum als leidendes und handelndes Ich gemeint ist) in seinem mehr oder weniger gegensätzlichen Verhältnis zu überindividuellen Mächten, heißen sie nun Gott, Schicksal, Staat, Recht, Sittengesetz oder Naturgewalten. Absicht des Dramatikers ist, dieses Verhältnis, seine Problematik, seine einander entgegengesetzten Bestrebungen und Kräfte, die tragischen (oder auch komischen) Vollzüge und Auswirkungen ihres Ringens gegeneinander als Vorgang, als Abfolge von Erkenntnissen, Handlungen und Erfahrungen (tragischer oder komischer Natur) nicht zu erzählen, sondern an Handeln und Verhalten der Repräsentanten derartiger Bestrebungen und Auseinandersetzungen unmittelbar zu demonstrieren. Das führt über eine Reihe von Vorstufen schließlich zu dem rein räumlich angeordneten Gegenüber von Demonstrationsraum und Raum für die Zuschauer, denen etwas gezeigt werden soll (in der Neuzeit: Bühne und Zuschauerraum).

Schon bei dieser bewußt nur angedeuteten historischen Entwicklung ist daran zu erinnern, daß sich die christliche Kirche durchaus vergleichbarer Konfrontation bedient: Das in der Liturgie dargestellte (oder in Andeutung wiederholte) Heilsgeschehen wird im Chor in feierlich vorgeschriebener Form den Gläubigen im der Gemeinde zugewiesenen Raum vor dem Hochaltar demonstriert. Bekannt ist, daß die großen Kirchenbaumeister des Barock und des süddeutschen Rokoko einen (»Bühnen«-)Vorhang mehr oder weniger deutlich in ihren Kirchenraum dort plazierten, wo die Demonstration des Heilsgeschehens und der Raum der (Zuschauer-)Gemeinde aneinanderstießen. Aber auch der Altar (zumeist erhöht, als Ort der Demonstration sichtbar für alle) zeigt die Absicht solcher räumlichen Anordnung sehr deutlich. Daß vor dem Altar der eine (oder mehrere) Geistliche sozusagen die Bühne mit einer größeren Zahl Handeln demonstrierender Akteure ersetzen konnten, erklärt sich historisch aus dem heute kaum recht nachvollziehbaren Vertrauen in die Wirkungen der in der Renaissance erneut zu höchster Bedeutung und

Anerkennung gelangten Rhetorik als Kunst der Argumentation und Überzeugung mit den aus der Antike tradierten Mitteln der Redekunst. Demonstration also des tragischen oder komischen Verhältnisses des Menschen zu den überindividuellen Mächten! Diese erste Absicht jeden Dramatikers bezweckt von Anbeginn Einwirkungen auf die Menschen, für die in Form von Handlung etwas theatralisch dargestellt werden soll: die Zuschauer. Auch hier kann auf die Anführung der je leicht variierten Wirkungsabsichten einzelner Epochen auf ihre vorgestellten Zuschauer verzichtet werden unter Verweis auf die verfügbaren Geschichten des europäischen Dramas und Theaters.

Allen Wirkungsabsichten gemeinsam ist offensichtlich, den (zunächst gedachten) Zuschauer mit einer Konfliktsituation zu konfrontieren und ihm am Verhalten der im dargestellten Geschehen agierenden »dramatis personae« (als den bestimmte Rollen verkörpernden Trägern der Handlung) Konflikt und tragische (oder komische) Lösung vorzuführen. Der Zuschauer soll je nach der vorherrschenden Auffassung Schrecken vor der Unerbittlichkeit des Schicksals, Furcht vor der Erhabenheit und dem Sturz der Großen dieser Welt, Mitleid mit dem tragischen Helden oder Zufriedenheit über die Wiederherstellung der vorübergehend gestörten Weltordnung empfinden. Sehr früh schon spielt die Erwartung mit, daß der Zuschauer durch das Erlebnis des dramatischen Geschehens gewandelt oder belehrt werden könne. Ein Mehr an Welt- und Menschenkenntnis, an Selbsterkenntnis oder doch an Wissen um die Gesetze und Mächte in Natur und Gesellschaft und im Verhältnis von Schicksal, Schuld, Freiheit und Notwendigkeit in der Welt und im eigenen Ich soll der Zuschauer nach dem Erlebnis von Drama gewonnen haben.

Damit solche Wirkung eintreten kann, muß das Drama bestimmte Qualitäten aufweisen. Sind sie nicht gegeben, kann von Drama nicht mehr gesprochen werden. Diese Qualitäten und die ihre Eigenschaften bestimmenden Kräfte sind: Die Tatsache, daß der Ort der Begegnung zwischen dem erlebenden Menschen und der vergegenwärtigten Personen, Handlungen und Schicksale *nicht das Buch ist, sondern die Bühne;* und der Vollzug der Begegnung nicht im Verlauf des lesenden Aufnehmens und Umsetzens in Vorstellungen durch den Intellekt des Lesers geschieht, sondern als unmittelbares Erlebnis in der Konfrontation mit dem auf der Bühne unter Anwendung der Darstellungsmittel der Schauspielkunst verwirklichten dramatischen Geschehen.

Alle Definitionen des Wesens dramatischer Dichtung, alle Forderungen, die man seit *Aristoteles* bis zu unserer Gegenwart an das Drama gestellt hat, gründen sich auf die vorausgesetzte Unmittelbarkeit des in der Wirkung der Darstellung erlebten Vorgangs. Er wird auf einer so oder so gestalteten Bühne in einem Weltzustand und Lebensrealität in der Vorstellung des Zuschauers vergegenwärtigenden »Weltausschnitt« oder »Welteinblick« als jetzt in eben diesem Augenblick so und nicht anders geschehende Haltung dargestellt.

Die unmittelbare Teilnahme des Zuschauers am Bühnengeschehen, ja seine Betroffenheit durch dieses, ist seit dem 18. Jahrhundert als selbstverständlich vorausgesetzt, und zwar als Identifizierung mit den auf der Bühne die Illusion tatsächlichen Lebens verwirklichenden Gestalten. Ziel aller Kunstbemühung der Bühne als Institution und des jeweiligen Schauspielers als Darsteller ist das Erreichen der Identifikation des Zuschauers mit der Person, die er in seiner Rolle »verkörpert«. Zu diesem Zweck setzen Regie und Schauspieler alle Möglichkeiten des Ausdrucks ein, die geeignet erscheinen, beim Zuschauer die Illusion des tatsächlich so gelebten Lebens, Handelns und Erlebens zu bewirken. Mimik, Gestik und sprachlich unmittelbarer Ausdruck des momentanen psychischen und physischen Zustands des Ich vom ersterbenden Stöhnen der Qual bis zum jubelnden Ausruf grenzenlosen Glücks, vom geheimnisumwobenen Flüstern des Liebesgeständnisses bis zur donnernden Volksrede, sind bei der Verwirklichung der Vorstellungen des Dramatikers Ausdrucksformen, über die der Mensch (als Schauspieler) und die Bühne (als Ort der Darstellung) mit Einsatz ihrer technischen Mittel vom Vorhang und den Kulissen bis zur Beleuchtung und Verwendung akustischer Mittel zur Intensivierung des Eindrucks, von der »Geräuschkulisse« bis zum Ein- und Vorblenden von Musik, die außerdem als stets brauchbares Instrument zur sogenannten »Untermalung« szenischer Vorgänge zu Diensten steht, verfügen. Im Gesamtkomplex »Drama« tritt damit die Musik in ihre Funktion wie die Rhythmensprache des Tanzes.

Das im dargestellten Geschehen auf der Bühne durch den Dialog wie durch die Verhaltensweisen und Taten der beteiligten Personen vergegenwärtigte Leben soll im Zuschauer bestimmte psychische Reaktionen auslösen. Grundforderung für das Reagierenkönnen des Zuschauers ist, daß dieser sich unbewußt mit den Zentralgestalten des jeweiligen Dramas identifiziert. Gegen diese Tatsache, die man (nicht nur als Historiker der Literatur und des Dramas, sondern auch als kritischer Beobachter der Situation des deutschsprachigen Dramas nach 1945) als die einzige — und in Unabhängigkeit von allen modebedingten Experimenten durch mehr oder weniger ideologiebeflissene Regisseure und Schauspieler — solide Grundlage für eine ernst zu nehmende zeitgenössische Dramatik bezeichnen kann, stellte *Bertolt Brecht* die Thesen und Forderungen seiner »Nichtaristotelischen Dramaturgie«. Ihr zufolge soll die Bühne als Vorgangs- und Schauraum eines »Epischen Theaters« verstanden werden, dessen Aufgabe darin besteht, dem Zuschauer alltäglich-gewohnte Verhaltensweisen und ebenso für selbstverständlich gehaltene Zustände der bestehenden Gesellschaftsordnung so zu »verfremden«, daß er sie als nicht verantwortbar erkennen und sich zu ihrer Veränderung aufgerufen wissen soll. Zur Erreichung dieses »Verfremdungseffekts« soll nach Brecht die Identifizierung des Zuschauers mit den Personen des szenischen Geschehens verhindert werden, um ihn in die Lage zu versetzen, ihr Verhalten und Handeln kritisch-nüchtern zu beurteilen und Erkenntnisse für sein eigenes Verhalten zu gewinnen.

Brechts »Nichtaristotelische Dramaturgie«, sein »Episches Theater« und seine »Stücke« waren für das Drama und die Bühne nach 1945 von grundlegender und entwicklungsbestimmender Bedeutung. Wenn sie sich, auf den heutigen Zustand des Dramas wie des Theaters und auf ihre zukünftige Entwicklung hin gesehen, trotzdem nicht ausschließlich positiv ausgewirkt haben, so liegt das weniger an Brecht, als am mangelnden Urteilsvermögen und Können seiner Jünger wie seiner Gegner. Das Dilemma des deutschsprachigen »Dramas nach Brecht«[1] ist zu nicht geringem Grade eine Folge der bedenkenlosen Anwendung des Brechtschen »Verfremdungseffekts« auf jedes Drama und um jeden Preis. — Die überwiegend ablehnende Einstellung der jüngeren Dramatiker des in diesem Buch erörterten Zeitraums zu Brecht läßt allerdings die Tendenz zu kritischer Distanz gegenüber dem immer noch faszinierenden Vorbild und das Bemühen um neue dramatische Ausdrucksmöglichkeiten erkennen.

Wesentlichstes und wichtigstes Element des Dramas als Dichtung ist (und bleibt) von allen Änderungs- und Neuerungsversuchen unberührt, das Gespräch zwischen Menschen: *der Dialog* mit Einschluß des Monologs, der ja, genauer gesehen, ein Du, an das er sich richtet, immer voraussetzt, sei dieses Du nun das Schicksal, das bereits erkannte Verhängnis, Gott, der momentan vorgestellte Gegenspieler oder das eigene Ich, das vor allem in monologisch formulierten Zweifelssituationen als Du angesprochen wird. Dialog und Monolog verwirklichen sich (wobei auch an die Ausdrucksmöglichkeiten des Chorischen erinnert sei) durch *die Sprache,* ins Dramatische umgesetzt, *das Sprechen* der agierenden Personen. Eben diese Tatsache legitimiert den Anspruch, das Drama grundsätzlich als literarisches Objekt künstlerischen Charakters aufzufassen. Er steht in keinem Widerspruch zu der von Anbeginn in Konzeption und Gestaltung bestimmenden Absicht des Autors eines Dramas, es auf einem Schauplatz vor Zuschauern aufgeführt zu sehen. Für die Absichten des Verfassers sind demnach die Erfordernisse und Möglichkeiten der Aufführung (mit Einschluß ihrer jeweiligen Grenzen) mitbestimmend bei der Konzeption und Formulierung des dramatischen Textes.

Das bedeutet vor allem, daß der Wortlaut des Dramas im Dialog wie in den Regieanweisungen für die auf der Bühne zu verwirklichenden Vorgänge bereits alle Elemente des auf der Bühne Möglichen ebenso berücksichtigt wie die Wirkungen des Mimischen, der Gestik, der spezifischen Art individuell artikulierter Sprache und die Besonderheiten des jeweiligen Geschehensraumes und der Wirkung seiner Atmosphäre.

Diese und einige anschließend darzulegenden Grundforderungen gelten auch für das »Drama nach Brecht«, unbeschadet seiner unterschiedlichen weltanschaulichen, philosophischen oder ästhetischen Voraussetzungen und Wirkungsabsichten.

Das grundsätzliche, alle seine übrigen Eigenschaften bestimmende Charakteristikum des Dramas ist *Handlung*. Ihrer Realisierung dient die sprachliche Gestaltung des Dialogs. Jeder Ausruf und Satz muß den straff oder locker gefügten Geschehensvorgang weiterführen oder seine Zusammenhänge erklären. Sie müssen dabei in zweierlei Richtung zugleich wirken: Während sie einerseits die im Gang befindliche Handlung transportieren, müssen sie andererseits die je momentan geschehende Verhaltens- und Handlungsweise der dramatischen Personen als solche motivieren und für den Zuschauer verstehbar machen.

Damit ist bereits angedeutet, welcher Vielzahl von bestimmten Forderungen und Fakten der Dramatiker genügen muß, um einen Text in Dialogform zu schreiben, der die Bezeichnung »Drama« beanspruchen kann.

Im Unterschied zu allen anderen literarischen Gattungen oder Dichtarten (Prosa und Lyrik in allen ihren möglichen sprachlichen und formalen Ausprägungen) muß der Dramatiker den Zuschauer seines Dramas schon bei der Konzeption wie bei der sprachlichen Gestaltung stets als entscheidend wichtige Position für die von vornherein als Ziel angestrebte Verwirklichung durch die Bühne im Auge behalten und auf seine Auffassungskapazität Rücksicht nehmen. Das heißt: Der Zuschauer muß — im Augenblick des auf der Bühne vor sich gehenden Spielgeschehens — jede Szene, jedes Detail jeder Szene sowohl in ihrem äußeren Ablauf als auch in ihrer Funktion im Handlungszusammenhang des ganzen Dramas ebenso unmittelbar erfassen und verstehen können wie die äußeren oder seelischen Motive des momentanen Verhaltens und Handelns der agierenden Personen. Reißt das unmittelbare Verstehen des auf der Bühne Dargestellten auch nur für eine relativ kurze Phase der Handlung ab, ist der wechselseitige Kontakt zwischen Bühne und Zuschauer einmal unterbrochen, so hat das Ganze seinen Sinn verloren, da der Zuschauer ja nicht die Möglichkeit hat, über die der Leser eines Romans oder einer Novelle verfügt. Er kann das fortlaufende Spiel weder anhalten noch die unverstanden gebliebenen szenischen Vorgänge wiederholen lassen, während der Leser eines Buches jederzeit zurückblättern und jene Passagen noch einmal lesen kann, deren Aussagen er nicht oder nur teilweise verstanden zu haben glaubt.

Von nicht geringerer Bedeutung ist der dem Autor durch die Eigenschaften der spezifischen Gattung »Drama« vorgegebene Umfang. Ein dem Zuschauer zumutbares Theaterstück darf eine begrenzte Spielzeit nicht überschreiten. Auch bei dieser Tatsache zeigt sich die für andere Formen literarischer Produktion kaum entscheidend ins Gewicht fallende Rolle des Zuschauers schon bei der Konzeption eines Dramas. Dem Dramenautor sind durch die Rücksicht auf den Zuschauer von vornherein im Hinblick auf den Umfang bzw. die Spieldauer seines Stücks unüberschreitbare Grenzen gesetzt. Während der Verfasser einer Erzählung sich einzig dem seinem Erzählgegenstand innewohnenden Gesetz verpflichtet weiß, wie der Lyriker dem Gesetz des Gedichts in Ausdruck, Form und musikalischem Rhythmus und Klang, darf der Dramatiker die momentane Auffassungskapazität seines (vorgestellten) Zuschauers keinen Augenblick außer acht lassen.

Dieser dramatischer Dichtung unausweichlich eigentümlichen Begrenzung gegenüber hat der Dramatiker aber freies Verfügungsrecht über alle vorhandenen Ausdrucksmöglichkeiten der Sprache, Mimik und Gestik. Das Feld seines sprachlichen Ausdrucksspektrums reicht so weit wie Sprache und ihre Verwendbarkeit zu dichterischer Gestaltung überhaupt. Ist die Grundform der Sprache des Dramas der Dialog als Wechselrede zwischen zwei Personen, dem sich der Monolog zuordnet als entweder an ein nur vorgestelltes Du oder an das eigene Ich gerichtete Möglichkeit dramatischer Aussage, so enthalten beide sprachlichen Gestaltungselemente des Dramas zugleich die Möglichkeit, jede nicht ursprünglich dramatische dichterische Ausdrucksform ins Spiel zu bringen. Der Monolog vor allem, durch den Gesprächspartner des Dialogs nicht unterbrochen, ermöglicht die Verwendung aller Spielformen der sprachlichen Gestaltung als Elemente des Dramas vom epischen Bericht bis zum lyrischen Gefühlsausdruck und von der sachlichen Beschreibung von Zuständen und personalen Eigenschaften bis zum stimmungsverhafteten Aufdecken tieferer Persönlichkeitsschichten. Die Lyrik des Volkslieds ist ein dem Drama ebenso eigentümliches Gestaltungselement wie der Bänkelsängerton, die Alltagsprosa oder das kalte Wort des Tyrannen, das über Leben und Tod eines einzelnen oder von Tausenden entscheidet.

Alle Formen sprachlicher Gestaltung, welcher dichterischen Gattung sie auch ursprünglich zugehören, sind legitime Ausdrucksformen des Dramas, und zwar nicht als mehr oder weniger störende Einsprengsel, sondern als vollkommen integrierte Elemente dramatischer Gestaltung von Welt und Wirklichkeit. Das Beispiel der Dramen *Shakespeares* steht für diese Tatsache. — Sie wird durch die nachstehende Beobachtung weder widerlegt noch eingeschränkt: Offensichtlich ist Lyrik als Element eines Dramas keine »reine Lyrik« und der epische Bericht im Handlungszusammenhang eines Dramas für sich genommen nicht ohne weiteres eine Erzählung oder Teil einer erzählenden Dichtung. Das heißt, daß die sprachliche Gestaltung des Dramas zwar alle verfügbaren Formen dichterischen Ausdrucks verwendet und integriert, daß sich aber im Drama als bestimmten Gattungsgesetzen folgender sprachlicher Kunstform besonderer Art ein überformendes Moment dahingehend auswirkt, daß es dem im Drama gesprochenen Wortlaut jenen eigentümlichen dramatischen, vorwärtsdrängenden Charakter aufprägt, der auch seine an sich ausgesprochenen lyrischen oder epischen Elemente im Handlungszusammenhang dramatisch wirken läßt. Das Drama, als eigenständige literarische Gattung verstanden, schafft unter Einbeziehung aller Ausdrucksformen nichtdramatischer Dichtung seine nur ihm eigentümliche Sprache und Sprachgestalt. Sie ist im Wesen des Dramatischen überhaupt begründet. Es ist gegeben in der Spannung zwischen gegensätzlichen Positionen, die zu einem Ausgleich auf diese oder jene Weise mit unüberwindlicher und im Zeitablauf zunehmender Gewalt hindrängt. Wird der die Spannung bewirkende Gegensatz als unabänderlich verstanden und löst er ein Ringen der für die gegensätzlichen Positionen einstehenden Gegner miteinander aus, so ist im Normalfall jene Situation gegeben, die *Goethe* in seiner Rede *»Zum Shakespeares-Tag«* 1771 als den Zusammenstoß der »prätendierten Freiheit des einzelnen mit dem notwendigen Gange des Ganzen« bezeichnete.

Die von Goethe beschriebene Grundsituation des dramatischen Konflikts gilt für Tragödie und Komödie gleichermaßen. Ziel beider dramatischen Möglichkeiten ist zumindest im Zeitalter *Goethes* und bis in das späte 19. Jahrhundert hinein die Demonstration der so oder so geschehenen Verletzung der sittlichen Ordnung des Weltzustandes und ihre Wiederherstellung. Unumgänglich ist für den Schluß des Dramas der Ausgleich des durch schuldhaftes Verhalten oder Handeln bewirkten Gegensatzes zur Welt und zu den existenzbedingenden Kräften. Ist dieser Ausgleich nur durch den sühnenden Untergang des Helden möglich, so handelt es sich um einen tragischen Konflikt. Auch der komische Konflikt ist von grundsätzlich derselben Art wie der tragische, zumindest in seiner Grundstruktur. Nur die Gewichte bzw. dramatischen Schwerpunkte sind in der Tragödie und der Komödie von unterschiedlicher Art und im Geschehensverlauf unter Umständen verschieden angeordnet. Grundsätzlich ist der Konflikt, in dem der komische Held sich befindet, für ihn genauso ernst wie der Konflikt des tragischen Helden für diesen. Der komische Konflikt entsteht durch die Verkennung der Wirklichkeit bzw. der momentanen Situation seitens des Helden. Daß der komische Held als das Opfer einer falschen Beurteilung seiner selbst und der Situation, in der er sich befindet, durch sein Verhalten und Handeln auf den Zuschauer komisch wirkt, ist die Folge davon, daß der Verfasser der Komödie es so einzurichten weiß, daß der Zuschauer die wahren Verhältnisse kennt bzw. durchschaut und daher über deren Verkennung durch den Helden und dessen falsches Verhalten im Gefühl des Überlegenseins lachen kann.

Der Ausgleich des Mißverhältnisses zwischen dem Helden und der Weltordnung erfolgt in der Komödie dadurch, daß ihr Held entweder Schritt für Schritt oder plötzlich, etwa durch das Eingreifen eines deus ex machina, vom Zustand des Verkennens der Wirklichkeit zu ihrem Erkennen gebracht wird. Vorausgesetzt ist dabei, daß die Verkennung einsehbar ist und die durch sie angerichteten Schäden reparabel. Die Wiederherstellung der Weltordnung ohne Opfer läßt den Zuschauer befreit aufatmen und Lustgefühle empfinden. Die deutsche Bezeichnung der Komödie als »Lustspiel« erfaßt den Eindruck des versöhnenden, gestörte Ordnungen wieder zurechtrückenden Ausgangs der Komödie durchaus zutreffend.[2]

In der Tragödie dagegen ist ein Ausgleich oder eine Versöhnung der gegeneinanderstehenden Positionen nicht möglich. Die Wiederherstellung der aus dem Gleichgewicht gebrachten Weltordnung erfolgt erst durch den Untergang des für ihre Störung verantwortlichen Helden, der mit seinem Tod für sein Vergehen Sühne leistet. Nach der klassischen Auffassung des Tragischen erwächst auch der von persönlicher tragischer Schuld freien Gegnerschaft des Helden durch dessen Untergang eine sie läuternde Kraft für ihr Bemühen um Annäherung an das Ideal. Diese Auffassung des Tragischen ist auch für das Drama des 19. Jahrhunderts, etwa für *Grillparzer* und *Hebbel,* maßgeblich. Erst das Drama des Naturalismus (mit den frühen Dramen von *Arno Holz* und *Gerhart Hauptmann*) vertritt eine abweichende Auffassung des Tragischen und löst sich zugleich in der Anlage und Durchführung der Handlung von der klassischen Dramenstruktur.[3]

Das Drama deutscher Sprache um die Jahrhundertwende zeitigt eine Palette unterschiedlicher Ansätze und Ausformungen. Neben das insgesamt kurzlebige naturalistische Drama reiner Prägung und gegen dieses, in das schon während des letzten Dezenniums des 19. Jahrhunderts zunehmend Jugendstilelemente und lyrische Stimmungseffekte eindringen (bei Hauptmann bereits mit seinen Dramen »*Die versunkene Glocke*« und »*Und Pippa tanzt*«, bei *Arno Holz* mit »*Sonnenfinsternis*«, bei *Max Halbe* schon in seinen frühesten Stücken, um sich in seinem Drama »*Jugend*« voll durchzusetzen), stellt sich das »lyrische Drama« des jungen *Hugo von Hofmannsthal*. Ohne Rücksicht auf tradierte dramatische Strukturen vergegenwärtigt es in rein lyrischer Sprache anstelle von dramatischer Handlung entweder spezifische Seelenlagen hochkultivierter Individuen oder — in Annäherung an das Mysterienspiel — Botschaft und Sinngehalt der christlichen Heilslehre. Fast gleichzeitig mit *Hofmannsthal* schreibt *Arthur Schnitzler* unter deutlicher Einwirkung der tiefenpsychologischen Erkenntnisse *Freuds* seine dramatischen und bis heute beim

Publikum erfolgreichen Studien über das Seelenleben bestimmter Typen seiner Wiener Zeitgenossen. Die Sprache der Dramen *Schnitzlers* nutzt alle Effekte des eben damals aufkommenden impressionistischen Malstils in unnachahmlicher Vollendung.[4] *Paul Ernst* und der nach der Jahrhundertwende dem Lyrischen skeptisch gegenüberstehende *Hofmannsthal* versuchen — mit freilich relativ geringem Erfolg — die Rückführung des deutschen Dramas auf die klassische Antike und ihre Themen: Elektra, Ödipus, Antigone, Ariadne. Nur durch die Umsetzung des Handlungsvorgangs in Musik durch den *Hofmannsthal* kongenialen *Richard Strauss* wird die Wiederaufnahme dramatischer Themen der Antike zum bleibenden Erfolg. Er wird durch das etwa mit dem Jahr 1910 entstehende und sich beim Publikum der Jahre des Ersten Weltkriegs relativ rasch durchsetzende expressionistische Drama überlagert.

Keiner der seit dem Drama des Naturalismus vom Modell des Dramas der Klassik mehr oder weniger abweichenden Vorstöße und Experimente dramatischer Wirklichkeitsgestaltung kann im Rahmen dieser Arbeit über das Drama nach 1945 in seinen Eigenarten beschrieben oder interpretiert werden. Das muß noch ausstehenden Einzeluntersuchungen überlassen bleiben.

Insgesamt aber ist festzuhalten, daß das deutsche Drama von der Klassik über alle Neuerungsversuche vom späten 19. Jahrhundert bis zum expressionistischen Drama des Jahrzehnts des Ersten Weltkriegs und über dieses Jahrzehnt hinaus bis in die sogenannten »Zwanziger Jahre« sich niemals dazu bereitgefunden hat, die im Grunde selbstverständlichen Ansprüche des Ästhetischen, ohne deren Erfüllung es keine Kunst gibt, zu ignorieren.

Zwar gab es in den »Zwanziger Jahren« bereits Versuche, das Theater von der Bindung an das Drama als Gegenstand der Aufführung zu lösen. Aber erst mehr als zwei Jahrzehnte nach dem Ende des Zweiten Weltkrieges begannen junge deutsche Autoren, ausländischen Vorbildern folgend, Stücke zu schreiben, die sich in Anlage, Sprache und Struktur vom Drama als Kunstwerk aus Sprache ausdrücklich distanzieren.

Sie schreiben *Bühnentexte*, die der Regisseur bis zur Hälfte oder einem Drittel ihres Umfanges kürzen muß, um sie in gängiger Aufführungslänge spielbar zu machen (Beispiel etwa Werke von *Hochhuth*) oder liefern sprachlich »unterentwickelte« Dramen, die er so weit ergänzen muß, daß sie einen Theaterabend wenigstens annähernd ausfüllen (*Kroetz* und *Faßbinder* etwa). In beiden Fällen bildet der Wortlaut des Dramas nicht mehr die Grundlage und das bestimmende Element der Aufführung, dem sich alle anderen Mittel der Bühne unterordnen. Es wird zur mehr oder weniger frei veränderbaren Spielvorlage bzw. Spielanregung ohne Verbindlichkeit des Wortlauts des Stücks für Regie und Schauspieler.

Diese von der progressiven Kritik der sechziger Jahre begrüßte Entwicklung als eine Art verspätet gelungene Überwindung eines Rückstandes des Theaters in Deutschland als einer typisch spätbürgerlichen Institution oder sogar als anachronistischem Überhang des »Hoftheaters« mag in gewissem Umfang berechtigt sein. Daß sie nicht ausschließlich als Fortschritt gesehen werden kann, ist schon allein darin begründet, daß mit der Loslösung des Spiels vom verbindlichen literarischen Text ein seit der ersten Hälfte des 18. Jahrhunderts in anhaltendem Bemühen verantwortungsbewußter Dramatiker und Schauspieldirektoren überwundener Zustand wieder zu nicht unbedingt berechtigten Ehren gelangt: die Improvisation von Rolle und gesprochenem Wort.

Geschichtliches Bewußtsein ist derzeit kaum gefragt. Es müßte sich sonst wohl daran stoßen, daß es die heute so sehr geschätzte Nüchternheit des rationalistischen 18. Jahrhunderts war, die das Drama als sprachliches Kunstwerk und die Bindung des Schauspielers an seinen vom Dramatiker gefügten Wortlaut durchsetzte. Fraglich erscheint ferner, ob man die Überwindung der *Schiller*schen Auffassung der Bühne als »moralische Anstalt« ausschließlich als Fortschritt beurteilen sollte. Die Stücke *Brechts* — auch die späten — haben gerade die von *Schiller* gemeinte Wirkung der Bühne zur eigentlichen Funktion des Theaters erhoben, und die »dokumentarischen Zeitstücke« von *Hochhuth* und *Weiss* übertreffen *Brechts* moralische Wirkungsabsichten noch erheblich.

Nicht unwidersprochen kann die rigorose Ablehnung des deutschen Theatersystems durch die »antibürgerliche« Kritik hingenommen werden. Sie lehnt das sogenannte »etablierte«, mit staatlichen oder städtischen Mitteln subventionierte Theater ab, weil es sich nicht nur einem kritischen Publikum, sondern auch immer den Verwaltern von Steuergeldern gegenüber verantworten müsse. Diese aber verlangen volle Häuser, was die Theaterleiter in die Zwangslage versetze, gegen ihre bessere Überzeugung auf alle gewagten Experimente zu verzichten und statt dessen nach wie vor die bekannten und beliebten Klassiker zu spielen. Diese Bedingungen sind im deutschen Theatersystem zweifellos gegeben. Ihre negativen Konsequenzen werden aber um ein Vielfaches durch die kaum in einem anderen Land ähnlich hohe Qualität der Inszenierungen (unter denen kühne Experimente keineswegs fehlen) und durch das breit gefächerte Spektrum des deutschen Theaterpublikums aufgewogen. Das zeigt ein Vergleich mit dem Theater in einem über erheblich größere wirtschaftliche Güter verfügenden Land wie den Vereinigten Staaten, in denen es keine staatlichen Subventionen gibt und die Theater sich selbst durch ihre Einnahmen finanzieren müssen oder auf die Unterstützung durch private Spender angewiesen sind.

Im übrigen haben seit etwa 1967 durchgeführte Versuche einzelner

Bühnen einer konsequenten Lösung vom bisherigen System und vom qualitativ anspruchsvollen Repertoire große Teile der theaterinteressierten Schichten eines sich nach wie vor als »bürgerlich« verstehenden Publikums verstört von weiteren Theaterbesuchen absehen lassen, ohne an ihrer Stelle das erwünschte Publikum aus den gesellschaftlich benachteiligten Gruppen für das Theater zu gewinnen.

Die ideale Lösung wäre, nicht das Bestehende und Bewährte zu beseitigen, um an seine Stelle das extrem gegenteilige Neue zu setzen, sondern die Duldung und Förderung unterschiedlicher Bühnen mit verschiedenen Programmen, Wirkungsabsichten und Techniken nebeneinander. Das aber setzt zweierlei voraus: finanzielle Unterstützung und Bereitschaft zu Geduld und Toleranz auf beiden Seiten der Rampe für ihr jeweiliges Gegenüber.

Die Palette des deutschsprachigen Dramas nach dem Zweiten Weltkrieg ist nicht allzu farbenreich. Aber sie enthält interessante Versuche, von denen allerdings nicht alle erfolgreich verlaufen sind und andere zu Verärgerung und Enttäuschung des bis dahin theaterfreudigen Publikums berechtigten Anlaß boten und bieten. Obwohl einige spezifische Richtungen oder Tendenzen im zeitgenössischen Drama seit dem Beginn der sechziger Jahre sich abzuzeichnen scheinen, kann man von ausgeprägten und voneinander genauer abgrenzbaren Dramentypen heute noch nicht sprechen. Dazu ist der kritische Vergleiche ermöglichende zeitliche Abstand noch zu gering. Wenn im folgenden trotzdem versucht wird, Gruppierungen nach bestimmten überwiegenden Tendenzen inhaltlicher oder formaler Art anzudeuten, so geschieht das unter ausdrücklichem Verweis darauf, daß die Grenzen zwischen ihnen fließend sind und es wohl auch bis auf weiteres bleiben werden. So ist etwa das »Dokumentarische Zeitstück« »politisches Drama«, und da es zeitlich zurückliegende Personen, Taten und Ereignisse auf die Bühne bringt, zugleich modernes »historisches Drama« und »Vergangenheitsbewältigung« in einem. Das »Neue Volksstück« ist oder will »Politisch-weltanschauliches Agitationsdrama« und »Drama sozialer Anklage« sein. »Lehrstück«-Anklänge nach *Brechts* Vorbild finden sich mehr oder weniger deutlich erkennbar in fast allen Dramen der jüngeren, fast ausnahmslos politisch engagierten Autoren. Die unter den Kapitelüberschriften des Buches angedeuteten Gruppierungen können und wollen also nicht mehr als vorsichtige Orientierungshilfen sein. Sie möchten nicht als Kategorisierungen des modernen Dramas mißverstanden werden.

Es erschien zweckmäßig und dem Vorhaben des Buches dienlich, vorweg das »Drama der Zwanziger Jahre« in den Blick zu ziehen, da einige für das Drama nach 1945 charakteristische Tendenzen auf Versuche der »Zwanziger Jahre« Bezug nehmen oder sich als deren Fortsetzung verstanden wissen möchten. Damit ist nicht nur der Anspruch der Autoren des »Neuen Volksstücks« als *Horváth*-Nachfolger zu gelten gemeint, sondern auch die zeitgenössischen Bemühungen, das »Politische Theater« von *Piscator* unter heutigen Voraussetzungen und Forderungen zu neuem Leben zu erwecken. Daß es sich hier nicht um eine Gesamtdarstellung des »Dramas der zwanziger Jahre« handeln kann, bedarf keiner ausdrücklichen Erklärung. Nur jene Versuche und Ausprägungen, die im Drama nach 1945 wieder anklingen oder weitergeführt werden, sollen in Erinnerung gerufen werden. Dazu gehören auch die Volksstücke von *Carl Zuckmayer*, sein Lustspiel *»Der fröhliche Weinberg«* vor allem, aber auch sein *»Hauptmann von Köpenick«.*

Natürlich ist das frühe dramatische Werk *Brechts* die bedeutendste und in ihren Wirkungen nachhaltigste Neuerung, die Drama und Theater der »Zwanziger Jahre« mit dem »Lehrstück«, der Begründung einer »Nichtaristotelischen Dramaturgie« und der Herausbildung des »Verfremdungseffektes« hervorgebracht haben. Auf eine Erörterung des »Stückeschreibers« *Brecht* der »Zwanziger Jahre« habe ich trotzdem bewußt verzichtet. Die Brechtforschung ist im Lauf der letzten zwei Jahrzehnte außerordentlich intensiv und extensiv betrieben worden. Informationen über Bertolt Brecht stehen jedem Interessenten in ausreichendem Umfang leicht zugänglich zur Verfügung. Seine »Stücke« sind seit Jahren Gegenstand des Deutschunterrichts. Es dürfte kaum ein Theater in der Bundesrepublik geben, das in den letzten zwanzig Jahren nicht mehrere Brechtstücke inszeniert hätte. Nicht im Zusammenhang der Erörterung des Dramas der »Zwanziger Jahre« wird daher von *Brecht* zu handeln sein, wohl aber werden bei der Beschreibung der Situation von Drama und Theater nach 1945 über den Brechtschen »Verfremdungseffekt« einige Anmerkungen zu machen sein.

Da das im Dienst der NS-Ideologie und NS-Propaganda stehende Drama der Jahre von 1933 bis 1945 für das Drama seit Ende des Zweiten Weltkriegs keine Bedeutung und Wirkung gehabt hat, ist es im Rahmen dieses Buches nicht zu erörtern. Das von deutschen Autoren im Exil geschriebene Drama ist erst seit einigen Jahren Gegenstand intensiver Forschung. Auf die Dramen der jüngeren deutschsprachigen Autoren hat von den deutschen Exildramatikern *Brecht* als Vorbild wie auch als Provokation zur kritischen Auseinandersetzung entscheidend eingewirkt. (In *»Die Plebejer proben den Aufstand«* von *Günter Grass* ist seine Person, auch wenn sie nicht beim Namen genannt wird, problematische Mittelpunktfigur.) Trotz ihrer großen Erfolge auf deutschen Bühnen nach 1945 haben dagegen die Dramen *Zuckmayers* keine Jüngerschaft entstehen lassen. Ganz ohne Wirkung ist trotz mancher bemühten Inszenierung das späte dramatische Werk von *Georg Kaiser* geblieben.

Dramatische Werke der Autoren der DDR konnten im Rahmen dieses

Vorhabens nicht behandelt werden. Die von den westlich orientierten Ländern deutscher Sprache grundsätzlich verschiedenen weltanschaulichen Voraussetzungen, unter denen Literatur in der DDR produziert wird, hätten einer umfassenden und gründlichen Charakteristik bedurft, um das erforderliche Vorverständnis für eine kritische Darstellung der DDR-Dramatik zu schaffen. Dazu hätte der vorgegebene Umfang des Buches zu wenig Platz geboten.

Auch das Hörspiel als moderne Sonderform dramatischer Wirklichkeitsgestaltung wird im folgenden nicht behandelt. Seine anderen technischen Voraussetzungen und seine Vermittlung durch das Medium Rundfunk als akustische Bildumsetzung sind weitgehend anderer Art als die des Dramas und bedürfen zu ihrem Verständnis der eingehenden Darstellung der wechselseitigen, einander bedingenden Abhängigkeiten der technischen Apparaturen, ihres Funktionierens und ihrer Wirkungsmechanismen. Das gleiche gilt sinngemäß für das Fernsehspiel und den Spielfilm. Im Hör- und Fernsehspiel wirken die technischen Mittel und Möglichkeiten der Medien weitgehend vorherbestimmend auf den Text ein. Er muß sich den spezifischen Wirkungselementen der beiden Medien anpassen, entsteht also unter anderen Bedingungen als das Drama. Das Theater dagegen übt derartige Vorausbestimmungen in sehr viel geringerem Maß aus. Auch der Autor des »Modernen Dramas« gibt wie seine Vorgänger Generationen hindurch »Regieanweisungen«, mit denen er seine Vorstellungen von der Art und Weise, wie sein Stück gespielt werden soll, darlegt. Er lebt zumindest in der Illusion, daß sein Stück den von ihm gegebenen Anweisungen entsprechend aufgeführt wird. Daß diese Illusion von einigen modernen Regisseuren zur Zeit kaum noch zur Kenntnis genommen wird, ist eine bekannte Tatsache. Aber: Gegenstand dieses Buchs ist das »Neue Drama«, nicht das Theater.

Alle erkennbaren Tendenzen dieses »Neuen Dramas« befinden sich zur Zeit noch in unterschiedlich fortgeschrittenen Entwicklungsstadien. Nur diese können erfaßt und beschrieben werden. Erst aus erheblich größerem zeitlichen Abstand werden sich »Ergebnisse« zeigen, die endgültigere Beurteilungen erlauben als der heute zu gewinnende Eindruck.

Da es so etwas wie »Das deutsche Drama seit dem Ende des Zweiten Weltkriegs« als unter einem Begriff faßbare, in sich gegliederte Einheit nicht gibt, kann es im folgenden nur darum gehen, die bislang erkennbaren Tendenzen dramatischer Dichtung der Gegenwart zu beschreiben, Autorabsichten und Gestaltungsprinzipien zu durchleuchten und die spezifischen Eigenschaften des betreffenden Dramentyps vorsichtig zu charakterisieren. Im Zusammenhang damit erfolgt eine möglichst informative, zugleich aber kritische Analyse jeweils eines für diesen Typ exemplarischen Dramas (falls erforderlich, mehrerer Dramen).

Als besonders geeignet zur kritischen Erörterung der schwierigen Situation des zeitgenössischen Dramas erweist sich das »Dokumentarische Zeitstück«. Absichten und Hindernisse, gelungene und falsch angesetzte Experimente in Problemstellung und dramatischer Verwirklichung, Fortschritte und Irrtümer des »Neuen Dramas« lassen sich an einem Stück wie »Der Stellvertreter« von Rolf Hochhuth deutlicher erkennen als an zeitgenössischen Stücken mit anderer Tendenz. Aus diesem Grund beansprucht das Kapitel über das »Dokumentarische Zeitstück« einen größeren Umfang als die übrigen Teile des Buches.

Die einzelnen Farben und Formen, Tendenzen und Entwicklungen der Palette des »Neuen Dramas« sind nur als ein Nebeneinander zu erfassen. Dem versucht das vorliegende Buch zu entsprechen. Es sieht seine Aufgabe in der Erweiterung des Verständnisses für die Tendenzen des »Neuen Dramas« und für seine bisherigen Versuche, neue Wege und Möglichkeiten dramatischer Gestaltung unserer heutigen Welt und Wirklichkeit zu entwickeln. Verständnis ist freilich nicht gleichbedeutend mit grundsätzlicher Zustimmung. Es kann nur in kritischer Auseinandersetzung mit dem Gegenstand gewonnen werden.

Orientierung und Maßstäbe für das kritische Verständnis ergeben sich einerseits aus der langen Tradition des Dramas als einer unter bestimmten ästhetischen Prinzipien verwirklichten künstlerisch gestalteten Darstellung des Menschen und seines Verhältnisses zur »Welt« und zu sich selbst. Andererseits sind sie bedingt durch die jeweilige Zeitlage allgemein, die sich ändernde gesellschaftliche und politische Situation und das sich im Lauf der Geschichte wandelnde Verhältnis des Menschen zu spezifisch »seiner Welt« und seinen zeitbedingten und individuellen Problemen.

Nur in der gelungenen Synthese beider Gegebenheiten kann sich »Drama« verwirklichen. Diese Tatsache umschließt, wie die Geschichte des europäischen Dramas zeigt, Variationsmöglichkeiten aller Art. Immer aber geht es um die Synthese beider Gegebenheiten. Auch das »Neue Drama« unserer Zeit kann sich dieser Tatsache nicht entziehen. Wo es versucht, sie zu ignorieren oder zu überspielen, entsteht anstelle von Drama Diskussion oder Verstummen in Sprachlosigkeit.

Literatur zum zeitgenössischen Drama

Carl, Rolf Peter, Dokumentarisches Theater. In: Durzak, M. (Hrsg.), Die deutsche Literatur der Gegenwart, Stuttgart 1971, S. 99 ff.

Colberg, Claus, Von der Bühnendichtung zum neuen Realismus. Entwicklungstendenzen im zeitgenössischen deutschsprachigen Theater. In: Universitas 1973, S. 1053 ff.

Dietrich, Margret, Das moderne Drama. Strömungen, Gestalten, Motive, Stuttgart 1961.

Esslin, Martin, Das Theater des Absurden, Frankfurt a. M. und Bonn 1964.

Franzen, Erich, Formen des modernen Dramas. Von der Illusionsbühne zum Antitheater, München ²1970.

Grimm, Reinhold (Hrsg.), Deutsche Dramentheorien. Beiträge zu einer historischen Poetik des Dramas in Deutschland, Bd. 2 (Von Grillparzer bis Brecht), Frankfurt a. M. 1971.

Heidsieck, Arnold, Das Groteske und das Absurde im modernen Drama, Stuttgart—Berlin—Köln—Mainz 1969.

Hensel, Georg, Theater der Zeitgenossen. Stücke und Autoren, Frankfurt a. M.—Berlin—Wien 1972.

Hinck, Walter, Das moderne Drama in Deutschland. Vom expressionistischen zum dokumentarischen Theater, Göttingen 1973.

Kesting, Marianne, Panorama des zeitgenössischen Theaters, München 1962.

Kesting, Marianne, Das deutsche Drama seit Ende des Zweiten Weltkrieges. In: Durzak, M. (Hrsg.), Die deutsche Literatur der Gegenwart. Aspekte und Tendenzen, Stuttgart 1971, S. 76 ff.

Klotz, Volker, Geschlossene und offene Form im Drama, München 1960.

Koebner, Thomas, Dramatik und Dramaturgie seit 1945. In: Koebner, Thomas (Hrsg.), Tendenzen der deutschen Literatur seit 1945, Stuttgart 1971, S. 348 ff.

Lethen, Helmut, Neue Sachlichkeit 1924—1932 Studium zur Literatur des »Weißen Sozialismus«, Stuttgart 1970.

Mennemeier, Franz Norbert, Modernes Deutsches Drama. Kritiken und Charakteristiken. 2 Bde., München 1973/1975 (Bd. I: 1910—1933; Bd. II: 1933 bis zur Gegenwart).

Riess, Curt, Theaterdämmerung oder das Klo auf der Bühne, Hamburg 1970.

Seiler, Bernd W., Exaktheit als ästhetische Kategorie. Zur Rezeption des historischen Dramas der Gegenwart. In: Poetica, 5. Bd., 1972, S. 388 ff.

Szondi, Peter, Theorie des modernen Dramas, Frankfurt a. M. 1956.

Zipes, Jack, Das dokumentarische Drama. In: Koebner, Thomas (Hrsg.), Tendenzen der deutschen Literatur seit 1945, Stuttgart 1971, S. 462 ff.

Das Drama der »Zwanziger Jahre«

Die Geschichte der deutschen dramatischen Dichtung der sogenannten »Zwanziger Jahre« muß noch geschrieben werden. Sie ist ebenso interessant, wie sie — vielschichtig und in nicht ohne weiteres durchdringbarer Komplexität — weit über den Verwirklichungsraum von Bühne und Theater in die politischen und sozialen Spannungen und Auseinandersetzungen der Jahre zwischen dem Waffenstillstand von 1918 und dem Beginn der Naziherrschaft im Jahr 1933 eingreift und sich als von diesen Spannungen und Auseinandersetzungen bestimmt erweist.

Im Rahmen dieses Versuchs kann eine Darstellung des Dramas der »Zwanziger Jahre« nicht erfolgen. Nur insoweit kann es erörtert werden, als sich einzelne seiner Ausprägungen oder in ihnen bereits erkennbare Kräfte in Themenwahl, Gestaltungsweise und sprachlicher Verwirklichung als konstituierende Elemente oder Faktoren im Drama nach 1945 ausgewirkt und dessen Charakter mitbestimmt haben.

Nun ist freilich eine auch nur einigermaßen zutreffende und zuverlässige Kenntnis eben dieser Kräfte nicht zu gewinnen, ohne das Gesamt des Dramas der »Zwanziger Jahre« Revue passieren zu lassen.

Ernüchterung und Depression bestimmten — zumindest in den ersten Jahren nach Kriegsende — das Leben in Deutschland. Unermeßliche Opfer waren in den vier Kriegsjahren gebracht worden; Millionen junger Menschen waren gefallen; Millionen kehrten als Krüppel zurück in ein Vaterland, für das sie in idealistischer Begeisterung ausgezogen waren. Es wußte ihnen keinen Dank. Die harte Wirklichkeit der Zustände in einem besiegten und ausgebluteten Land mit bürgerkriegsähnlichen Auseinandersetzungen, Inflation, Hunger und Ratlosigkeit konnte, so erscheint es uns heute im bereits historischen Rückblick, dem Drama und dem Theater kaum günstig sein. Um so erstaunlicher die Tatsache, daß das Drama wie das Theaterleben bereits zu Beginn der »Zwanziger Jahre« von starker Aktivität bestimmt waren.

Sicher spielte dabei der »Nachholbedarf« nach über vier Kriegsjahren eine wichtige Rolle. Darüber hinaus wurde in diesen politisch, weltanschaulich und gesellschaftlich erregten Jahren die Bühne zu einem der Räume, in denen sich die kontroversen Kräfte und Strömungen der Zeit propagandistisch darstellen und ihre Positionen und Ziele exemplarisch demonstrieren konnten. Ein Vergleich mit Versuchen des deutschen Dramas zwischen etwa 1960 und 1970 bietet sich an. Auch dort geht es um die Konfrontation von Positionen. Der Unterschied darf allerdings nicht übersehen werden; er ist bedingt durch den grundsätzlichen Unterschied der Absichten und damit der Wirkungsrichtungen. Das politisch und sozial aktive Drama der »Zwanziger Jahre« suchte nach Lösungen für die Gegenwart und mehr noch für die Zukunft. Das Drama des zweiten Jahrzehnts nach dem Ende des Zweiten Weltkriegs engagierte sich vornehmlich in Versuchen der Bewältigung der Vergangenheit zwischen 1933 und 1945 und der Darstellung bestimmter gesellschaftlicher Zustände.

Franz Werfel schrieb 1922 ein Gedicht, in dem er in Anbetracht des Verhaltens der Zeitgenossen wie seiner selbst ausrief:

> »Zehn Millionen Tote! Ein Geschlecht,
> Das shimmyschritts in neue Greuel schlendert,
> Ich selbst ein lässiger Verräter oft!
> ... Entsetzenswort, es hat sich nichts verändert.
> Auch meine Torheit nicht, die ohne Recht
> Im Herzen Hoffnungsloses weiterhofft.«[1]

Werfel (und nicht nur er) registrierte mit Entsetzen, daß das furchtbare Opfer all der Millionen Toten nichts verändert hatte, daß man sie bereits vergessen hatte und daß die Überlebenden sich so anpassend, wie beim Tanz den neuen Rhythmen von Shimmy und Jazz, gedankenlos neuen Greueln entgegen bewegten.

Daß es auch Kräfte gab, die neue Greuel verhindern und ein menschenwürdiges Leben für alle erringen wollten, und die zu diesem Bemühen in Drama und Theater wichtige und wirkungsvolle Instrumente sahen, dafür steht neben anderen der Name Bertolt Brecht. Wobei man allerdings nicht übersehen sollte, daß sein erstes Erfolgsstück »*Trommeln in der Nacht*« (Erstaufführung in den Münchner Kammerspielen 1922) im Grunde dasselbe dramatisch vergegenwärtigt, was *Werfels* Verse besagen: Die Schieber und Kriegsgewinnler bleiben ungeschoren, der Spartakus kämpft aussichtslos im Berliner Zeitungsviertel, und der nach langen Jahren heimgekehrte Kanonier Kragler ist alles andere als bereit, seine Haut noch einmal zum Markte zu tragen. Er zieht es verständlicherweise vor, seine »beschädigte« Braut Anna zu nehmen wie sie ist und mit ihr in das breite, weiße Bett zu gehen:

> »... Ich bin ein Schwein, und das Schwein geht heim. Ich ziehe ein frisches Hemd an, meine Haut habe ich noch, meinen Rock ziehe ich aus, meine Stiefel fette ich ein... Das Geschrei ist alles vorbei, morgen früh, aber ich liege im Bett morgen früh und vervielfältige mich, daß ich nicht aussterbe... Jetzt kommt das Bett, das große, weiße, breite Bett, komm!«[2]

Brechts eigene spätere Abwertung seines frühen Heimkehrerdramas aus inzwischen veränderter weltanschaulicher Position ist für die Beurteilung des Dramas zu Beginn der »Zwanziger Jahre« bedeutungslos. Um so wichtiger ist, daß »Trommeln in der Nacht« die schroffe Abwendung *Brechts* und einiger seiner Altersgenossen von der immer noch zwischen Traumspiel, Ekstatik und Neuer Mensch-Hoffnung stehenden Dramatik des Expressionismus ebenso eindeutig markiert wie die Tendenz zur scharfen Ausleuchtung der Alltagsrealität und -banalität einerseits und zur Verwendung illusionszerstörender Faktoren andererseits. (Vor allem in den »Regieanweisungen«, so z. B. etwa hier: »Er ... schmeißt die Trommel nach dem Mond, der ein Lampion war, und die Trommel und der Mond fallen in den Fluß, der kein Wasser hat.« — Dazu gehörten auch die Spruchbänder bei der Münchener Uraufführung beiderseits der Bühne: »Jeder ist der Beste in seiner Haut« und »Glotzt nicht so romantisch!«)

Die Forschung hat hier eine historische Tatsache unbeachtet gelassen: Erst in den »Zwanziger Jahren« erlebte das seinem ganzen Wesen nach idealistisch-ekstatische Drama des Expressionismus seine Konfrontation mit dem Publikum und seine Erfolge in der Öffentlichkeit. Ein Vergleich der Entstehungsdaten der expressionistischen Dramen mit den Daten ihrer Uraufführungen (bzw. Erstaufführungen an den bedeutenden Bühnen der Großstädte) läßt dies deutlich erkennen.

Eine — bis jetzt fehlende — Wirkungsgeschichte des expressionistischen Dramas wird den Großteil ihres Untersuchungsfeldes in den »Zwanziger Jahren« finden. Ihre Ergebnisse werden das von der Forschung bis jetzt erarbeitete Bild des expressionistischen Dramas und Theaters als nicht in allen Teilen zutreffend erweisen.

Für unsere Zusammenhänge ist zunächst lediglich festzuhalten, daß es in den »Zwanziger Jahren« trotz grundsätzlich veränderter Existenzbedingungen und gesellschaftlicher Auseinandersetzungen so etwas wie einen »Überhang« dramatischer Dichtungen aus dem »Expressionistischen Jahrzehnt« gab.

Ein anderes ist die Tatsache, daß einige, und nicht die unwichtigsten, Dramatiker des Expressionismus auch nach Kriegsende, Revolution, Inflation und allgemeiner Tendenz zu realistischer Lebensauffassung weiterhin Dramen expressionistischen Charakters — in Stoffwahl, Struktur und Sprache schrieben. So etwa *Fritz von Unruh, Ernst Toller* und *Georg Kaiser*, der *»Die Flucht nach Venedig«* (1923), *»Gilles und Jeanne«* (1928), *»Papiermühle«* (1927), *»Oktobertag«* (1928), *»Die Lederköpfe«* (1928), *»Hellseherei«* (1931) veröffentlichte. Auch Dramen *Kaisers* aus den Jahren der Emigration, wie etwa das 1940/43 entstandene *»Das Floß der Medusa«* sind ihrem Wesen wie ihrer Sprache nach expressionistisch. Aber auch Hermann *Kasacks* 1924 abgeschlossenes Drama *»Vincent«* (um die Problematik

25

Vincent van Goghs im Zusammenstoß mit der abwägend-skeptischen Haltung Paul Gauguins) ist ein Werk aus dem Kunstwillen des Expressionismus.
Während sich *Franz Werfel* bereits mit seinem *»Spiegelmensch«* (1920) trotz Verwendung typisch expressionistischer Ausdruckselemente von der streng expressionistischen Position ironisch distanziert, gewinnt *Ernst Toller* erst mit seinem *»Hinkemann«*-Drama (1923) die Distanz zu expressionistischer Illusion und Sprachgebärde. *Fritz von Unruh* gelingt mit seinem Versuch *»Phaea«* (= *»Photographisch Akustische Experimental Aktiengesellschaft«*), 1930, der Absprung in eine unmittelbar Zeitprobleme anpackende, die Methoden der Filmfinanz und der Produktion von »Kunst« in den Filmateliers entlarvende Sachlichkeit. Er erschließt mit seiner *Phaea* der Dramatik die Möglichkeit, ihr Effekte auch aus der Nutzbarmachung der Darstellungsmöglichkeiten des Films zu beziehen, wie aus der Hereinnahme der Apparaturen und Arbeitsvorgänge hinter den Kulissen (hier im Filmatelier) in den vom Zuschauer voll einzusehenden Geschehensraum.

Eben diese Hereinnahme der Darstellungsmöglichkeiten von Fotografie, Lichtbildprojektion und laufender Filmszene in die Technik der Inszenierung aber hatten, je auf ihre Weise, *Erwin Piscator* und *Bertolt Brecht* schon vor *Fritz von Unruh* mit Erfolg angewendet. Damit sind zwei der besonders charakteristischen Neuerungen von Drama und Theater der »Zwanziger Jahre« angesprochen: das »Politische Theater« *Erwin Piscators* und das »Lehrstück« *Bertolt Brechts* mit den in ihm bereits angelegten Grundzügen des »Epischen Theaters« mit dem »Verfremdungseffekt«.

Beide beherrschen die heute gängige Vorstellung vom Drama und Theater der »Zwanziger Jahre« so sehr, daß neben ihnen die übrigen, für das Theater zwischen 1918 und 1933 nicht eben bedeutungslosen Dramen anderer Art und Intention kaum noch erwähnt werden, geschweige denn die ihrer Rolle in der Dramen- und Theatergeschichte der Zeit zwischen den beiden Weltkriegen angemessene Beachtung finden. Tatsächlich zeitigte dieses nach 1950 mehr irrtümlich als zutreffend »golden« genannte Jahrzehnt eine Vielzahl interessanter Versuche im Experimentierfeld Dramatik.[3] Nicht jeder Versuch gelang. Und von den gelungenen erbrachten nur einige den erhofften öffentlichen Erfolg.

Sicher nicht ohne erheblichen Einfluß des Fortschritts der amerikanischen Wissenschaft und Technik im Sinn einer vorbildlich friedlichen Nutzbarmachung des technischen Könnens setzte sich jetzt auch im Drama deutscher Sprache die sogenannte »Neue Sachlichkeit« durch. Die Voraussetzungen für sie lagen in der pragmatisch orientierten Psychologie des »Behaviorismus«. Er ist nicht eigentlich an den subjektiv-seelischen Problemen des Individuums interessiert, sondern an

seinen Verhaltensweisen und Gewohnheiten innerhalb seiner gesellschaftlichen Umwelt. Daß eine derartige Richtung der Psychologie
letztlich vom Interesse am größtmöglichen Absatz von Waren gelenkt
war, hat *Brecht* bereits 1931 in seiner Arbeit »*Der Dreigroschen-
roman. Ein soziologisches Experiment*« unmißverständlich dargelegt.
Aber auch ein gut Teil der Argumente in seinen Stücken der »Zwanziger Jahre« ist nur von der Tatsache her verständlich, daß *Brecht* die
»behavioristische Verhaltensweise« des Menschen des technischen Zeitalters als selbstverständlich voraussetzte.

Gegen Ende der »Zwanziger Jahre« ist Sachlichkeit die »herrschende
Kategorie in der Philosophie, der Politik und der Kunst«.[4] Im Stolz
auf die vom Menschen vollbrachte technische Leistung drängt »das
Ding« die Kunst zurück. Die »Sache selbst« soll nun auf der Bühne
das unmittelbare Leben vertreten. Jede künstlerische Gestaltung der
»Wirklichkeit«, heiße sie nun Stilisierung, Typisierung, Abstraktion,
wird abgelehnt.

Das »Dokumentarische Zeitstück« der sechziger Jahre hat im Drama
der »Neuen Sachlichkeit«, dessen Nähe zum »Politischen Theater«
Piscators unverkennbar ist, seinen Vorläufer. Seine Themen behandeln fast ausschließlich Ereignisse, Probleme und Zustände der eigenen
Gegenwart, es versteht sich bewußt als »Zeitstück«. Der Dramatiker
sieht sich in der Rolle des kritischen Beobachters, ja des Analytikers
einer in sich selbst fragwürdig gewordenen Gesellschaft und ihrer
Problematik in Wirtschaft, Politik, Justiz und offiziellen Institutionen.
Bevorzugte Szene des Dramas der »Neuen Sachlichkeit« ist die Gerichtsverhandlung, in der die Dialogform in ihren Grundzügen bereits
vorgegeben ist. Zugleich kommt die Gerichtsszene dem Interesse des
damaligen Publikums an Diskussionen bzw. am Austausch von partei-
politischen oder ideologischen Argumenten entgegen. *Brechts* Stücke
nutzen nicht ohne guten Grund die im Prozeßverfahren angelegten
Möglichkeiten der Konfrontation unterschiedlicher Standpunkte und
Auffassungen, und auch das »Dokumentarische Zeitstück« nach dem
Zweiten Weltkrieg wird die Gerichtsszene bevorzugt verwenden.
Übersehen sollte freilich nicht werden, daß es sich bei ihr um eine der
ältesten und in langer Tradition bewährten Formen dramatischer
Wechselrede handelt.

Die Stücke von *Ferdinand Bruckner* (Pseudonym für Theodor Tagger)
wie »*Krankheit der Jugend*« (1926) beleuchten sexualpathologische
Verhaltensweisen unter Anwendung psychoanalytischer Methoden
oder agitieren gegen überalterte Paragraphen des Strafgesetzbuches,
z. B. die §§ 175 und 218 in »*Die Verbrecher*« (1928). Neben Anti-
kriegsstücken wie »*U-Boot S 4*« (1928) von *Günter Weisenborn*,
»*Feuer aus den Kesseln*« (1930) von *Ernst Toller* und »*Giftgas über
Berlin*« (1928) von *Peter Martin Lampel* stehen Schauspiele wie
»*Lenin*« (1928) von *Ernst Fischer* und »*Bauer Baetz*« von *Friedrich*

Wolf, die der Durchsetzung der Gesellschaftslehre des Sozialismus dienen sollen. Sie stellen sich als Dramen der politischen Linken in die Nähe von *Piscators »Politischem Theater«.*

Nach seiner unglücklichen Rolle als Kommandeur der »Roten Armee« der Münchner Räterepublik und seiner Verurteilung hatte *Ernst Toller* im Gefängnis Niederschönenfeld *»Die Maschinenstürmer«* (1922) und *»Der deutsche Hinkemann«* (1923) geschrieben. (In der Fassung von 1924 lautet der Titel »Hinkemann«). Vom Pathos seiner expressionistischen Dramen (*»Masse Mensch«, »Die Wandlung«*) klingt in ihnen nur noch wenig nach. *Toller* versucht jetzt, die Menschen aus den unteren sozialen Schichten in seinen Stükken so sprechen zu lassen wie in ihrem Alltag.

Im Drama *»Die Maschinenstürmer«* versucht er, ein historisches Ereignis aus der englischen Geschichte als ein Exempel dafür darzustellen, daß planlose revolutionäre Aktionen notwendigerweise scheitern müssen: Um 1815 kam es in der Grafschaft Nottingham zu einem Aufstand der »Ludditen«, der Weber und Wirker, deren ohnehin unmenschliches Elend sich durch die Installation mechanischer Webstühle durch die Fabrikanten nochmals zu verschlechtern drohte. Die Arbeiter stürmten die Fabriken und zerstörten die mechanischen Webstühle. Ihre verzweifelte Aktion gegen die Maschinen demonstriert zugleich ihre Empörung über die Unternehmer. Da tritt als Protagonist ein weit in der Welt herumgekommener Angehöriger ihrer Klasse auf, Arbeiter wie sie selbst. Er versucht seinen Leidensgenossen klarzumachen, daß ihre Aktion verfrüht sei und in die falsche Richtung ziele. Es gelte nicht, die Maschinen zu zertrümmern, sondern sie dem Allgemeinwohl dienstbar zu machen. Nicht sie seien der Feind der Arbeiter und nicht der technische Fortschritt. »Es leben andere Feinde, gewaltiger als das Gerüst von Eisen, Schrauben, Drähten, Holz, das man Maschine nennt.« Man solle verhandeln und die Zeit reifen lassen. Aber die politische Vernunft predigt tauben Ohren. Jimmy Cobbet wird von der rasenden Menge, der er als Verräter erscheint, erschlagen. Der Aufstand bricht zusammen.

Die Parallelen zu *»Die Weber«*, von *Gerhart Hauptmann* bedürfen keiner Hervorhebung, wohl aber die bei näherem Vergleich erkennbar werdenden Unterschiede. Während die Weber *Hauptmanns* ohne jedes politische Bewußtsein und ohne Zielvorstellung aus dumpfer Verzweiflung die Häuser ihrer Fabrikanten stürmen, gibt es in *Tollers* Drama Repräsentanten verschiedener Auffassungen von Aufstand und Revolution. Der kühle, erfahrene und planend denkende Cobbet erklärt: »Die Schaffenden von England bereiten den Kampf vor. In London haben wir geheimen Bund gegründet«. Daß er sich der Masse und ihrem Anführer gegenüber nicht durchsetzen kann, soll zeigen, wie unerläßlich Aufklärung, Bildung und Solidarität der Ausgebeuteten sind. Das Drama vermittelt die Einsicht, ein Aufstand ist solange sinnlos, wie es keine Einigkeit der zur Revolution entschlossenen sozialen Schicht gibt.

Nur ein Jahr nach *Brechts* Heimkehrerdrama *»Trommeln in der Nacht«* lag *Tollers* Tragödie *»Der deutsche Hinkemann«* vor. Ein Vergleich der Ähnlichkeiten wie der Unterschiede beider Theaterstücke erscheint naheliegend. Aber nicht erst der Vergleich en détail, sondern schon der erste Eindruck beider Dramen zeigt: Ihre Unterschiede überwiegen ihre Gemeinsamkeiten bei weitem. *Brechts* verspäteter Heimkehrer, der Kanonier Kragler, bricht unerwartet und äußerst störend in die von Schiebern und Kriegsgewinnlern arrangierte Verlobungsfeier seiner Braut Anna mit dem Vater des Kindes, das sie erwartet, ein. Er akzeptiert seine »beschädigte« Anna und strebt mit ihr, ohne sich um den Spartakusaufstand zu kümmern, in eine kleinbürgerlich-behagliche Existenz.

Tollers Hinkemann ist bereits heimgekehrt. Aber er ist durch eine Verwundung »beschädigt«. Sein Geschlechtsorgan ist zerstört. Dem entmannten Hinkemann ist eine Rückkehr in ein natürliches Leben für immer versagt. Seine Frau gibt sich dem gesunden gemeinsamen Freund Großhahn hin. Die miserable wirtschaftliche Situation im Nachkriegsdeutschland der Geldentwertung und Arbeitslosigkeit beleuchtet und erklärt die tragischen Vorgänge. Der arbeitslose Hinkemann verdient sein Geld in einem Jahrmarktszelt als Verkörperung des deutschen Mannes mit Bärenkräften. Aus Liebe zu seiner Grete, die wieder zu ihm zurückgefunden hat, führt er — seinen Ekel überwindend — einem sensationslüsternen und Grausamkeiten fordernden Publikum eine abstoßende Szene vor: Der weichherzige, entmannte Hinkemann, der seine Schwiegermutter ohrfeigte, weil sie ihrem Finken die Augen ausgebrannt hat, damit er schöner singen soll, zwingt sich aus Liebe zu seiner Frau zu dem ekelhaften Schaubudenauftritt: Er beißt einer Ratte die Kehle durch.

Erst als er unter seinem Publikum seine Frau mit ihrem Freund über sich lachen sieht, bricht seine Welt endgültig zusammen.

Der Gedanke, *»Hinkemann«* von *Toller* mit *»Draußen vor der Tür«* von *Wolfgang Borchert* zu vergleichen, ist abwegig.[5] Näherliegend und aufschlußreich ist dagegen ein Vergleich mit *Georg Büchners* *»Woyzeck«*, zumindest in dem Verhältnis der drei Hauptpersonen Woyzeck, Marie und Tambourmajor dort und Hinkemann, Grete und Großhahn hier zueinander. Wie Woyzeck zerbricht Hinkemann als ein vom Schicksal oder einer sonstigen Macht zum Leiden verurteilter Mensch. Der Vertreter der Ideologie einer Partei, der für alle Probleme eine Lösung durch eine künftige bessere Gesellschaftsordnung darzulegen weiß, muß vor Hinkemanns »besonderem Fall« verlegen schweigen. Und er, der für ein Leben in Natürlichkeit und Gemeinschaft physisch nicht mehr fähig ist? Von Welt und Gesellschaftsveränderung verspricht er sich nichts, er sucht die Schuld für seine

Krüppelexistenz beim vielberufenen »Vaterland«, aber auch bei sich
selbst und allen, die sich so wie er verhielten:

»Als ich mich hätte wehren sollen, damals, als die Mine entzündet wurde von
den großen Verbrechern an der Welt, die Staatsmänner und Generale genannt
werden, habe ich es nicht getan.«

Hinkemann weiß nur zu genau, daß ihm keine Partei und keine
noch so revolutionäre Gesellschaftsveränderung helfen kann. Am
Ende stehen seine hilflosen Fragen, auf die er keine Antwort erwartet. Sie sind gerade in ihrer Frageform Aussagen unbegründ-
baren, unerklärbaren und nicht mehr aufhebbaren menschlichen
Leides:

»Immer werden Menschen stehen in ihrer Zeit wie ich. Warum aber trifft es
mich, gerade mich? ... Wahllos trifft es. Den trifft es und den trifft es nicht
und den trifft es nicht... Was wissen wir? ... Woher? ... Wohin? ... Jeder
Tag kann das Paradies bringen, jede Nacht die Sintflut.«

Mit »Hoppla, wir leben!« von Toller eröffnete Piscator 1927 am
Nollendorfplatz in Berlin sein »Politisches Theater«. Mit diesem
Stück, in dem Anklänge an des Verfassers eigenes Schicksal als ge-
scheiterter Revolutionär unüberhörbar sind, wollte Toller »eine Reihe
von Grundhaltungen zur Revolution« darstellen.[6] Der Held des
Stückes, der ursprünglich zum Tod verurteilte und dann begnadigte
Revolutionär Karl Thomas, wird nach acht Jahren Gefängnis ent-
lassen in eine seit seiner Verhaftung völlig veränderte Welt. Sein
ehemaliger Mitstreiter Kilmann hat sich inzwischen den gewandelten
Verhältnissen angepaßt und ist Minister des neuen Staates. Der enttäuschte idealistische Revolutionär von einst kann aber auch in den
politischen Aktionen seiner übrigen weiterkämpfenden Freunde keinen
überzeugenden Sinn mehr erkennen. Er will Kilmann ermorden, um
ein Beispiel zu setzen, aber ein nationalistischer Student kommt ihm
zuvor. Thomas wird zwar als tatverdächtig verhaftet, aber sein Tat-
wille ist ihm entwertet und verfälscht. Er resigniert und beendet
(jedenfalls in der zweiten Fassung des Dramas) sein Leben mit eigener
Hand.

Das ausgesprochen episch angelegte Schauspiel zeigt kaum echte dramatische Konflikte. Das negative Ende bestimmt sich aus Thomas'
Einsicht in die Sinnlosigkeit der Revolution. Ein echter, dem Helden
gleichgestellter, persönlicher Gegenspieler tritt nicht auf. Sein
›Gegenspieler‹ ist ähnlich wie in Brechts Stücken die politisch-soziale
Situation, sind die »Verhältnisse«. In der Szenenfolge des Stücks
wird diese Situation von verschiedenen Standpunkten aus beleuchtet
und charakterisiert. Es stellt letztlich beide Gegebenheiten in das
klare Licht gefühlsferner, hart rationaler Kritik: die politischen und
sozialen Zustände der Weimarer Republik um das Jahr 1927 und
den sich immer noch in großen Worten und Phrasen ergehenden
Idealismus der Revolutionäre des Kriegsendes, denen die veränderte

Situation die Voraussetzung für ihre Argumente längst entzogen hat.

Resignation der Revolutionäre von 1918/1919 nach weniger als zehn Jahren Aufbau eines demokratischen Staates aus den Trümmern des Weltkriegsendes vergegenwärtigt in dem Drama eines der profiliertesten Revolutionäre und Dichter von damals: das heißt, genauer besehen, daß ihm die politischen und sozialen Verhältnisse in der noch kein Jahrzehnt alten sogenannten »Weimarer Republik« kaum die Möglichkeit gaben, Mißstände mit stichhaltigen Argumenten anzuprangern. Bei der Erörterung von *»Hoppla, wir leben!«* muß in eben diesem Zusammenhang daran erinnert werden, daß *Toller* dieses Theaterstück vor dem sogenannten »schwarzen Freitag« des Jahres 1928 schrieb und *Piscator* es vor diesem Datum (im September 1927) in seinem »Politischen Theater« am Berliner Nollendorfplatz als Uraufführung inszenierte.

Piscator war bereits am 1919 gegründeten »Proletarischen Theater« beteiligt. Schon damals verstand er die zu spielenden Werke nicht als »Kunst«, sondern als Aufrufe, die auf das aktuelle politische Geschehen einwirken sollten.[7] Sie sollen vor allem im Sinne des internationalen Proletkults die Arbeiter, aber auch alle noch politisch Unentschiedenen ansprechen und für die Revolution gewinnen.

Nachdem das »Proletarische Theater« 1921 geschlossen worden war, versuchte *Piscator* seine Konzeption eines »Politischen Theaters« zunächst 1924 in der Berliner Volksbühne und 1927 schließlich im Theater am Nollendorfplatz zu verwirklichen. Das von ihm in Szene gesetzte »Zeittheater« verwandte alle technischen Mittel zur Erzielung des gewünschten Effekts beim Zuschauer, wie sie gleichzeitig *Brecht* seinerseits mehr und mehr in die Aufführungen seiner Stücke integrierte: Projektionen, Spruchbänder, Filmszenen, Dokumente aller Art. Schon zu Anfang der »Zwanziger Jahre« im Zusammenhang mit der Inszenierung von *Alfons Paquets* Theaterstück *»Die Fahnen«* gebrauchte *Piscator* den Begriff »episches Drama«. In *Piscators* »Zeittheater« ist das »Dokumentarische Zeitstück« der sechziger Jahre bereits vorweggenommen. Insgesamt aber galt *Piscators* Reformwille nicht dem Drama, sondern vielmehr dem Theater und seiner konsequenten Nutzbarmachung als politisches Instrument. Der Stoff, der mit allen verfügbaren akustischen, optischen und bühnentechnischen Mitteln dargestellt wurde, war nur insofern wichtig, als er sich zur Verwirklichung »politischer Aktion« eignete. Das heißt, daß bei seinen Inszenierungen erstmals das *Drama* (als durch den künstlerischen Gestaltungswillen des Autors in dramatischer Form verfaßtes ästhetisches Werk) für das *Theater* als Ort seiner szenischen Vorstellung vor Zuschauern seine bestimmende Bedeutung verliert. Das Drama ist nicht mehr die für die Aufführung maßgebliche sprachliche und szenisch so und nicht anders zu verwirklichende Grundlage,

sondern nur Anstoß und Anregung zu möglichst publikumswirk-
samer Demonstration politischer Standpunkte und Argumente. Seine
Bedeutung als sprachliches Kunstwerk erscheint aufs äußerste reduziert. Theater und Revue, wie sie die »Zwanziger Jahre« (vor allem
im amerikanischen Film) produzierten, bewegen sich aufeinander zu.
Zugleich läßt das »Politische Theater« Eigenschaften erkennen, die an
eine Transposition des politischen Kabaretts auf die Größenverhält-
nisse und Darstellungsmöglichkeiten des Theaters denken lassen.
Auf ähnliche Weise, freilich mit anderer Begründung, entfernen sich
einige jüngere Autoren der sechziger Jahre in ihren Stücken von der
tradierten Struktur und von dem die Auffassungskapazität des Zuschauers berücksichtigenden Umfang sowohl der »geschlossenen« als
auch der »offenen« Form des Dramas.[8]
Das unter der immer erdrückender werdenden Wirtschaftskrise, bei
wachsender Zahl der Arbeitslosen und gleichzeitiger Verhärtung der
politischen Fronten, die ihren Kampf mit zunehmender Radikalität
führten, sich abzeichnende Ende der »Weimarer Republik« zeigt
bei aller Hektik des Theaterlebens auch in ihm das Zunehmen radi-
kaler Tendenzen. Bei der Verleihung des Kleistpreises 1928 sagte
Hans Henny Jahnn u. a.:
»Die junge deutsche Literatur steht überwiegend links. Ist radikal (und sei
es völkisch) ... Die Gründe für die Aktivierung sind viele. Das Messer sitzt
an der Kehle. Die Unsicherheit gegenüber sympathischen und antipathischen
Strömen des Lebensnächsten ist gewachsen. Die neue Jugend ist nicht weiser
als die vorausgegangene, aber mißtrauischer, darum roher, offener, unbe-
rechenbar ... Sie fürchten die kommenden Giftgase.«[9]
Neben dem »Zeitstück« erobert jetzt das »Kriegsstück«, gleichzeitig
mit dem Kriegsroman aufkommend, das deutsche Theater und den
Film. Bis zur Mitte des Jahrzehnts noch verdrängt, wird die Kriegs-
situation jetzt in äußerst realistischer Darstellung auf der Bühne nach-
gespielt. Heroischer Fatalismus des Frontsoldaten in der verschwore-
nen Kameradschaft von Offizier und Mannschaft im Angesicht des gemeinsamen Todes für das Vaterland: Die Voraussetzungen für das
Drama und den Film der NS-Propaganda entstanden schon bald nach
1925.
»Als ein großes Experiment stellt das Theater der zwanziger Jahre sich uns
heute dar. An die damals erarbeiteten szenischen Mittel knüpfte das deutsche
Theater erst in den fünfziger Jahren wieder an. Das war und ist noch immer
ein schwieriger Versuch, deswegen, weil in diesen Experimenten kaum eine
Ordnung gewesen ist, sondern nur Spontaneität und guter Wille.«[10]

Literatur zum Drama der »Zwanziger Jahre«

Adorno, Theodor W., Die Legende der zwanziger Jahre. In: Merkur, Januar 1962.
Denkler, Horst, Sache und Stil. Die Theorie der Neuen Sachlichkeit. In: Wirkendes Wort, Mai 1968.
Diesel, Eugen, Der Weg durch das Wirrsal, Stuttgart 1926.
Jünger, Ernst, Der Arbeiter, Hamburg 1932.
Lüddecke, Theodor, Amerikanisches Wirtschaftstempo als Bedrohung Europas, Leipzig 1925.
Plessner, Helmut, Die Legende der zwanziger Jahre. In: Merkur, Januar 1962.
Reinicke, Leonhard (Hrsg.), Die Zeit ohne Eigenschaften. Eine Bilanz der zwanziger Jahre, Stuttgart 1961.
Rosenberg, Arthur, Geschichte der Weimarer Republik, Frankfurt a. M. 1961.
Schrempf, Claus, Diktatur der Tatsachen. Wohin sie Deutschlands Volk und Wirtschaft führt, Berlin 1932.
Spengler, Oswald, Der Mensch und die Technik, München 1931.
Treue, Wilhelm (Hrsg.), Deutschland in der Weltwirtschaftskrise in Augenzeugenberichten, Düsseldorf 1967.
Utitz, Emil, Die Überwindung des Expressionismus. Charakterologische Studien zur Gegenwart, Stuttgart 1927.

Literatur zu Erwin Piscator und zum »Politischen Theater« der »Zwanziger Jahre«

Piscator, Erwin, Das politische Theater, Berlin 1929.
Hoffmann, Ludwig (Hrsg.), Erwin Piscator, Das politische Theater (Faksimile-Druck der Extraausgabe von 1929), Berlin (Ost), 1968 (= Schriften, Bd. I).
Hoffmann Ludwig (Hrsg.), Erwin Piscator, Aufsätze, Reden, Gespräche, Berlin (Ost) 1968 (= Schriften, Bd. II).
Fiebach, Hans-Joachim, Die Herausbildung von Erwin Piscators »politischem Theater« 1924/25. In: Weimarer Beiträge 13, 1967, S. 179 ff.
Krell, Max (Hrsg.), Das deutsche Theater der Gegenwart, München/Leipzig 1923.
Rühle, Günther, Theater für die Republik, Frankfurt a. M. 1967 (enthält Rezensionen von Inszenierungen Erwin Piscators).
Rühle, Jürgen, Theater und Revolution, München 1963.
Weisstein, Ulrich, Soziologische Dramaturgie und politisches Theater. Erwin Piscators Beitrag zum Drama der zwanziger Jahre. In: Deutsche Dramentheorien. Beiträge zu einer historischen Poetik des Dramas in Deutschland. Herausgegeben und eingeleitet von Reinhold Grimm, Bd. II, Frankfurt a. M. 1971, S. 516 ff.

Das deutsche Drama seit 1945

Wolfgang Borchert — Bertolt Brecht — Carl Zuckmayer — Georg Kaiser — Fritz v. Unruh — (Ernst Toller — Wolfgang Hildesheimer — Richard Hey — Peter Hirche — Leopold Ahlsen — Günter Grass — Martin Walser)

Die Schwierigkeiten, die der Gegenstand rein als solcher dem um seine Darstellung bemühten Verfasser bereitet, wurden schon mehrfach angedeutet. In ihrer ganzen Breite und Fülle werden sie freilich erst dort wirksam, wo es darum gehen soll, das Drama seit 1945 — mit anderen Worten: das zeitgenössische Drama deutscher Sprache — kritik- und sachgerecht zu erörtern.

Neben allem anderen wird gerade für das Drama nach 1945 die Tatsache zum Problem, daß das Drama Aufführung und Zuschauerwirkung verlangt. Damit wird zwar die Ausgangsthese dieses Buches erneut grundsätzlich bestätigt, die sachliche Erörterung des Dramas als »Dichtung« (oder auch lediglich als »Text«) ohne Einbeziehung von Regie und Schauspielkunst aber erheblich erschwert. Bei dieser Feststellung sei die (für die jüngeren unter den zeitgenössischen Dramatikern keineswegs schmeichelhafte) Beobachtung nicht verschwiegen, daß Regie und Schauspielkunst eben dort um so stärker gefordert sind, wo die dramatische und sprachliche Qualität des Dramas fragwürdig werden. —

Daß das Jahr 1945 für die deutsche Kultur und Literatur nicht den »absoluten Nullpunkt« bezeichnete, wie *Ernst Jünger* und viele Überlebende des Zerstörungswütens sowohl seiner wie der sogenannten »Kriegsgeneration« verständlicherweise annahmen, ist seither mannigfach und überzeugend dargelegt worden.

Wie die geistige und literarische Situation 1945 und in den Folgejahren bis zur »Währungsreform« 1948 und über sie noch hinaus tatsächlich beschaffen war (und mit ihr auch die spezifische des Dramas), kann wohl nur der, der sie als Betroffene existentiell im Sinne des Wortes durchlebt und überstanden hat, beschreiben. Seine wie auch immer um Objektivität bemühte Beschreibung aber wird nicht mehr vergegenwärtigen können als *den* Sektor der Gesamtsituation, in dessen Existenzbedingungen und geistigen Möglichkeiten der Berichtende durch Schicksal (oder Zufall) geworfen war.

Für den Betroffenen erwies sich das in etwa bei der um äußerste Sachlichkeit bemühten Ausstellung des Deutschen Literaturarchivs im Schiller-Museum Marbach 1973 »Als der Krieg zu Ende war — Literarische Publizistik 1945—1950«.[1] Es zeigt sich nämlich, daß die sachlich und in zuverlässiger Beurteilung ihrer Bedeutung ausgewählten Exponate eben doch bereits durch den Intellekt ihrer Verfasser, Herausgeber und Gruppenrepräsentanten mehrfach gefilterte, »literarisierte« Produkte sind, die das momentane Existenzerfahren der Betroffenen von 1945—1948 nicht mehr unmittelbar vergegenwärtigen.

Betrifft das eben Gesagte unser heutiges Bild von der existentiellen Situation des Deutschen, der überlebt hatte, für die Jahre 1945 bis 1948 grundsätzlich und die literarische Situation eben dieser Jahre im besonderen, so erfordert die Situation von Drama und Theater in diesen Jahren eine zu Unterscheidung wie zu Objektivität des Urteils bereite Blickeinstellung. Um es deutlicher zu sagen: Die literarisch-politische Publizistik zwischen 1945 und 1950 und das deutsche Drama und Theater des gleichen Halbjahrzehnts erfordern unterschiedliche Standpunkte für ihre Beschreibung wie für ihre Beurteilung.

Von dieser Tatsache ist auszugehen. Das heißt, daß eine Geschichte (oder Darstellung) des zeitgenössischen deutschen Dramas nicht möglich ist, ohne eine wenigstens skizzenhafte Vergegenwärtigung der Situation an den führenden deutschen Theatern in den ersten Nachkriegsjahren. Das deutsche Publikum, über zwölf Jahre in Unkenntnis des modernen ausländischen Dramas gehalten, erlebte mit einer Aufgeschlossenheit, die ihresgleichen in der europäischen Theatergeschichte sucht, die Dramen, die von englischen, französischen und amerikanischen Bühnenautoren in den Jahren der geistigen Isolation Deutschlands geschaffen worden waren. Die Stücke von *T. S. Eliot, J. B. Priestley, Thornton Wilder* und *Christopher Fry* hatten ihre große Zeit, wie die von *Georges Bernanos, Paul Claudel, Jean Giraudoux, Jean Anouilh* und *Jean Cocteau, Jean Paul Sartre* und *Albert Camus.* Nur für die Überlebenden der älteren Generation handelte es sich um eine Wiederbegegnung mit den Werken bereits bekannter Dramatiker des Auslands, wie *Giraudoux* und *Cocteau,* während die überwiegende Mehrzahl aller deutscher Theaterbesucher eine neue, faszinierende Dramatik mit z. T. ungewohnten dramatischen Elementen und theatralischen Effekten erlebte.

Die Bereitschaft des deutschen Publikums der ersten Nachkriegsjahre, bisher unbekannte ausländische Dramatik zu erleben und sich von ihr in den Bann schlagen zu lassen, war nicht nur die Folge des geistigen und künstlerischen Nachholbedarfs nach fast eineinhalb Jahrzehnten Isolation. Sie war auch bestimmt durch das beglückende Bewußtsein einer bis dahin ganz unbekannten Freiheit, der Freiheit, sich trotz anhaltender materieller Entbehrungen konfrontieren zu dürfen mit den Denk-, Erlebnis- und Darstellungsweisen von Menschen jener Länder und Kulturkreise, die bis vor kurzem noch verteufelt worden waren. Dieses Bewußtsein ist nicht beschreibbar. Es beinhaltete für die Kriegsgeneration eine Erfahrung, die sich als Konsequenz der ideologisch verengten Erziehung in den entscheidenden Jahren jugendlicher Entwicklung und des unmenschlichen Grauens des Krieges und der Gefangenschaft notwendig ergab.

Wie stark das durch die angedeuteten Erfahrungen entstandene psychologische Moment beim Erlebnis ausländischer Dramen auf deutschen Bühnen in den ersten Nachkriegsjahren mitwirkte, zeigt, um nur ein Beispiel zu nennen, der Vergleich der Rezeption von *Thornton Wilders* Drama »*Wir sind noch einmal davongekommen*« (»The Skin of our Teeth«) zu Anfang der fünfziger Jahre und etwa zehn Jahre später. Was das Publikum kurz nach Kriegsende als tiefe Erschütterung erlebte, wirkte ein Jahrzehnt später, wenn überhaupt, durch glänzende Inszenierung oder das Können einzelner Darsteller. Wenn man zum Unterschied der Reaktion des Publikums auf *»Draußen vor der Tür«* von *Wolfgang Borchert* zehn Jahre früher oder später grundsätzlich Ähnliches festzustellen hat, so darf doch nicht übersehen werden, daß sowohl die spezifische Thematik als auch der Standpunkt der Dramatiker bei beiden Stücken weit voneinander entfernt liegen und die von außen her gesehen ähnlichen Reaktionen des Publikums daher sehr verschiedene Ursachen haben.

Daß man neben den Dramen ausländischer Autoren bereits in den Anfängen des deutschen Theaterlebens nach Naziterror und Kriegszerstörungen auch deutsche und ausländische »Klassiker« spielte, bedarf kaum besonderer Erwähnung: *Lessing* und *Schiller, Shakespeare* und *Molière, Goethe, Büchner, Grillparzer, Raimund* und *Nestroy* gewannen auf den deutschen Bühnen erneut Leben, neben ihnen *George Bernard Shaw* und nach und nach auch *Heinrich von Kleist* und *Christian Friedrich Grabbe. Hebbel* und *Hauptmann* waren dagegen erst erheblich später gefragt, und auch dann von seiten der Theaterleiter mit erkennbar reduziertem Interesse.

Festgehalten werden muß die Tatsache, daß die Dramen deutscher Exil-Autoren erst *nach* denen der oben genannten ausländischen Dramatiker von den wiederhergestellten deutschen Theatern gespielt wurden.

Es ist historisch falsch, dies den deutschen Theaterleitern oder gar dem deutschen Publikum anzulasten, wie das — allzu leichtfertig — häufig geschehen ist. Es war doch nach Lage der Dinge so, daß die dramatischen Werke der ausländischen Autoren bereits vorlagen, ehe die Werke ins nähere oder fernere Ausland vertriebener deutscher Dramatiker überhaupt bekannt werden konnten. Dazu kam — banal genug, aber doch eben auch Zeit beanspruchend —, daß die Werke deutscher Schriftsteller, die die vorgeschalteten Genehmigungsinstanzen der zuständigen alliierten Militärbehörden zu durchlaufen hatten, ehe ihre Freigabe zur Aufführung erfolgte, einer zumindest zeitfordernden Behinderung unterlagen, der die Stücke der Bürger der Besatzungsmächte nicht unterworfen waren.

Das Gesamtbild der Rückkehr deutscher ins Exil gezwungener Dramatiker auf die Bühnen ihres Heimatlandes zeigt erschreckende Unterschiede von Erfolg und Wirkung: Die Stücke *Bertolt Brechts* konstituierten nach ihrer Wieder- oder Neuaufnahme und vor allem nach seiner Rückkehr und dem Beginn seiner Tätigkeit am Ostberliner »Theater am Schiffbauerdamm« geradezu eine neue Ära für das deutsche Theater unseres Jahrhunderts, so daß man es heute als Selbstverständlichkeit empfindet, von einem »Drama nach Brecht«[2] zu schreiben, was ja voraussetzt, daß es ein »Drama vor Brecht« gegeben hat. Und eine der Folgen *Brechts* ist ohne Zweifel, daß seit »Brecht« kaum ein Autor und sehr selten ein Regisseur den Mut aufgebracht hat, ein Drama ohne »Verfremdungseffekt« zu schreiben oder ohne diesen zu inszenieren. So müssen sich denn auch *Lessing, Schiller, Goethe, Kleist* u. a. seit »Brecht« gefallen lassen, daß man ihre Dramen dem V-Effekt unterwirft, koste es, was es wolle, selbst gegen die eindeutig erkennbar andere Absicht der Verfasser!

Erfolgreich verlief auch *Carl Zuckmayers* Rückkehr auf die Bühnen des deutschen Nachkriegstheaters, wenngleich ohne derart tiefgreifende Wirkungen wie die von *Brecht.* Sein Drama um die Verführbarkeit des Draufgängers und die Problematik des Widerstandes durch Sabotage *»Des Teufels General«* — noch im Exil geschrieben — wurde zu einem großen Erfolgsstück der fünfziger Jahre, wie auch dessen wenig spätere Verfilmung. Nicht nur aus den bitteren Erfahrungen der deutschen Bevölkerung mit Militär, Uniform und all ihren Folgen erklärt sich der anhaltende Erfolg von *Zuckmayers »Der Hauptmann von Köpenick«* aus dem Jahre 1931 seit dem Ende des Zweiten Weltkriegs. Zweifelsohne ist *»Der Hauptmann von Köpenick« Zuckmayers* bedeutendstes dramatisches Werk überhaupt. Die nahtlose Kombination eines vorzüglich gelungenen Volksstücks mit einem allgemein bekannten Märchenmotiv und deren dramatische Vergegenwärtigung konzentriert sich in einer Person, der in ihrem tragischen wie in ihren das System des Militärstaats mit seinen eigenen Mitteln wenigstens für einen Moment schlagenden hintergründigen Zügen durchgehend die Sympathie des Zuschauers gehört. In dieser Person, Wilhelm Voigt, erkennt er die Verkörperung des am Menschen begangenen Unrechts und des hilflosen Leidens im Ausgeliefertsein an die unbarmherzigen Instanzen und Paragraphen des Staates. Ein derartig großer dramatischer Wurf ist nur ganz wenigen Autoren unseres Jahrhunderts gelungen.

Allen späteren Dramen *Carl Zuckmayers* blieb größerer Erfolg versagt. Die Gründe dafür sind mehrfacher Art: *Zuckmayer* blieb als Dramatiker traditionsgebunden, während *Bertolt Brecht* zur gleichen Zeit durch den konsequenten Ausbau seiner bereits gegen Ende der »Zwanziger Jahre« im Prinzip erarbeiteten modernen Techniken der Inszenierung wie der schauspielerischen Verwirklichung seiner Stücke unvergleichlich modern und interessant wirkte. Dazu kam, daß *Brecht* in Berlin sein eigenes Theater hatte und als Regisseur der Aufführungen seiner eigenen Stücke mit hochtalentierten jungen Theaterkräften anhaltend experimentieren konnte, um Inszenierung und Technik der Aufführung ständig zu verbessern, während *Zuckmayer* auf die Inszenierung seiner Dramen keinen derart bestimmenden unmittelbaren Einfluß hatte. Daß keines seiner nach *»Des Teufels General«* geschriebenen Dramen dessen Qualität oder die des *»Hauptmann von Köpenick«* erreichte und auch die in ihnen gestalteten Probleme z. T. so gewählt waren, daß ihnen ein größeres Publikum kein Interesse entgegenzubringen bereit war, kommt dazu.

Im Vergleich mit den Erfolgen *Brechts* und *Zuckmayers* auf dem deutschen Nachkriegstheater blieb die Rückkehr anderer — zu ihrer Zeit bedeutender — deutscher Dramatiker aus dem Exil nicht nur weniger erfolgreich; sie blieb praktisch aus. Der 1945 im Exil verstorbene *Georg Kaiser*, einer der erfolgreichsten Dramatiker des Expressionismus, konnte trotz aller gutgemeinten Versuche einiger deutscher Theater dem deutschen Nachkriegspublikum als dramatische Potenz hohen Grades nicht mehr so eindringlich bewußt gemacht werden, daß es nach seinen Dramen verlangt hätte. Die von einigen Bühnen, auch Studentenbühnen, mit Opfern und Mühen inszenierten späteren Stücke *Kaisers*, wie etwa *»Die Lederköpfe«* oder *»Der Soldat Tanaka«* vermochten das »tonangebende« Publikum ebensowenig anzuziehen wie Versuche, das Publikum mit seinen Dramen des expressionistischen Jahrzehnts zu konfrontieren.

Ganz ohne Zweifel spielte dabei die Tatsache, daß es bis vor kurzem Texteditionen der etwa 60 Dramen, die *Georg Kaiser* geschrieben hat, entweder gar nicht oder nur in unerschwinglicher Preislage gab, eine nicht unbedeutende negative Rolle.

Nicht viel anders, allenfalls unbeachteter, war *Fritz von Unruhs* Heimkehr in sein angestammtes Vaterland. Sie fand, um einen Terminus aus der Theaterwelt zu gebrauchen, »nicht statt«. Das gleiche gilt für *Ernst Toller*. Auch die qualitativ besten seiner Stücke wie *»Die Wandlung«*, *»Masse Mensch«*, *»Hinkemann«*, *»Die Maschinenstürmer«* sind nach 1945 in Deutschland ohne Erfolg geblieben. Daran hat auch das unbedeutende Dokumentationsstück *»Toller«* von *Tankred Dorst*,[3] dessen sich das Münchner Residenztheater mit Mühe und Liebe angenommen hatte, nichts ändern können. Insgesamt muß als Tatsache festgehalten werden, daß das Drama expressionistischer Autoren, die den Naziterror im Exil überlebten und auch im Exil weiterhin Dramen schrieben, im Nachkriegsdeutschland nicht mehr Fuß zu fassen und nicht einmal in Einzelfällen das Interesse des nachgewachsenen Theaterpublikums zu gewinnen vermocht hat. Daß die progressive Einstellung zahlreicher Nachkriegsregisseure dabei in gewissem Umfang mitgewirkt hat, darf vermutet werden.

Eine leider kurze, seither nie wieder erreichte Blütezeit erlebte bis etwa 1955 das Kabarett. Seine auf die scharfe Pointe hin angelegten Ausdrucksformen (Parodie, Sketch und Chanson) dürften der als provisorisch empfundenen Existenzform der Menschen jener Jahre nähergelegen und mehr entsprochen haben als die ausholendere, umfassendere und tiefer begründete Argumente fordernde Großform des Dramas so wie die »Moderne Kurzgeschichte« gegenüber der Großform des Romans.

Während sich das deutsche Theaterpublikum mehr und mehr von *Brechts* späten Stücken wie von seinen großen, neu inszenierten »Würfen« wie der *»Dreigroschenoper«* mit der Musik *Kurt Weills* faszinieren ließ, schrieben *Wolfgang Hildesheimer* und *Richard Hey* ihre absurden bzw. unverbindlich geistreichen Theaterstücke. *Hildesheimer* machte sich mit seiner *»Erlanger Rede über das absurde Theater«*[4] ausdrücklich selbst zum Repräsentanten dieses Dramentyps. Er sagte u. a., er schreibe selbst »absurdes Theater«, und zwar aus solch tiefer Überzeugung, »daß mir das nichtabsurde Theater mitunter absurd erscheint«. Die absurde Handlung sei die Parabel des Lebens; auch dem Leben fehle jeder Sinn. »Wer auf eine Deutung wartet, wartet vergebens.« Hildesheimers Hörspiele und seine Komödie *»Der Drachenthron«* von 1955 bestätigen seine Tendenz zum Absurden. Besonders deutlich wirkt sie sich in dem 1961 entstandenen Drama *»Die Verspätung«* aus.

Ebensowenig wie *Hildesheimer* hat *Richard Hey* mit seinen Stücken *»Thymian und Drachentod«* (1955), *»Lysiane«* (1956) und der Tragikomödie in zwei Akten *»Weh dem, der nicht lügt«* (1962) bleibenden Erfolg erzielt.

Bereits innerhalb der ganz von *Brecht* beherrschten Ära des deutschen Dramas und Theaters entstanden die wenigen, kaum nennenswerten »Kriegsstücke« von *Claus Hubalek, Peter Hirche* und *Leopold Ahlsen* und die mehr dem Kabarett als der Bühne des Theaters entsprechenden Einakter von *Günter Grass*. In *»Eiche und Angora«* (1962) von *Martin Walser* soll das typische Verhalten des deutschen Nachkriegskleinbürgers als Folge der Einwirkungen der geistigen Knebelung und ideologischen Zwangsschulung unter Naziherrschaft und Kriegsverhältnissen erkennbar (und in *Brechts* Sinn kritisierbar) durchleuchtet werden. *Walsers* Versuch verbindet »Kriegsstück«, »Vergangenheitsbewältigung« und Züge des »Neuen Volksstücks« miteinander. Es wird daher im Zusammenhang mit der Erörterung dieser Richtungen des »Neuen Dramas« zu behandeln sein.

Seit der Mitte der fünfziger Jahre beherrschte *Brecht* mit seinen späten, fast ausnahmslos im Exil entstandenen Stücken und seiner »Technik der Neuen Schauspielkunst« nicht nur die deutschen Bühnen und den Stil ihrer Inszenierungen, sondern weitgehend auch die Prinzipien, die jüngere Dramatiker der gedanklichen Agitation ihrer Stücke wie deren formaler Gestaltung in Dialog, Gestik und Mimik zugrunde legten. Ein neues Drama mußte notwendigerweise ein »Parabel«-Stück nach *Brechts* Muster sein. Handlungszuschnitt, Sprache, Bühnenbild und Technik der Umsetzung in gespielte Verwirklichung konnten nur den »Verfremdungseffekt« als Ziel anstreben. Und als unbedingte Folge des »Verfremdungseffekts« sollte der Zuschauer das Theater mit dem festen und unabhänderlichen Entschluß verlassen, die bestehende Gesellschaft zu verändern. Nur die fast grenzenlose Unsicherheit der Dramatiker gegenüber der politisch-sozialen Situation, gegenüber ihrer Kunst und deren Forderungen kann wenigstens teilweise als Erklärung für die kritiklose Bereitschaft zur Nachahmung des Brechtschen Stücks und der Brechtschen »Technik der Schauspielkunst« angeführt werden. »Nachahmung«, vom kreativen Künstler zu allen Zeiten abgelehnt, wird zur Peinlichkeit, sobald das Kopieren des »Vorbilds« den Charakter von Zwangshandlung annimmt und den talentierten Regisseur bei der Herausbildung und Ausführung eigener Konzepte ebenso blockiert wie den Dramatiker an der freien Entfaltung seiner schöpferischen Kräfte.

Christian Dietrich Grabbe (1801—1836) wandte sich mit aller Berechtigung gegen die zu seiner Zeit übermächtig gewordene »Shakespearomanie«.[5] Und längst vor *Grabbe* hatte schon *Goethe* sich mit aller Klarheit der Argumentation gegen die bei den Romantikern seiner Überzeugung nach zum Maßlosen tendierende Shakespeare-Mode (und kritiklose Shakespeare-Transposition auf die deutschen Bühnen) in seiner Schrift *»Shakespeare und kein Ende«* (1815) geäußert und unter dem gleichen Titel noch einmal 1828. Der in seiner *»Rede zum Schäkespears Tag«* 1771 den englischen Dramatiker feiernde und ihn in der ersten Fassung seines *»Götz von Berlichingen«* fast sklavisch nachahmende junge *Goethe* verfügte über die Fähigkeit, sich der falschen Vorbildwirkung seines einstigen Ideals mit aller Entschiedenheit entgegenzustellen. — Nun, heutige *Regisseure* sind keine neuen »Goethes« und heutige junge Dramatiker erst recht nicht.

Trotzdem hätten bei etwas größerem Selbstbewußtsein und geringerem Nachahmungseifer bei Regisseuren und Dramatikern die »Brechtomanie« und der »Verfremdungseffekt und kein Ende« der fünfziger und sechziger Jahre, wenn nicht vermieden, so doch in erträglichen Grenzen gehalten werden können. Manch ein Irrtum von Dramatikern und Regisseuren wäre dann vermieden worden, ohne Bedeutung und berechtigte Wirkung von *Brechts* Stücken auf der nachkriegsdeutschen Bühne auch nur im geringsten zu schmälern oder zu beeinträchtigen. Nicht das Original bringt sich um seine in seiner originellen Leistung begründeten Wirkungen, wohl aber der kritiklose Nachahmer! Er ist es, der die Originalität in der ungekonnten Kopie verwässert und in der Nachahmung verfehlt und damit doppelten Schaden anrichtet: einmal in Anbetracht des schlecht und recht kopierten Originals, das durch die mangelhafte Nachahmung zumindest bei den Rezipienten das Urteil über dieses negativ beeinflußt; zum anderen, indem er eigene Ideen und Konzeptionen dem Zwang des Originals unterordnet und damit in ihrer möglichen Entwicklung behindert. Man könnte hier tatsächlich in Abwandlung von *Karl Kraus'* berühmter Titelformulierung *»Heine und die Folgen«* zwar nicht von »Brecht und die Folgen« sprechen, sehr wohl aber von »Brechts Nachahmer und die Folgen.«

Nicht verschwiegen werden darf die Rolle, die *Brechts* Drama im Zusammenhang mit der kritischen Beurteilung des »Dramas nach Brecht« spielt. Diese kritischen Urteile bewegen sich zwischen zwei ausgesprochenen Extrempositionen. Für die eine ist *Brechts* Parabelstück der absolut und ausschließlich geltende Maßstab, an dem alle »nach Brecht« versuchte Dramatik gemessen und beurteilt wird; für die andere gelten *Brechts* Theorie und Theaterpraxis als ideologischer Irrtum, der als solcher bedauerlich ist, in seiner Nachwirkung aber korrigierbar erscheint.

Den ersten Standpunkt vertritt *Marianne Kesting*, Schülerin *Brechts*, u. a. sehr konsequent in ihren Ausführungen über »Das deutsche Drama seit Ende des Zweiten Weltkriegs«.[6] Nach ihrer Auffassung konnten die Dramatiker nach *Brecht* ihre Aufgabe nur darin sehen, das Brechttheater und seine Themen aufzunehmen und in *Brechts* Sinn weiterzuführen. *Kestings* Urteil über Dramatiker nach *Brecht* zeigt sich ausschließlich bestimmt von der Frage, ob und inwieweit »linientreu« diese das von *Brecht* als Muster entwickelte Parabelmodell befolgen.

Dagegen steht die andere Position, die *Brechts* Argumente und die auf ihnen beruhende Theorie einer »nichtaristotelischen Dramaturgie« und der Notwendigkeit des »Verfremdungseffekts« als bereits in ihrem Ansatz falsch beurteilt. Dafür kann die Ansicht eines ausländischen Dramatikers von Welterfolg zitiert werden: *Ionesco*, der sich gegen *Brechts* Forderungen wendet mit der klaren Feststellung, *Brecht* wende die Mittel von Drama, Theater, Schauspielkunst und Bühnentechnik nur an, um eine marxistische Theorie als zutreffend zu erweisen. *Ionesco* sagt u. a. wörtlich:

»Je häufiger ich Stücke von *Brecht* sehe, desto mehr habe ich den Eindruck, daß die Zeit, und besonders seine Zeit ihm entgleitet. Seinen Menschen fehlt eine Dimension, seine Zeit ist durch Ideologien verfälscht. Das Blickfeld ist beschränkt — ein Merkmal, das gewöhnlich Ideologen und Dummköpfen gemeinsam ist. Ich sehe das Soziale auf natürliche Weise in jedem Kunstwerk eingeschlossen, und wäre es auch nur in der Art des stilistischen Ausdrucks. Der historische Augenblick kommt spontan und unausweichlich ins Werk, und nicht nur dann, wenn man es mit bewußter Absicht ideologischen Gründen zuliebe zu erreichen sucht. Das dramatische Meisterwerk hat einen exemplarischen Charakter höherer Art; es zeigt nur mein Bild, ist Spiegel und zugleich Antrieb zur Gewissenserforschung. Es ist eine über die Geschichte hinauszielende Darstellung des Geschichtlichen, die tiefste Wahrheiten erfaßt. Einer der wesentlichen Fehler eines Autors wie *Brecht* scheint mir darin zu bestehen, daß er die künstlerischen Mittel nur einsetzt, um eine arbiträre marxistische Ideologie zu beweisen. Er unterwirft auf diese Weise das Wesentliche dem Unwesentlichen. Das ist das Gegenteil dessen, was man tun soll. Wegen dieses Irrtums wird Brechts Werk vergehen.«[7]

Während der von *Brechts* Stücken und seiner nichtaristotelischen Dramaturgie beherrschten Jahre zwischen 1950 und 1965, als in der Kritik bereits immer deutlicher zu *Brecht* kontroverse Auffassungen geäußert wurden, entstanden die ersten Versuche, ein von der klassischen Tradition wie von *Brechts* die zeitgenössischen Bühnen beherrschendem Parabelstück unabhängiges »Neues Drama« zu schaffen. Es war das »Dokumentarische Zeitstück«, das 1963 mit *Hochhuths* »*Der Stellvertreter*« eine neue Ära des deutschen Dramas einleitete. Auch dieser erste Typ eines »Neuen Dramas« benötigte Vorbild und Modell aus dem »Drama der zwanziger Jahre«. Interessanterweise war das Modell nicht das »Lehrstück« des jüngeren *Brecht*, sondern *Piscators* »Politisches Theater«.

Literatur

Bertolt Brecht

Werkausgaben

Gesammelte Werke in 20 Bänden. Hrsg. vom Suhrkamp Verlag in Zusammenarbeit mit Elisabeth Hauptmann, Frankfurt a. M. 1967 (^{3}1973) (Werkausgabe edition suhrkamp).

Gesammelte Werke in 8 Bänden, Frankfurt a. M. 1967.

Erste Gesamtausgabe in 41 Bänden. Parallelausgaben bei Suhrkamp, [Berlin u.] Frankfurt a. M., und im Aufbau-Verlag, Berlin [u. Weimar] 1953 ff.

Stücke, 14 Bde. Parallelausgaben bei Suhrkamp bzw. im Aufbau-Verlag 1953—1967.

Gedichte, 9 Bde. Parallelausgaben bei Suhrkamp bzw. im Aufbau-Verlag 1960—1969.

Schriften zum Theater, 7 Bde. Parallelausgaben bei Suhrkamp bzw. im Aufbau-Verlag 1963/64.

Prosa, 5 Bde. Suhrkamp 1965.

Schriften zur Literatur und Kunst, 2 bzw. 3 Bde. Parallelausgaben bei Suhrkamp (3) bzw. im Aufbau-Verlag (2) 1966/67.

Schriften zur Politik und Gesellschaft. 1 bzw. 2 Bde. Parallelausgaben bei Suhrkamp (1) bzw. im Aufbau-Verlag (2) 1968.
Texte für Filme, 2 Bde. Suhrkamp 1969.

Literatur zu Bertolt Brecht (Auswahl):

Benjamin, Walter, Versuche über Brecht, Frankfurt a. M. 1966.
Bunge, Hans, Fragen Sie mehr über Brecht. Hanns Eisler im Gespräch. Nachwort von Stephan Hermlin, München 1970.
Esslin, Martin, Brecht. Das Paradox des politischen Dichters, Frankfurt a. M. 1962.
Grimm, Reinhold, Bertolt Brecht, Stuttgart 1961.
Jäggi, Willy (Hrsg.), Das Ärgernis Brecht (mit Beiträgen von S. Melchinger, R. Frank, R. Grimm, E. Franzen, O. Mann), Basel/Stuttgart 1961 (Theater unserer Zeit, Bd. I).
Jendreiek, Helmut, Bertolt Brecht, Düsseldorf 1969.
Mayer, Hans, Brecht und die Tradition, München 1965.
Mittenzwei, Werner, Brechts Verhältnis zur Tradition, Berlin 1973.
Völker, Klaus, Brecht. Eine Biographie, München 1976.

Carl Zuckmayer

Dramen:

Kreuzweg. Drama, München 1921.
Der fröhliche Weinberg. Lustspiel in drei Akten, Berlin 1925.
Schinderhannes. Schauspiel in vier Akten, Berlin 1927.
Katharina Knie. Ein Seiltänzerstück in vier Akten, Berlin 1929.
Der Hauptmann von Köpenick. Ein deutsches Märchen in drei Akten, Berlin 1930.
Der Schelm vor Bergen. Ein Schauspiel, Berlin 1934.
Bellman, Schauspiel in drei Akten, Chur 1938.
Des Teufels General. Drama in drei Akten, Stockholm 1946.
Barbara Blomberg. Ein Stück in drei Akten mit Vorspiel und Epilog, Amsterdam 1949.
Der Gesang im Feuerofen. Drama in drei Akten, Frankfurt a. M. 1950.
Ulla Winblad, oder Musik und Leben des Carl Michael Bellman, Frankfurt und Berlin 1953 (3 Bl. Noten).
Das kalte Licht. Drama in drei Akten. Mit Nachwort, Frankfurt a. M. 1955.
Die Uhr schlägt eins. Ein historisches Drama aus der Gegenwart, Frankfurt a. M. 1961.
Der Rattenfänger. Eine Fabel, Frankfurt a. M. 1975.

Sammelausgabe:

Meisterdramen. Mit einem Nachwort von Gerhard F. Hering, Frankfurt a. M. 1966. (Enthält: Der fröhliche Weinberg; Schinderhannes; Katharina Knie; Der Hauptmann von Köpenick; Des Teufels General; Barbara Blomberg; Ulla Winblad oder Musik und Leben des Carl Michael Bellman).

Literatur zu Carl Zuckmayer:

a) Autobiographie:
Zuckmayer, Carl, Als wär's ein Stück von mir. Horen der Freundschaft, Frankfurt a. M. 1966.

b) Literatur:

Engelsing-Malek, Ingeborg, »Amor fati« in Zuckmayers Dramen, Konstanz (Rosengarten-Verlag) 1960.
Meinherz, Paul, Carl Zuckmayer. Sein Weg zu einem modernen Schauspiel, Bern 1960.
Jacobius, Arnold John, Motive und Dramaturgie im Schauspiel Carl Zuckmayers. Versuche einer Deutung im Rahmen des Gesamtwerks aus den Jahren 1920 bis 1955, Frankfurt a. M. 1971.
Riegel, Paul, Carl Zuckmayer. Der Hauptmann von Köpenick. In: Europäische Dramen von Ibsen bis Zuckmayer, Frankfurt a. M. 1961, S. 195 ff.
Bienek, Horst, Carl Zuckmayer. In: Horst Bienek: Werkstattgespräche mit Schriftstellern, München 1962, S. 164 ff.
Paulsen, Wolfgang, Carl Zuckmayer. In: Deutsche Literatur im 20. Jahrhundert. Hrsg. von Otto Mann u. Wolfgang Rothe, Bern/München 1967, S. 332 ff.

Georg Kaiser

Seine wichtigsten Dramen nach 1920:

Kanzlist Krehler. Tragikomödie in drei Akten (geschr. 1921), Potsdam 1922.
Nebeneinander. Volksstück in fünf Akten (geschr. 1923), Potsdam 1923.
Kolportage. Komödie in einem Vorspiel und drei Akten nach zwanzig Jahren (geschr. 1923/24), Berlin 1924.
Oktobertag. Schauspiel in drei Akten (geschr. 1927), Potsdam 1928.
Die Lederköpfe. Schauspiel in drei Akten (geschr. 1928), Potsdam 1928.
Mississippi. Schauspiel in drei Akten (geschr. 1928/29), Berlin 1930.
Der Silbersee. Ein Wintermärchen in drei Akten (geschr. 1932), Berlin 1933.
Napoleon in New Orleans. Tragikomödie in neun Bildern (geschr. 1937/41), Köln, Berlin 1966.
Der Soldat Tanaka. Schauspiel in drei Akten (geschr. 1939/40), Zürich, New York 1940.

Gesamtausgabe:

Georg Kaiser, Werke, 6 Bde., Hrsg. von Walther Huder, Frankfurt a. M.—Berlin—Wien 1971. (Der 6. Bd. [1972] enthält neben den 1934—1944 entstandenen Stücken, den zwischen 1904—1945 geschriebenen Fragmenten eine Bibliographie und eine Zeittafel.)

Literatur zu Georg Kaiser:

Arnold, Armin, Der Status Georg Kaisers. In: Frankfurter Hefte, Jg. 24, H. 7, 1969, S. 503—512.
Behrsing, Kurt, Sprache und Aussage in der Dramatik Georg Kaisers, Diss. München 1958.
Fix, Wolfgang, Die Ironie im Drama Georg Kaisers, Diss. Heidelberg 1951.
Kenworthy, Brian J., Georg Kaiser, Oxford 1957 [= Modern Language Studies].
Kuxdorf, Manfred, Die Suche nach dem Menschen im Drama Georg Kaisers, Bern u. Frankfurt a. M. 1971.
Meese, Arnold, Die theoretischen Schriften Georg Kaisers, Diss. München 1965.

Paulsen, Wolfgang, Georg Kaiser. Die Perspektiven seines Werkes, Tübingen 1960.

Schürer, Ernst, Georg Kaiser, New York (1971) [= Twayne's World Authors Series, Nr. 196].

Schürer, Ernst, Georg Kaiser: Von morgens bis mitternachts. Erläuterungen und Dokumente, Stuttgart 1975.

Ziegler, Klaus, Georg Kaiser und das neue Drama. In: Hebbel-Jahrbuch, Jg. 1952, S. 44 ff.

Fritz von Unruh

Dramen:

Offiziere. Ein Drama, Berlin 1912.
Louis Ferdinand. Prinz von Preußen. Ein Drama, Berlin 1913.
Ein Geschlecht. Tragödie, Leipzig/München 1917.
Platz. Ein Spiel. Zweiter Teil der Trilogie: Ein Geschlecht, München 1920.
Stürme. Ein Schauspiel, München 1922.
Bonaparte. Ein Schauspiel, Frankfurt a. M. 1927.
Phaea. Eine Komödie, Berlin 1930.
Zero. Komödie, Frankfurt a. M. 1932.
Wilhelmus. Drama, Köln 1953.
Duell an der Havel. Schauspiel, Berlin 1954.

Gesamtausgabe:

Sämtliche Werke. Endgültige Ausgabe. Herausgegeben im Einvernehmen mit dem Autor, mit Anmerkungen und einem Nachwort von Hanns Martin Elster, Berlin 1970/71.

Literatur zu Fritz von Unruh:

Rasche, Friedrich, Fritz von Unruh, Rebell und Verkünder. Der Dichter und sein Werk, Frankfurt a. M. 1965.

Salter, Guenter Edw., Christian Symbolism and Concepts in Fritz von Unruh's Works, Diss. Vanderbilt University 1970.

Die Anfänge einer neuen Dramatik

*Wolfgang Borchert — Stefan Andres — (Georges Bernanos —
Paul Claudel — Thornton Wilder — Thomas Stearns Eliot —
Tennessee Williams — Arthur Miller)*

Es ist eine bekannte Tatsache, daß große Geschehnisse, Ereignisse,
Erfahrungen erst relativ spät in der dramatischen Dichtung zur Darstellung kommen. Es scheint zur Natur dramatischer Gestaltung zu
gehören, daß sie erst aus dem zeitlichen Abstand versucht werden und
gelingen kann, der dem Dramatiker ein gewisses Mindestmaß an
Objektivität der Darstellung und Beurteilung dramatisch zu vergegenwärtigender Vorgänge selbst noch erlebter Realität ermöglicht. Auch nach dem Ende des Zweiten Weltkrieges suchten Grauen,
Entsetzen und der verzweifelte Ruf nach künftiger Verhinderung
des sinnlosen Mordens und Sterbens zunächst in den nichtdramatischen
Formen der Literatur nach entsprechendem Ausdruck: im Gedicht
und vor allem in der Kurzgeschichte. Die »moderne deutsche Kurzgeschichte«, die es in der deutschen erzählenden Literatur bis zum
Zweiten Weltkrieg nicht gab, ist eine aus der Aussagenot der Kriegs-
teilnehmer hervorgegangene, für die deutsche Literatur neue Erzählform, die in den Vereinigten Staaten zur Zeit des Bürgerkrieges, also
aus einer vergleichbaren Situation, entstanden war.[1]
Die sprachliche Ausdrucksform der »modernen Kurzgeschichte« ist
ihrem Wesen und Anliegen gemäß nicht nur von äußerster Kürze und
Direktheit, sondern auch durchweg dramatisch. Als Vergleich bietet sich
für die Beschreibung ihrer Eigenschaften geradezu zwingend die in
sich abgeschlossene Szene eines Dramas bzw. eine schicksals- bzw.
geschehnisentscheidende Einstellung eines Films an.
Es erscheint deshalb als fast nicht mehr recht angebracht, an die
Redensart zu erinnern, daß die Regel durch Ausnahmen bestätigt
wird, wenn es sich um *Wolfgang Borchert* handelt (1922—1947).
Denn eben er hat der zeitgenössischen deutschen Prosa nicht nur mit
einigen im wahren Sinne des Wortes »modernen Kurzgeschichten«
(wie etwa *»Die drei dunklen Könige«* oder *»Die Hundeblume«*) bei-
spielhaft demonstriert, was diese für die deutsche Literatur neue,
grundsätzlich auf Kürze und Konzentration angelegte Erzählform zu
leisten und intensiv zu vergegenwärtigen vermag, sondern auch —

unmittelbar vor seinem Tod — das erste Drama der Kriegsgeneration geschrieben. Mit *Wolfgang Borcherts »Draußen vor der Tür«* (1946), ursprünglich als Hörspiel konzipiert und dann als Drama von allen führenden deutschen Bühnen inszeniert (als Film *»Liebe 47«*, Regie Wolfgang Liebeneiner), war dieses Drama, von dem sein Verfasser in einer Art Untertitel selbst sagte, es handle sich um »ein Stück, das kein Theater spielen und kein Publikum sehen will«, der ohne Antwort bleibende Ruf der zerstörten und in Verzweiflung und Qual erstickenden Kriegsgeneration. Wie immer man über die Qualität von *»Draußen vor der Tür«* als Drama urteilen mag, unbestritten ist und wird bleiben, daß in ihm zum ersten Mal nach Kriegsende die Stimme der um ihre Jugend, ihren Lebensanspruch und ihren Seelenfrieden betrogene und verratene Kriegsgeneration erklang, anklagend, fragend, verzweifelnd:

»Sie haben uns verraten. So furchtbar verraten. Wie wir noch ganz klein waren, da haben sie Krieg gemacht. Und als wir größer waren, da haben sie vom Krieg erzählt. Begeistert. Immer waren sie begeistert. Und als wir dann noch größer waren, da haben sie sich auch für uns einen Krieg ausgedacht. Und da haben sie uns dann hingeschickt. Und keiner hat uns gesagt, wo wir hingingen. Keiner hat uns gesagt, ihr geht in die Hölle. Oh nein, keiner ... Und dann war der Krieg endlich da. Und dann haben sie uns hingeschickt. Und sie haben uns nichts gesagt. Nur — Machts gut, Jungens! haben sie gesagt ... So haben sie uns verraten. So furchtbar verraten. Und jetzt sitzen sie hinter ihren Türen. Herr Studienrat, Herr Direktor, Herr Gerichtsrat, Herr Oberarzt. Jetzt hat uns keiner hingeschickt. Nein, keiner. Alle sitzen sie jetzt hinter ihren Türen. Und ihre Tür haben sie fest zu. Und wir stehen draußen ... So haben sie uns verraten. So furchtbar verraten. Und jetzt gehen sie an ihrem Mord vorbei, einfach vorbei. Sie gehn an ihrem Mord vorbei.«[2]

Anklänge an das Mysterienspiel sind in *Wolfgang Borchert*s Heimkehrertragödie unüberhörbar. Die Gestalten sind allerdings in ihrer Rolle ins Negative (oder Hilflose) versetzt: Gott ist jetzt ein »alter Mann, an den niemand mehr glaubt«, und der Tod erscheint als erfolgreicher Beerdigungsunternehmer, der vor Überfütterung rülpsend über die Bühne geht, das allzuviele abgestorbene Laub von der Straße fegend. Die Heimkehrergestalt selbst, der Unteroffizier Beckmann, zum Krüppel geschossen und mit seiner Krücke bei jedem Schritt häßlich-abstoßende Geräusche verursachend, wegen seiner Kurzsichtigkeit dazu gezwungen, die Gasmaskenbrille mit den zumindest ungewohnt wirkenden großen Schlingen aus gummiertem Stoff, die die Brille an den Ohren festhalten, zu tragen, steht, wo auch immer er anklopft, »draußen vor der Tür«. — Seine Frau, die »tapfere, kleine Soldatenfrau«, hat nicht auf seine Heimkehr warten wollen. In seinem Ehebett liegt ein anderer, der das Glück hatte, früher und weniger verkrüppelt nach Hause zu kommen. Seine Eltern haben nicht mehr auf ihren Sohn gewartet; sie sind aus dem Leben geschieden. Das Angebot der Kriegerwitwe, in die Kleider und Funktionen ihres Mannes zu schlüpfen, vermag er nicht anzunehmen, und sein Oberst, wieder in Wohlstand und Familienglück, begreift ihn nicht, als er erscheint, um ihm die Verantwortung zurückzugeben für die Soldaten, die er auf Befehl des Obersten in den sinnlosen Tod führen mußte. Selbst die Elbe, als allegorische Stimme sprechend wie Gott oder der Tod, will ihn nicht, als er in ihrem Wasser sein sinnlos gewordenes Dasein »Draußen vor der Tür« zu beenden entschlossen ist.

Die Sprache Borcherts ähnelt der seiner besten, zur gleichen Zeit entstandenen »Kurzgeschichten«. Sie erinnert in Ausdruck, Wortwahl und Duktus unmittelbar an die sprachliche Gestaltung der Dramen des Expressionismus und unter ihnen vor allem der Dramen *Georg Kaisers:* kurze, z. T. abgebrochene Sätze, häufig in Ausrufform; dazu gewisse kurzgehaltene Formulierungen mehrfach wiederholt, das, was sie besagen einprägend und betonend. Wenn irgendwo, dann erlebte der *Georg Kaiser*-Stil des expressionistischen Dramas in *»Draußen vor der Tür«* von Wolfgang Borchert noch einmal eine fast nicht mehr zu erwartende Vergegenwärtigung und Wirkung, die sich in solcher Intensität nicht mehr wiederholt hat.

Stefan Andres' Drama *»Tanz durchs Labyrinth«* (1946) ist der früheste Versuch, das unermeßliche Leiden und das selbstlose Opfer der in den Konzentrationslagern Gequälten und Ermordeten nicht nur darzustellen, sondern seinen Sinn zu begreifen. Da es in allen Zeitaltern Verfolgung und Mord der Unschuldigen durch die Mächtigen gab und man um ein Argument zur Begründung von Verfolgung und Vernichtung zu keiner Zeit verlegen war, stellen die einzelnen Spielabschnitte parallel verlaufene Szenen aus der ältesten Menschheitsgeschichte, aus dem klassischen Altertum, den Pogromen der spanischen Inquisition und den KZ-Morden im Hitlerdeutschland dar: Es geschieht zu allen Zeiten immer dasselbe. Nur im liebenden Opfer ist der Sinn des Menschseins zu erfahren. Der Tod durch des Henkers Hand wird als »Lichtgeburt« begriffen. Das chorische Spiel im Wechsel von Chor und Einzelstimmen in rhythmischer, stark feierlicher Sprache gestaltet, ist trotz der auf eine Inszenierung hin angelegten Bilder und Regieanweisungen seinem Charakter nach mehr Text für ein Oratorium als für ein Bühnenstück. Es ist erfolglos und ohne Wirkung geblieben. Ebenso wie die von *Andres* selbst geschriebene Bühnenfassung seiner Novelle aus dem spanischen Bürgerkrieg *»Wir sind Utopia«.*

Georges Bernanos' Schauspiel *»Die begnadete Angst«* (»Dialogues des Carmélites«) nach der Novelle von *Gertrud von le Fort* brachte im ersten Jahrzehnt nach Kriegsende volle Häuser. Das alles war noch in den Jahren der großen Erfolge der älteren ausländischen Dramatiker auf den deutschen Bühnen, als das deutsche Theaterpublikum

T. S. Eliot, Paul Claudel, Georges Bernanos, Tennessee Williams, Thornton Wilder und *Arthur Miller* für sich entdeckte.

Das deutsche Drama jener Jahre hat außer den bereits genannten Stücken kaum heute noch Bemerkenswertes geschaffen. Allerdings gibt es immer wieder dramatische Versuche über den Krieg, von denen keiner *Zuckmayers »Des Teufels General«* oder *Wolfgang Borcherts »Draußen vor der Tür«* auch nur annähernd erreicht.

Literatur

Wolfgang Borchert

Das Drama:

Draußen vor der Tür. Ein Stück, das kein Theater spielen will und das kein Publikum sehen will, Hamburg/Stuttgart 1947.

Draußen vor der Tür. In: Das Gesamtwerk. Mit einem biographischen Nachwort von Bernhard Meyer-Marwitz, Hamburg/Stuttgart 1949.

Literatur zu Wolfgang Borchert:

Böll, Heinrich, Das Wort ist unser Manifest. In: Dt. Lit. Kritik der Gegenwart, Jg. 4, H. 1, S. 286 ff.

Böll, Heinrich, Die Stimme Wolfgang Borcherts. In: Dt. Lit. Kritik der Gegenwart, Jg. 4, H. 1, S. 458 ff.

Just, Gottfried, Der vergebliche Protest. Zum 20. Todestag Wolfgang Borcherts. In: Just, Gottfried, Reflexionen. Zur deutschen Literatur der sechziger Jahre, hrsg. von Just, Klaus Günther. Nachwort von Kreutzer, Leo, Pfullingen 1972, S. 258 ff.

Klarmann, Adolf D., Wolfgang Borchert. The lost Voice of a New Germany. In: The Germanic Review, Jg. 27, 1952, S. 108 ff.

Koepke, Wulf, In Sachen Wolfgang Borchert. In: Studies in German, In Memory of Andrew Louis, Ed.: Kahn, Robert L., Houston, Texas, 1969, S. 69 ff.

Migner, Karl, Das Drama »Draußen vor der Tür«. In: Interpretationen zu Wolfgang Borchert, München 1962.

Mileck, Joseph, Wolfgang Borchert: »Draußen vor der Tür«. A Young Poet's Struggle with Guilt and Despair. In: Monatshefte für deutschen Unterricht, Jg. 51, 1959, S. 328 ff.

Schmidt, Alfred, Wolfgang Borchert, Sprachgestaltung in seinem Werk, Bonn 1975 (= Abhandlungen zur Kunst-, Musik- und Literaturwissenschaft, Bd. 186).

Schulmeister, Rolf, Wolfgang Borchert. In: Deutsche Literatur seit 1945 in Einzeldarstellungen, Hrsg. von Weber, Dietrich, 2. überarbeitete und erw. Auflage, Stuttgart 1971, S. 271 ff.

Schulze, Wolfgang, Draußen vor der Tür. Ein Interpretationsversuch im Deutschunterricht. In: Wirkendes Wort. Deutsches Sprachschaffen in Lehre und Leben, Jg. 13, 1963, S. 115 ff.

Willson, A. Leslie, Beckmann, der Ertrinkende. Zu Wolfgang Borcherts Draußen vor der Tür. In: Akzente. Zeitschrift für Literatur, Jg. 19, Köln 1972, S. 466 ff.

Stefan Andres

Drama:

Tanz durchs Labyrinth (entstanden 1946), als Buch, München 1948.

Literatur zu Stefan Andres:

Andres, Stefan, Eine Einführung in sein Werk (mit Beiträgen von Stefan Andres, Hans Hennecke, Karl Josef Hahn, Gerhard Storz, Benno von Wiese, Werner Wien und Gustav René Hocke, einer Bibliographie, den Lebensdaten, zwei Fotos und einem Handschrift-Faksimile), München o. J.

Grenzmann, Wilhelm, Stefan Andres. Gesetz und Freiheit. In: Grenzmann, Wilhelm, Dichtung und Glaube, Bonn 1957, S. 262 ff.

Das dokumentarische Zeitstück

*Rolf Hochhuth — Peter Weiss — Heinar Kipphardt — Tankred
Dorst — Martin Walser — Hans Magnus Enzensberger —
(Helmut Kirst — Wolfgang Graetz — Walter Jens — Peter
Lützkendorf — Peter Lothar)*

Auch das moderne »Dokumentationsstück«, zutreffender wohl als das
»dokumentarische Zeitstück« zu bezeichnen, ist, zumindest in seinen
Anfängen, ein Versuch der zwischen 1950 und 1960 zunehmend
suspekter gewordenen »Bewältigung der jüngsten Vergangenheit«.
Denn auch in ihm sind die Barbarei und die unmenschlichen Verbrechen der Nazizeit und des Zweiten Weltkrieges zunächst Thema
und Problem. Das gilt von dem Werk, das die Reihe der »dokumentarischen Zeitstücke« in aufsehenerregender Weise 1963 eröffnete:
Rolf Hochhuths »Der Stellvertreter« ebenso wie von den »Dokumentationsstücken« von *Heinar Kipphardt, Peter Weiss, Tankred Dorst*
oder *Martin Walser.* Ihre Blickrichtung ist die Retrospektive. Gegenstände ihrer Gestaltung sind die Greueltaten der Nazijahre, die Antriebe und Hintergründe des organisierten Massenmords, das Verhalten und Handeln der Initiatoren und Organisatoren wie der
stumpfen Befehlsempfänger und Henker.
Dabei greift das »dokumentarische Zeitstück« auch über den spezifisch deutschen Schuldkomplex hinaus. In *Hochhuths* Stück »Soldaten«
(1967) geht es um Politiker, die für das Militärbündnis zwischen
London und Moskau gemordet werden, in *Kipphardts »In der Sache
J. Robert Oppenheimer«* um die Verantwortung des Wissenschaftlers, der durch seine Erkenntnisse dem Staat die technischen Mittel
zur Massenvernichtung verfügbar machte. In anderen Stücken handelt es sich um den Vietnamkrieg oder um paramilitärische Aktionen
der USA in Ländern ihres Einflußbereichs.
Neben den Überschneidungen des Dokumentationsstückes mit der
literarischen Vergangenheitsbewältigung ist nicht zu übersehen, daß
es deutlich ausgeprägt zugleich eine moderne Nachfolgeform des »Geschichtsdramas« darstellt, da es politische Vorgänge durchleuchtet, in
denen historische Personen die dramatis personae bilden: Papst Pius
XII. etwa oder Ernst Toller, Leo Trotzki, Winston Churchill, Josef
Stalin oder J. Robert Oppenheimer.

Da das Dokumentationsstück politische Meinungs- und Urteilsbildung seines Publikums ermöglichen und auslösen soll, steht es in der Tradition des *Brecht*schen Lehrstücks und des »Politischen Theaters« der »Zwanziger Jahre«. Das wurde besonders eindrucksvoll demonstriert, als der bedeutendste Vertreter des »Politischen Theaters«, *Erwin Piscator, Rolf Hochhuths* Stück »*Der Stellvertreter*« akzeptierte und seine spektakuläre Uraufführung am 20. Februar 1963 im Berliner Theater am Kurfürstendamm inszenierte.

Das Etikett »Dokumentationsstück« war alles andere als glücklich gewählt. Zweifel an seiner Berechtigung gab es bereits nach dem Bekanntwerden des »*Stellvertreter*«, und die Diskussion um die Interpretation der Rolle des »Dokumentarischen« in derartigen dialogisierten Texten kam mit jedem neuen Stück wieder in Gang. Nachdem es heute möglich geworden ist, die Gesamtproduktion dieser Stücke — sie hat im wesentlichen ihre Zeit bereits gehabt — zu überblicken, läßt sich erkennen, daß für sie das Dokumentarische weit weniger charakteristisch ist als die Absicht, dem Zuschauer bestimmte politische Vorgänge und die für sie verantwortlichen Personen und Mächte so darzustellen, daß sie beurteilbar werden. Daß solche Effekte der Durchsetzung bestimmter Ideologien dienstbar gemacht werden können oder von vornherein zu diesem Zweck arrangiert werden, liegt auf der Hand, ebenso freilich auch, daß derartige Effekte besonders eindrucksvoll und überzeugend wirken, wenn sie nicht als mehr oder weniger freie Erfindung des Dramatikers, sondern als Inhalt von Dokumenten aus den Archiven über die beteiligten Personen und Machtgruppen vorgeführt werden.

Es war wohl nicht nur die Folge zunehmender Ermüdung von Publikum und Kritik durch die anhaltende Monotonie des Repertoires der deutschen Bühnen einerseits, wie der zu vielen Malen wiederholten Feststellung, daß die zeitgenössische deutsche Dramatik keinen Durchbruch zu einem »neuen Drama« zeitangepaßter Art hervorbringe und erhoffen lasse, daß »*Der Stellvertreter*« von Rolf Hochhuth Reaktionen auslöste, die alle Äußerungen der fachlichen Kritik wie des öffentlichen Urteils zu Dramen anderer Autoren deutscher Sprache um ein Vielfaches übertrafen. Seit *Wolfgang Borcherts* Heimkehrerdrama »*Draußen vor der Tür*« gab es nach sechzehn Jahren wieder ein Theaterstück, das eine breite Öffentlichkeit interessierte und zu mehr oder weniger kritischer Stellungnahme veranlaßte.

Die Ursache für das starke Interesse des Publikums wie für den großen Erfolg des Stücks (auch außerhalb der Bundesrepublik) lag nicht etwa in seinem »Dokumentationscharakter«, sondern darin, daß ein bis dahin unbekannter deutscher junger Autor den Oberhirten der katholischen Christenheit, den »Stellvertreter Gottes auf Erden«, der ungeheuerlichen Schuld bezichtigte, durch sein Nichthandeln den Mord an Millionen jüdischer Mitmenschen nicht verhindert zu haben.

Walter Muschg traf mit dem Etikett »wahres Schocktheater« die Wirkungsursache von *Hochhuths* Drama sehr genau.[1] »Dokumentation« war zunächst weder dramatisch noch dramaturgisch von Bedeutung. Erst aus dem Wissen darum, daß die für die Auffassung des zeitgenössischen Publikums »unerhörte« Schuldanklage gegen eine Persönlichkeit, deren geglaubte Integrität als unbezweifelbar galt, drastisch ausgesprochen wurde, kam es zu dem Bemühen, im dramatischen Geschehen als Fakten behandelte Verhaltensweisen mit Hilfe von Dokumenten als tatsächlich so gewesen zu vertreten, zu belegen und zu erhärten. Das ungewöhnlich starke Interesse des Publikums wie der unbestreitbare internationale Erfolg von *Hochhuths* Stück sind nicht die Folge seines im Drama selbst kaum bemerkbaren Dokumentationscharakters, sondern der Tatsache, daß der Autor eine bis dato von jeder Art menschlicher Verschuldung für exempt gehaltene Persönlichkeit des öffentlichen und kirchlichen Lebens als zumindest durch Nichthandeln mitschuldig am Mord an unzähligen Mitmenschen erscheinen läßt.

Erfolg, wie auch immer er sich erklären mag, reizt oder verleitet zur Nachahmung. Im Fahrwasser des Erfolges von *Hochhuths* »Der Stellvertreter« schwammen denn auch schon erstaunlich bald viele »Dokumentationsstücke« aus der Feder eher journalistisch und kabarettistisch als dramatisch orientierter oder talentierter Verfasser: *Heinar Kipphardts* »*In der Sache Robert J. Oppenheimer*« (1964) und »*Joel Brand. Die Geschichte eines Geschäfts*« (1965), *Peter Weiss'* »*Die Ermittlung*« (1965), *Wolfgang Graetz'* »*Die Verschwörer*« (1965) und *Helmut Kirsts* »*Der Aufstand der Offiziere*« (1966): schlecht gekonnte »Bewältigungsdramatik« allenthalben, dem irritierten Theaterpublikum interessant gemacht mit dem Erfolgsetikett von *Hochhuths* erstem Stück dieses Genres. (*Hochhuth* lieferte selbst den Beweis mit seinem zweiten Stück »*Soldaten*«, in dessen Mittelpunkt Winston Churchill steht. Das Interesse des Publikums blieb mäßig, obwohl der Einsatz von dokumentarischem Material erheblich größer war als im ersten Werk.) Es folgten noch einige weitere Stücke »dokumentarischen« Charakters: *Tankred Dorsts* »*Toller*« (1968) und *Walter Jens* mit einem Stück um Rosa Luxemburg: »*Die rote Rosa*«. Die Ermordung des hierzulande besonders beliebten Präsidenten John F. Kennedy 1963 zeitigte schon nach kurzer Zeit zwei »dokumentarische« Stücke: »*Dallas — 22. November*« von *Peter Lützkendorf* und »*Der Tod des Präsidenten*« von *Peter Lothar*. Das »*Verhör von Habana*« von *Hans Magnus Enzensberger* ist interessant insofern, als sich in diesem das Publikum äußerst langweilenden Stück die ideologisch orientierte Belehrungsabsicht besonders aufdringlich zu erkennen gibt. Dokumentation ist in der Entwicklungslinie von *Hochhuth* zu *Enzensberger* mehr und mehr zu einem seine Wirkung freilich verständlicherweise verlierenden Werbungsschlagwort reduziert worden, das die Sache, um die es den Verfassern derartiger Stücke geht, kaum noch anzudeuten, geschweige denn in ihrem Wesen zu bezeichnen vermöchte.

Der Begriff hat, auch wenn er als ursprünglich kaum recht zutreffend und heute als abgewirtschaftet beurteilt werden muß, in der jüngsten Geschichte des deutschen Dramas eine nicht unbedeutende Rolle gespielt. Es erscheint daher geboten, ihm kritische Aufmerksamkeit zuzubilligen. In kürzester Form wäre das »dokumentarische Zeitstück« zu definieren als szenische Rekonstruktion geschichtlicher Vorgänge oder Ereignisse der jüngeren Vergangenheit mit der ausgesprochenen Absicht, ihre politisch-sozialen Ursachen und Zusammenhänge und die für ihren Verlauf verantwortlichen Einzelpersonen oder Mächte kritisch beurteilbar erscheinen zu lassen.

Der Begriff bzw. das Etikett »Dokumentationsstück« ist nun keineswegs eine Erfindung des Jahres 1963. Er wurde bereits 1926 von *Herbert Ihering* geprägt, der anläßlich einer Inszenierung von *Schillers »Die Räuber«* durch *Erwin Piscator* am Staatlichen Schauspielhaus Berlin u. a. schrieb, die Aufführung weise »Wege einer möglichen Dramengattung: des dokumentarischen Zeitstücks«.[2] Was *Ihering* mit »dokumentarischem Zeitstück« meinte, erhellt ein Blick in *Piscators* Regieeinfall: Er ließ z. B. Spiegelberg mit einer Trotzkimaske auftreten. Die Absicht des politisch engagierten Regisseurs von 1926 wird erkennbar: Der sittliche Gegensatz von Gut und Böse aus *Schillers* Sturm und Drang-Drama wurde auf die sozialen Gruppen bzw. politischen Richtungen, die sich in den »Zwanziger Jahren« im Kampf auf Leben und Tod gegenüberstanden, transponiert. Der dramatisch bearbeitete Gegenstand war demnach noch ohne Bedeutung für den »dokumentarischen« Charakter der individuellen Inszenierung.

Daß *Erwin Piscator* Begriff und Sinngehalt später für die Revuen seines »Politischen Theaters« zu Recht beanspruchte, ist bereits festgestellt worden. 1929 schrieb *Herbert Ihering* im Rückblick auf *Piscators »Räuber«*-Inszenierung von 1926:

»Die Wirkung dieser Aufführung auf das Theater und auf die Dramatik der letzten Jahre kann nicht überschätzt werden. Sie war der Anlaß zu dem Wirklichkeitsbekenntnis der Dramatiker.«[3]

Wirklichkeit darf bei dem Bemühen der Verfasser der »Dokumentationsstücke« der sechziger Jahre als eine Art richtungsbestimmendes Leitwort verstanden werden. Schließlich war es niemand anderer als *Erwin Piscator*, der nach mehr als fünfunddreißig Jahren das erste sich als »dokumentarisch« bezeichnende Stück nach Naziherrschaft und Zweitem Weltkrieg inszenierte und ihm zum Welterfolg verhalf.

Selbstverständlich hat sich von *Piscator* und *Ihering* zu *Hochhuth* und seinem Gefolge die Vorstellung von dem, was unter einem

»Dokumentationsstück« zu verstehen sei, erheblich geändert. Dokumentation soll sein:

»Sammlung, Ordnung und Nutzbarmachung von Dokumenten, das heißt, aller Gegenstände, die Studium, Belehrung und Beweisführung dienen, zum Beispiel Zeitungen, Briefe, Akten, Urkunden, Filme, Schallplattenkonserven, Modelle.«[4]

Definition und Anspruch der Verfasser von »dokumentarischen Zeitstücken« offenbaren bei näherem Hinsehen schon sehr bald die störende Diskrepanz zwischen verfügbarem historischem Material an Dokumenten und der gattungsimmanenten Ansprüche, die das Drama an seinen Verfasser stellt. Mit *Hochhuth* betonen alle Autoren von Dokumentationsstücken, daß Dokumente das Material und die Grundlage ihrer dialogisierten Texte bilden. Aber schon Hochhuth konnte dieses Dokumentationsmaterial nicht als solches in sein Stück hereinnehmen.

Näheres Zusehen läßt erkennen, wie geradezu erstaunlich gering Anteil und dramatische Funktion des »Dokumentarischen« in *»Der Stellvertreter«* von Rolf Hochhuth tatsächlich sind. Wie die Verfasser derartiger Stücke nach ihm betont *Hochhuth* sehr nachdrücklich, daß die ausschließliche Grundlage seines Dramas Dokumente seien. Und dessen erste Buchausgabe enthält denn auch einen umfangreichen Anhang unter dem Titel »Historische Streiflichter«. Selbst wenn man keine Notiz davon nimmt, daß »Dokumente« und »Streiflichter« gerade dann, wenn sie beide das Attribut »historisch« tragen, alles andere als identisch sind, melden sich Zweifel an, und zwar in wachsender Zahl und Stärke. Niemand wird bestreiten wollen, daß der »Anhang« zu *Hochhuth*s Dramentext Dokumente wiedergibt, die einen Teil des Materials darstellen, das den Autor in die Lage setzte, sein Stück zu schreiben. Aber eben im Darlegungszusammenhang des dokumentierenden Anhangs schreibt *Hochhuth*, in seinem Stück sei nur Aktenkundiges »zu *einem Spiel verdichtet* worden« (Hervorhebung vom Verfasser), und »die Wirklichkeit blieb stets respektiert, sie wurde aber entschlackt«.[5]

Was auch immer *Hochhuth* bei dieser Formulierung mit »Wirklichkeit« bezeichnen wollte: Die »Entschlackung« ergab einen Text, der eine zentrale Frage der jüngsten politischen Vergangenheit in einer Überformung vergegenwärtigt, in der der Charakter des Dokumentarischen kaum noch in Funktion tritt. Daß die in den dramatischen Konflikt verwickelten und die Hauptmomente tragenden Personen historische Gestalten der jüngsten Geschichte sind, wird man für den Dokumentationscharakter des Stücks kaum anführen dürfen; denn das tradierte »Geschichtsdrama« des 19. und 20. Jahrhunderts beansprucht eine derartige dramatis personae bereits zu allem Recht. Und daß *Schiller* für seine historischen Dramen, den *»Don Carlos«* etwa oder den *»Wallenstein«*, intensive Geschichtsstudien trieb, weiß man genauso gut wie dieses, daß *Grillparzer, Grabbe* und *Büchner* ihre Geschichtsdramen auf intensive Kenntnis der überlieferten historischen Fakten gründeten. Auch sie taten letztlich mit den überlieferten historischen Fakten nichts anderes als *Hochhuth* mit den ihm für sein Vorhaben verfügbaren Unterlagen, indem sie sie »entschlackten«.

Was *Hochhuth* »entschlacken« nennt, bezeichnet vom Resultat dieser Tätigkeit her gesehen nicht weniger als das in einzelnen Zügen unbezweifelt schöpferisch zu nennende Arrangement des ihm verfügbaren Informationsmaterials in einen dramatischen Geschehensablauf, der auf mannigfache Weise an *Schiller,* um nicht zu sagen an das Drama der Klassik, erinnert.

Hochhuth legt dem Publikum — von den erforderlichen Streichungen an einem seiner Überlänge wegen unaufführbaren Dramentext abgesehen — ein an *Schillers* Vorbild erinnerndes fünfaktiges Drama vor mit den diesem eigentümlichen Strukturmerkmalen wie Exposition, Steigerung, Höhepunkt, retardierende Elemente und Katastrophe. Auch die sprachliche Gestaltung erinnert an das Drama der Klassik in der dem fünfhebigen Jambus nachempfundenen Versform. *Hochhuth* begründet die Wahl des Verses für die Sprache seines Stücks damit, daß er das psychisch bedrückende Material nur in der Distanz schaffenden Form der gebundenen rhythmischen Sprache habe bewältigen können, und daß sie ihm eine stärkere Annäherung an eine »höhere« Wahrheit ermöglichte als die buchstabengetreue direkte Wiedergabe der Wirklichkeit an Hand seines Materials, d. h. der ihm vorliegenden Dokumente. Es ist in diesem Zusammenhang nicht ohne Interesse, daß *Hochhuth* selbst sich für die Versform seines Stücks auf *Schiller* beruft, indem er auf dessen Äußerung verweist, daß der Dramatiker kein Element der Wirklichkeit so brauchen könne, wie er es vorfindet, daß vielmehr »sein Werk in allen seinen Teilen ideell sein muß, wenn es als Ganzes Realität haben soll«.[6] Daß *Hochhuth* sein Distanzbemühen in seinem dramatischen Text zeitweise außer acht läßt und rein naturalistisch verwirklichte Reproduktion gegenwärtigen Geschehens in Sprache umsetzt (z. B. in der »Jägerkellerszene«), spricht nicht gegen das grundsätzlich durchgehaltene Gestaltungsprinzip.

Anlage, Aufbau und szenische Durchführung entsprechen dem Baugefüge des Schillerschen Dramas. Die Eröffnungsszene liefert die Exposition: Im Berliner Paláis des Nuntius des Vatikans kommt es zur Begegnung zwischen dem jungen idealistischen Jesuitenpater Riccardo Fontana und dem SS-Obersturmführer Gerstein. Gerstein kommt aus Polen, wo er als Chemiker in den Konzentrationslagern Treblinka und Belzek schnellere wirksame Methoden zur Vergasung von Häftlingen erfinden und erproben sollte. Er weiß, was die Gewalthaber tatsächlich vorhaben. Er weiß auch, daß es eben zu diesem Zeitpunkt nur noch eine — die einzige — Möglichkeit gibt, den Mord an Millionen jüdischer Mitmenschen zu verhindern. Die Institution und die Persönlichkeit, die nach Gersteins — und *Hochhuths* — Überzeugung über diese Möglichkeit verfügt, ist der Papst, der »Stellvertreter« Gottes für Millionen katholischer Christen der ganzen Welt.

Gerstein dringt ohne Rücksicht auf die diplomatische Etikette in das Palais des Nuntius ein mit der ungeheuerlichen Nachricht, daß in Polen Tag für Tag Tausende von Juden bestialisch ermordet werden, unterbricht die gepflegte Teeunterhaltung zwischen dem Nuntius und dem jungen Jesuitenpater und bittet den Nuntius verzweifelt darum, einen öffentlichen Protest des Heiligen Vaters gegen die Massenmorde des NS-Regimes zu veranlassen. Gerstein faßt seine Überzeugung und seine Bitte zusammen mit den Worten: »Der Vatikan muß helfen, Exzellenz! Nur er allein kann hier noch helfen, helfen Sie!«[7] Gerstein, evangelischer Christ und Mitglied der von den Machthabern verfolgten Bewegung »Bekennende Kirche«, ist davon überzeugt, daß ein eindeutiger Protest des Papstes Hitler und seine Schergen zum Einhalten in ihren Massenmorden zwingen werde. Diese Überzeugung bildet die Voraussetzung und Grundlage für Verhalten und Handeln Gersteins und Fontanas. Nur durch sie sind beider ständige Forderungen an die hohen Repräsentanten der Kirche (und auch an sich selbst und ihren Einsatz) ihrem Inhalt nach sinnvoll und vom Moralischen her zwingend.

Es kann daher nicht verwundern, daß im Wortlaut des Stückes mehrfach unmittelbar oder in andeutender Form auf die politische und moralische Wirkungen kombinierende Position des Papstes im Jahr 1942 verwiesen wird, so etwa, wenn eine der Personen des Stücks u. a. sagt: »Hitler fürchtet nur noch den Papst«[8] oder eine andere: »Es ist aber ausgerechnet die Person dieses Papstes, dieses zwölften Pius, die Hitler fürchtet«[9], und wenn es wenig später heißt:

»Es fehlte noch, daß auch die Bischöfe im Reich ...
Wenn die erst um die Juden genauso zetern wie um die Idioten ... und wenn der Berliner Nuntius auch noch Lärm schlägt,
dann seh' ich schwarz ...«[10]

Nur wenn man die Richtigkeit der von *Hochhuth* als Tatsache gesetzten These von der dem Papst verfügbaren politischen Macht um die Mitte des Zweiten Weltkriegs im Hitlerdeutschland für gegeben hält, hat sein Drama um den »Stellvertreter« Basis, Begründung und Sinn. Jeder Zweifel an dieser von *Hochhuth* vorausgesetzten historischen Tatsache stellt das ganze Stück in Frage und läßt es als mehr oder weniger frivole Attacke gegen eine durch fast zwei Jahrtausende bewährte ehrwürdige Institution erscheinen.

Die Eröffnungsszene im Berliner Palais des apostolischen Nuntius deutet die mangelnde Bereitschaft der offiziellen Repräsentanten der Kirche, politisch aktiv zu handeln, bereits im Verhalten des Nuntius an mit der altbekannten Ausrede: »Ich sage Ihnen doch, ich bin nicht zuständig.«[11] Während der Nuntius sich brüsk von Gerstein abwendet und ihn einfach stehen läßt, verspricht Riccardo Gerstein im Abgehen für das Publikum hörbar: »Ich werde Sie finden.«[12] Die Szene gestaltet eine Exposition klassischer Anlage und Durchführung: Die politische Situation und ihre bevorstehenden Konsequenzen sind dem Zuschauer vergegenwärtigt; die Macht, die letztere verhindern soll und könnte, ist durch ihren Repräsentanten ins Bild gebracht; die beiden von dieser Macht Gesinnungswandel und rettendes Handeln fordernden individuellen Protagonisten sind einander und dem Publikum bekanntgemacht. Dem Kenner des klassischen deutschen Dramas dürfte die Ähnlichkeit zwischen Hochhuths Figurenkonstellation und der des »Don Carlos« nicht entgangen sein: Gerstein erscheint als ein mit den Brutalitäten der Machthaber unseres Jahrhunderts nur allzu gut vertrauter moderner Marquis Posa, und der idealistische Riccardo Fontana kann sein Vorbild Don Carlos kaum verleugnen. Manche weitere Parallele ließe sich anführen.

Aus gutem Grund hat Erwin Piscator Hochhuths Stück ein »Geschichtsdrama im Schillerschen Sinne« genannt. Aber ebenso begründet ist seine im gleichen Zusammenhang geäußerte Feststellung, es sei auch ein »episches Stück«.[13] Daß das Drama eine Vielzahl epischer Elemente enthält, vor allem dann, wenn man Brechts Begriff des »Epischen Theaters« nicht zu eng faßt, ist allenthalben deutlich. Von ihnen wird später noch zu sprechen sein. Die angedeutete Parallele zum klassischen Drama Schillerschen Typs bestätigte Hochhuth selbst, als er es als sein ausdrücklichstes Ziel bezeichnete, den freien Menschen Schillers, von Brecht wie von den Autoren des absurden Theaters gleichermaßen abgelehnt, auf die Bühne zurückzubringen.[14] Von den mit der Exposition verwirklichten Gegebenheiten, Voraussetzungen und Andeutungen zu erwartender Richtungen des Strebens und Handelns ergeben sich der Ablauf des dramatischen Geschehens und die Struktur der szenischen Darstellung. Auf zwei nach Art und Richtung unterschiedlichen Grundlinien vollziehen sich zunächst zwei einander entgegengesetzte dramatische Bewegungen: Die eine — vollzogen durch Gerstein und Riccardo — führt zunächst über die einzelnen Rangstufen der kirchlichen Hierarchie bis zu ihrem »Höhepunkt«, der Begegnung mit dem Papst. Auf diesem Höhepunkt erfährt die diese Bewegung begründende und vorwärtsdrängende Motivation zugleich ihr Scheitern.

Die entgegengesetzte Bewegung ist ebenfalls auf einen Höhepunkt — mit gleicher Berechtigung als Tiefpunkt zu verstehen — hin orientiert. Sie führt über verschiedene Stufen bzw. Stationen nach Auschwitz. Die einzelnen Stufen der einen Bewegung vergegenwärtigen die Szenen des Zusammentreffens mit dem päpstlichen Nuntius in Berlin (I. Akt, 1. Szene, zugleich Exposition), mit dem Kardinal (II. Akt), mit dem Ordensgeneral (III. Akt, 2. Szene) und mit dem Papst (IV. Akt). Diese Szenen bilden in der Struktur des Stücks eine Einheit nicht nur in der Bewegungsabfolge, sondern auch durch die Tatsache, daß die beiden Hauptakteure Gerstein und Riccardo in ihnen mit der gleichen Forderung auftreten und ihre Dialogpartner Repräsentanten der gleichen Institutionen sind.

Auch die *übrigen Szenen* bilden in etwas weiter gefaßtem Begriffssinn eine Bewegungseinheit. Sie demonstrieren insgesamt den Komplex Naziherrschaft, Terror und Massenvernichtung an Personen und an den Verhaltensweisen der Machthaber, am Leid der ihrem Vernichtungswillen ausgelieferten Menschen und an den vergeblichen Versuchen Einzelner, zu retten und zu helfen. Ihre dramatis personae benötigt durchweg mehr Akteure auf der Bühne, die in ihnen dargestellten Vorgänge sind nur zum Teil dynamisch-dramatischen Charakters. So bringen die Szenen I, 2, I, 3, III, 1, III, 3 und V, 1 praktisch keine Handlung. Ihre Funktion ist ergänzend-erläuternden Charakters. In ihnen wird veranschaulicht, wovon in den der Demonstration der Bewegung zur Spitze der kirchlichen Hierarchie dienenden Szenen gesprochen wird. Insgesamt sind diese Szenen vorwiegend statischer Natur.

Beide Bewegungen erreichen — jede für sich — in Akt IV bzw. V ihren Endpunkt. Obwohl beide Bewegungen nicht in funktionaler Abhängigkeit voneinander stehen, laufen beide in der 2. und 3. Szene des V. Aktes zusammen. In beiden Akten wechseln stark dynamische mit vergleichsweise statischen Szenen ab.

Die 2. Szene des I. Aktes zeigt Repräsentanten des NS-Regimes unter sich: Im »Jägerkeller«, einem Hotel am Stadtrand Berlins, feiern sie die Verleihung des Ritteskreuzes an einen jungen Offizier der Luftwaffe, Sohn des Fabrikdirektors von Rutta, der mit von der Partie ist. Gastgeber ist Adolf Eichmann, ein freundlich-kleinbürgerlicher Pedant, dem man nicht ansieht, daß er der fleißigste »Spediteur, der je im Dienste des Todes stand«, war, ferner der Professor August Hirt, hoher Arzt der Waffen-SS, Anatom an der »Reichsuniversität Straßburg«, einer der grausamsten und brutalsten Peiniger der KZ-Häftlinge, über den *Hochhuth* im episch ausführlichen Einleitungsartikel — die Bezeichnung »Regieanweisung« wäre dafür fehl am Platz — aus einem Erlebnisbericht einer KZ-Insassin zitiert:

»Da stand er vor uns, der über Leben und Tod entschied, der schöne Teufel …, ein Meister in seinem Fache, ein Teufel, der mit Lust am Werke war …«[15]

Bei der Charakterisierung dieser Figur (in eben diesem Einleitungsartikel) betont *Hochhuth* selbst die Anlehnung an die Dramentradition: Da dieser Chefarzt sich von allen Erfahrungen unterschiede, die man bisher mit Menschen gemacht habe,

»schien es uns erlaubt, mit diesem Wesen wenigstens die Möglichkeit anzudeuten, daß hier eine uralte Figur des Theaters und des christlichen Mysterien-
spiels die Bühne wieder betreten habe.«[16]

Weitere Personen im »Jägerkeller« sind u. a. ein Oberarzt Dr. Littke,
Assistent Hirts, ein Oberst der Abteilung Kriegsgefangene beim Ober-
kommando der Wehrmacht, ein Auslands- oder »beutedeutscher«
Regierungsrat in Parteiuniform mit stark polnischem Zungenschlag,
als Bedienung ein junges blondes Mädchen, Helga, »halb Serviererin,
halb Hausdame«. — Man amüsiert sich einigermaßen gelangweilt
mit Getränken, Schinkenröllchen und Benutzung der Kegelbahn im
Nachbarraum. Der Gang zur Kegelbahn und zurück zum Buffet hält
die Szene in Bewegung und erlaubt der Regie, Dialogteile jeweils in
der Nähe der Bühnenrampe sprechen zu lassen.

Überzeugend gelingt es *Hochhuth* in dieser Szene, das durchaus
nicht Heroische, sondern Kleinbürgerlich-Spießerhafte der »großen«
Schergen des Regimes, die sich zwischen Biertischzoten und
Schwärmerei für Mozart, Bürokratismus und zynischer Erwähnung
ihrer »Erfolge« in den Vernichtungsmethoden ihrer Opfer gefühlig
geben.

Gerstein, der von Eichmann bereits erwartet wurde, kommt dazu:
Unterhaltung über bessere Methoden der Massentötung in den Gaskammern, während Meldungen und Gefechtslärm eines starken Luft-
angriffs auf Berlin akustisch und optisch dem Zuschauer die tatsächliche Kriegslage wirkungsvoll bewußt machen.

Die 3. Szene des I. Akts in der Berliner Wohnung Gersteins am folgenden Vormittag: Die Wohnung, in der Gerstein den Juden Jacobson
versteckt hält, ist durch die Bombardierung der letzten Nacht erheblich in Mitleidenschaft gezogen. In die Aufräumungsarbeiten Gersteins
und Jacobsons, der begriffen hat, daß seines Bleibens hier kaum
noch sein kann, platzen zunächst der »Doktor« und danach Riccardo
Fontana hinein: gefährliches Gespräch zwischen Gerstein und dem
Doktor, der Gersteins Doppelrolle durchschaut zu haben scheint. Nach
einigen Zynismen verläßt der Doktor, der von sich selbst sagt, daß er
für Gerstein wohl »das böse Prinzip« verkörpere, die Wohnung gerade noch rechtzeitig vor dem Eintreffen Riccardos. Der Dialog
zwischen Gerstein und Riccardo öffnet letzterem erst die Augen für
das Ausmaß der Brutalität, mit der die technisierte Ausrottung der
Juden praktiziert wird. Er entschließt sich, bei Gersteins Versuch,
Jacobson zu retten, mitzuwirken, indem er diesem seine Soutane und
seinen Diplomatenpaß überläßt.

In der 1. Szene des II. Akts während der Auseinandersetzung zwischen Riccardo und seinem Vater, dem Grafen Fontana, päpstlichem
Geheimkämmerer, spricht Riccardo in der Villa mit Blick auf den
Petersdom im Zustand äußerster Erregtheit aus, was das ganze Stück
zu dokumentieren versucht:

»Ein Stellvertreter Christi, der *das*
vor Augen hat und dennoch schweigt, aus Staatsraison,
der sich nur *einen* Tag besinnt,
nur *eine* Stunde zögert,
die Stimme seines Schmerzes zu erheben
zu einem Fluch, der noch den letzten Menschen
dieser Erde erschauern läßt —: ein solcher Papst
ist ... ein Verbrecher.«[17]

Hochhuth gelingt es, wie schon in der Expositionsszene, durch den Ausbruch Gersteins »auch uns trifft diese Blutschuld, wenn wir schweigen«, zu demonstrieren, daß der Einzelne in seinem verzweifelten Bemühen, Institutionen zu beeinflussen und ihr Verhalten zu verändern, letztlich auf die Ebene nur noch persönlichen verzweifelten Protests gezwungen wird. Wie bei Gerstein schon vorher, bricht nun auch bei Riccardo die Erkenntnis auf, daß nicht der Papst als Stellvertreter Christi auf Erden, sondern jeder Mensch, vor allem aber jeder Christ, der dem Mord tatenlos zusieht, schuldig, mitschuldig wird. Es geht bereits hier letztlich nicht mehr um den Papst und dessen Person und Verhalten, ja nicht einmal mehr um die durch den Papst repräsentierte Institution Kirche, sondern um die Schuld jedes einzelnen, der aus welchen noch so gut fundierten Gründen auch immer es schweigend geschehen läßt, daß man Mitmenschen umbringt. Die so verstandene Frage nach der Schuld nicht nur des Papstes, sondern aller Zeitgenossen — zumindest all derer, die sich als Christen verstehen — sollte als das zentrale Thema und Problem des Dramas *»Der Stellvertreter«* erkannt werden. Die dramatische Vergegenwärtigung dieses zentralen Schuldkomplexes hat mit dem modischen »dokumentarischen Zeitstück« kaum noch etwas gemeinsam. Sie ist gutes Drama nach klassischem Muster, einen zeitgeschichtlich-tragischen Problemkomplex in konzentriert-gebundener Dialogsprache nicht fotografisch, sondern fast schon poetisch gestaltend. Eben in diesem Steigerungsbogen des II. Aktes wird *Hochhuths* Stück tatsächlich zu einem »christlichen Drama« (wie er es selbst im Untertitel bezeichnete). Zutreffender wäre allerdings die Kennzeichnung des Stücks als »Drama des christlichen Gewissens« oder noch genauer »Drama des Gewissens« jener Zeitgenossen, für die Christsein mehr ist als ein inhalts- und aussageloses Etikett.

Auch Riccardos ursprünglich objektives Bemühen, die Kirche und ihr Oberhaupt zum rettenden Handeln zu bringen, wird unter dem Zwang der Umstände zum rein subjektiven Angriff gegen die Person Pius' XII. Nachdem er, der damals so überzeugte, ein halbes Jahr vergeblich auf den dringlich erbetenen Protest des Papstes gewartet hat, sucht er die Ursache von dessen Versagen in dessen Charakterschwäche. Es ist jetzt dem ehemals überzeugten Jesuitenpater nicht mehr um die Seele bzw. das Seelenheil des Papstes zu tun, sondern um die Kirche insgesamt als von Gott eingesetzte moralische Instanz und

Institution. Für ihren gottgewollten Sinn, für die Erhaltung dieses Sinnes wenigstens durch *einen* »Stellvertreter« Christi wird Riccardo den Tod in Auschwitz suchen. Das Thema *Schuld* wird unter diesem Aspekt zum Zentralproblem in *Hochhuths* Stück. Auch von seinem Kernproblem her steht *»Der Stellvertreter«* in unmittelbarer Nähe zur klassischen Tragödie. In der angesprochenen Szene vermittelt der Kardinal die Nachricht von der Kapitulation der VI. deutschen Armee in Stalingrad. Die Argumente, die die Kirche bis dahin verwendete, um ihr Schweigen zur nazistischen Menschenausrottung zu begründen, sind damit bedeutungslos geworden. Trotzdem stoßen alle Fakten, die Riccardo vorträgt, auf das unwillige »Nein!« des Kardinals.

Der III. Akt demonstriert in der 1. und 3. Szene (Rahmenszenen gewissermaßen), wie die Machthaber mit jüdischen Menschen (sogar »unter dem Fenster Seiner Heiligkeit«) verfahren. Zwischen der 1. Szene — Verhaftung einer römischen Familie — und der 3. Szene — Verhör von Verhafteten durch die Gestapo in Räumen der Deutschen Botschaft in Rom — vergegenwärtigt die mittlere (2.) Szene des III. Akts die Lage in einem Kloster in der Nachbarschaft des Vatikans, in dem »Kommunisten, Deserteure, Juden, Royalisten« Unterschlupf und Versteck vor den Häschern gefunden haben. Gerstein und Riccardo dringen gemeinsam in die Unterhaltung zwischen dem Abt des Klosters und dem Kardinal mit der Nachricht ein, daß in Rom Juden verhaftet werden. Die entsetzten Diener der Kirche sind davon überzeugt, daß auf diese Nachricht hin der Papst protestieren wird.

Der Kardinal:
»Treibt
ihr es nun soweit, daß auch der Papst euch jetzt vor aller Welt blamieren muß!
... nun
zwingt ihr den Papst, nicht wahr, von den Verbrechen öffentlich Kenntnis zu nehmen, ja.«[18]

Und auf Gersteins Frage an den Abt, ob dieser sicher sei, daß der Heilige Vater nun eingreifen werde, antwortet der Abt: »Unbedingt!«

Unter der neuen politischen Situation sind die Argumente der Kirche, die sie bisher angeblich zum Schweigen zwangen, hinfällig. Bei einer weiteren Weigerung, seine Stimme gegen den Mord an Millionen jüdischer Menschen — jetzt auch italienischen Bürgern — zu erheben, muß der Papst sich sozusagen selbst das Urteil sprechen.

Wenn Riccardo sich mit dem Plan befaßt, Pius XII. zu ermorden, um den Mord der SS anzulasten, so kann das nur aus dem noch unausgesprochenen Wissen darum kommen, daß der Papst nicht handeln wird. Der Riccardo schon lange bewegende Gedanke, die römischen Häftlinge nach Auschwitz zu begleiten, wird nun immer stärker und bestimmender, je mehr die Hoffnung auf eine Möglichkeit der Rettung der Verfolgten durch die Institution Kirche schwindet. Enttäuschung, Verzweiflung und Schmerz bringen ihn zu dem Entschluß, den Opfergang auf sich zu nehmen, den nach Riccardos Überzeugung der Stellvertreter Christi hätte gehen müssen. Riccardo geht stellvertretend für den menschlichen Repräsentanten des Gottessohnes und als Stellvertreter der Schuld aller Christen, sie symbolisch sühnend, in den Tod. Für den Aspekt des Politikers ist Riccardos einsamer und nichts ändernder oder verhindernder Opfertod Resignation und Flucht vor dem weiteren, zur Zeit des Geschehens erfolg- und sinnlos wirkenden Ringen, das er zu Anfang des Stücks mit festem Glauben an den Erfolg begann. Andererseits aber ist Riccardos Entschluß zum stellvertretend angenommenen und erlittenen Tod von jener dramatisch-tragischen Konsequenz, wie sie die jugendlichen Idealisten des klassischen deutschen Dramas leben und im Untergang verwirklichen. Auch darin wird noch einmal die Abhängigkeit des Hochhuthschen »Dokumentarstücks« vom klassischen Drama erkennbar.

Demgegenüber Person und Gestalt Pius' XII. in *Hochhuths* Darstellung: Von seiner dramatischen Struktur her ist das Geschehen auf den Auftritt des Papstes im IV. Akt als dem Höhepunkt der Auseinandersetzung hin ausgerichtet. Obwohl alle Anzeichen des dramatischen Geschehens erwarten lassen, daß der Papst nicht gegen die NS-Verbrechen protestieren wird, ist der Zuschauer gerade durch die 2. Szene des III. Akts dazu gebracht worden, eine wirksame Protesthandlung des Papstes zu erwarten bzw. auf eine solche zu hoffen. Die angekündigte Audienz beim Heiligen Vater läßt ihn eine Beratung über die Art und Weise des päpstlichen Protestes erwarten. Um so moralisch vernichtender vor sich selbst muß der Papst durch sein Verhalten während der Audienz auf den Zuschauer wirken. Die »brennende Sorge« Pius' XII. gilt seinen Fabriken! Um finanzpolitische Probleme zu erörtern, hat er Fontana und den Kardinal zur Audienz gebeten. Als Fontana das Gespräch dann doch auf die Juden, ihre systematische Ermordung und die Notwendigkeit einer Protestaktion durch den »Stellvertreter Christi« bringt, lautet dessen Antwort:

> »Non possumus.
> Es kann und wird nicht sein,
> daß wir Herrn Hitler schreiben.«[19]

Pater Riccardo verläßt, jetzt den gelben Judenstern an seiner Soutane tragend, empört den Audienzsaal mit den Worten:

> »Gott soll die Kirche nicht verderben,
> nur weil ein Papst sich seinem Ruf entzieht.«[20]

Der Rest des Geschehens kann von diesem Augenblick an nichts anderes zeigen als das Scheitern Riccardos und Gersteins. Es kann und muß dieses Scheitern als Opfer- und Sühnetod zweier Idealisten darstellen, nachdem ihr Ringen um Rettung der Opfer des Regimes von Anfang an als selbstloser Einsatz des eigenen Lebens ausgewiesen und dramatisch dargestellt worden war. Freilich unterscheiden sich die Motive für Gersteins und Riccardos Verhalten und Handeln seit dem »non possumus« des Papstes. Gersteins Forderung war und bleibt bis zum Ende: Rettung der vor der Ausrottung stehenden Juden. Riccardo wird bei der gleichen grundsätzlichen Forderung über diese hinaus mehr und mehr zum Mahner der Kirche und ihrer Repräsentanten an die moralischen Verpflichtungen, die sie nach dem Willen Christi übernommen haben. Eben bei dieser Feststellung lassen sich die bisher bewußt zurückgehaltenen Zweifel an Anlage, Argumentation und Durchführung von *Hochhuths* Stück nicht mehr verschweigen, und zwar um so weniger, wenn wir *Hochhuths* Forderung an sein Drama ernstnehmen, es solle Einsicht in die geschichtlichen Vorgänge vermitteln. Um das zu leisten, hätten zumindest zwei Vorgänge (von allen anderen einmal abgesehen) der Klärung bedurft, und zwar nicht in einem angehängten Dokumentationsteil des publizierten Stücks, sondern als Teile des Bühnengeschehens. Weder werden die Gründe für das Schweigen des Papstes dargelegt, noch von diesen — dann freilich nur tragisch zu nennenden — Gründen her das Scheitern (oder besser Scheiternmüssen) Gersteins und Riccardos durchleuchtet und begründet. Beides leistet das Drama nicht. Da es eine Lösung des Konflikts nicht gibt, scheitern die beiden Protagonisten des Verantwortungs- und Freiheitsgedankens letztlich, ohne die Welt zu bewegen und ohne auch nur einen einzigen Mord zu verhindern. Eben darin verläßt *Hochhuths* Werk auch die bis dahin befolgte Linienführung des klassischen Dramenmodells.

Nicht nur historisch, sondern vor allem dramatisch verfehlt ist neben manchem anderen, Pius XII. nicht als voll verantwortliches Oberhaupt eines Staates und einer riesigen, Erdteile umspannenden Institution erscheinen und argumentieren zu lassen, sondern sein »Versagen« ganz auf seinen Charakter abzustellen. Der Papst muß für das Fortbestehen der Kirche Sorge tragen wie für das Leben jedes ihrer Kinder. Sein Zwiespalt (*Hochhuth* deutet ihn sogar beiläufig an) liegt darin, der einen wie der anderen Forderung ausgesetzt zu sein. Für diesen Konflikt gibt es weder in der Realität noch in dem Drama eine »echte« Lösung. Die Entscheidung des Papstes, nicht eingreifen zu können, ist eine Folge der Unlösbarkeit seiner tragischen Verstrickung. Eben hier aber hätte der Dramatiker die Möglichkeit gehabt, die Zwangslage des Papstes und sein durch sie bedingtes Verhalten zu erklären. Er hat diese Möglichkeit nicht genutzt, und zwar offensichtlich ganz bewußt. Er wollte Pius XII. als fragwürdigen Charakter erscheinen lassen, hat aber eben damit dem Papst nicht geschadet, seinem Drama aber eine Schwäche beigebracht, die es für den kritischen Zeitgenossen entwertet. Voraussetzung für eine glaubwürdige Papstgestalt wäre gewesen, sie als von ihrer spezifischen Position her notwendigerweise tragische Persönlichkeit erscheinen zu lassen, die an zwei gleichermaßen unausweichlich fordernde Instanzen gebunden ist, so sehr, daß jedes Sichverwenden für die eine ein Schuldigwerden der anderen gegenüber zur Folge hat. Statt dessen wird die Persönlichkeit Pius XII. ganz eindimensional vorgestellt. So erscheint er in allen Regieanweisungen des IV. Akts als Kälte um sich verbreitender Mensch. Er zieht etwa den Grafen Fontana »an sein kaltes lächelndes Gesicht«; erwähnt wird dann erneut die Kälte und Härte seines Gesichts« oder seine »lächelnde aristokratische Kälte« und die »eisige Glut seiner Augen«. Verstärkt wird dieser Eindruck dadurch, daß *Hochhuth* den Papst sich so verhalten läßt, als sei er von den Greueltaten der Deutschen wie auch von den Ängsten und Nöten der Menschen durch Krieg und Tod unberührt und sähe seine vordringlichsten Aufgaben in der Vorbereitung des Dogmas von der Himmelfahrt Mariens und der Heiligsprechung Innozenz' XI. Damit nicht genug, läßt der Autor den Stellvertreter Christi als eitlen, hochmütigen Individualisten erscheinen, der sich gern in selbstgefälligen ästhetischen Gesten und Positionen sehen läßt. Seine Ausdrucksweise ist jene elegante Diplomatensprache, mit der trotz vieler wohlklingender Worte nichts Verbindliches ausgesprochen wird. Über Hitlers und seiner Schergen Greueltaten spricht *Hochhuths* Papst nicht als von etwas Ungeheuerlichem, sondern als von etwas Peinlichem. Er nennt das Verhalten der Schergen Hitlers taktlos, ungezogen und den von ihnen ausgeübten Terror »ekelhaft«.[21]

Die Absicht des Verfassers war zweifellos, die ganze Schwere der Schuld des Papstes in dessen Unwillen zu dokumentieren, sich gegen die Unmenschlichkeit zu entscheiden und sie vor aller Öffentlichkeit zu verdammen. So aber, wie er die Person Pius XII. anlegt und sich verhalten läßt, scheint dieser das Erfordernis, sich für die Rettung seiner Mitmenschen oder die Erhaltung der Kirche als Institution entscheiden zu müssen, gar nicht wahrzunehmen oder als Konflikt zu empfinden. Damit entbehrt das Stück gerade für die Titelgestalt jeder dramatisch-tragischen Voraussetzung. Eine Person, die weder die Notwendigkeit noch die Problematik einer Entscheidung als Verantwortungsbewußtsein wahrnimmt und sich mit ihr auseinandersetzt, kann der Zuschauer nicht für schuldig halten. Trotzdem soll Pius XII. nach dem Willen des Autors als schuldbeladen erscheinen. Damit verengt er eine tatsächlich weltumfassende Verantwortung zur Folge der Charakterschwäche eines einzelnen. Eben das, was *Hochhuth* nach *Piscators* Vorwort in seinem Werk vermeiden wollte, die Darstellung »des Sonderfalles«[22], ist die unausbleibliche Folge.

Noch fragwürdiger wird die Schuldigsprechung des Papstes im IV. Akt des Stücks durch *Hochhuths* Forderung, daß je zwei bis vier

Personen der dramatis personae durch den gleichen Schauspieler dargestellt werden sollen *»gemäß der Erfahrung, daß es im Zeitalter der allgemeinen Wehrpflicht nicht unbedingt Verdienst oder Schuld oder auch nur eine Frage des Charakters ist, ob einer in dieser oder jener Uniform steckt, und ob er auf seiten der Henker oder der Opfer steht«*.[23] Damit wird die Schuldfrage — und sie ist doch Anliegen und Motiv des ganzen Stücks — bereits im Vorhinein als praktisch nicht auf eine Person beziehbar erklärt, dennoch aber auf wenig überzeugende Weise thematisiert. Der Verfasser führt das Zentralproblem seines Stücks auf solche Weise selbst ad absurdum.

Es erscheint nach allem bisher Gesagten nicht mehr verwunderlich, daß *Hochhuth* dem V. Akt seines Werkes, in dem Auschwitz mit den Mitteln von Drama und Bühne dargestellt werden soll, kritische Erklärungen über seine Arbeitsmethoden voranstellt. Sie versuchen eine Rechtfertigung des Autors, in der sich seine Ratlosigkeit gegenüber den Gestaltungsproblemen seines Vorhabens nur allzu deutlich zu erkennen gibt.

Nun ist die Unsicherheit deutscher Autoren gegenüber dem Komplex Auschwitz, wie man weiß, nicht nur *Hochhuths* Problem. Unmenschlichkeit und mechanisierten Mord an Millionen Menschen mit den Mitteln des dem Menschen eigentümlichsten Ausdrucks, d. h. der Sprache und des bildhaft-szenischen Geschehens, zu vergegenwärtigen, ist ein nicht realisierbares Vorhaben. Wo der Mensch sich zum Mechanismus der Ausrottung seiner Mitmenschen gewandelt hat, hat die Eigenschaft, die ihn von allen Lebewesen unterscheidet und zugleich über sie erhebt, die Sprache, ihren Sinn und ihre Funktion nicht mehr. Wo sie Leben verwirklichte und Miteinandersein, kann dann nur noch das Verstummen eintreten und das Schweigen herrschen.

Daß Auschwitz nicht nur von *Hochhuth,* sondern auch von anderen zeitgenössischen Autoren zum Thema dialogischer Gestaltung gewählt wurde, spricht nicht gegen diese Tatsache, sondern für das Verantwortungsbewußtsein einiger Dramatiker der Nachkriegsgeneration, das ungeheuerliche Verbrechen der dreißiger und vierziger Jahre, begangen von deutschen Menschen an ihresgleichen, nicht zu übergehen, sondern zu Gegenstand und Thema von Konfrontation und kritischer Auseinandersetzung zu machen. Fraglich bleibt trotzdem, ob Drama und Vergegenwärtigung mit den darstellenden Mitteln der Bühne nicht tatsächlich bei *diesem* rein objektiv *unmenschlichen* Faktum unserer jüngsten Geschichte soweit überfordert sind, daß sie ihm gegenüber versagen müssen. Ihrem Wesen nach dürften sich für die Vergegenwärtigung dieses tatsächlich heil-losen Verhaltens, Handelns und Leidens die lyrischen oder erzählenden Gestaltungsmöglichkeiten eher eignen als die dramatischen. (Es sei in diesem Zusammenhang an *Paul Celans »Todesfuge«* erinnert.) Der Verfasser erwähnt sie in der Regieanweisung zum V. Akt und zitiert aus ihr zwei Verse.

Hochhuth hat die Schwierigkeit, ja Unmöglichkeit, die »Tatsache Auschwitz« mit den Mitteln von Dialog, szenischem Vorgang und Bühne zu demonstrieren, erkannt. Er hat trotzdem versucht, das vom Gegenstand her sprachlich und theatertechnisch Unmögliche zu bewältigen. Das konnte nicht gelingen. Er stellte zu allem Recht selbst fest, »Chaplins infantiler Diktatorfilm und Brechts Arturo Ui? Treiben sie nicht mit Entsetzen Scherz?«[24] Auch wenn sein Auschwitzakt erheblich mehr Annäherung an die Wirklichkeit und ein weit größeres Maß an Würde erreicht, wirkt die Realität auch bei ihm letztlich verharmlost, gemildert, umschrieben oder nicht erfaßt. Die in eine Art von traditionellem »Handlungsablauf« gestellten Vorgänge, die an Einzelpersonen exemplifiziert werden, erscheinen und wirken unangemessen bis unangebracht, da sie einerseits die ungeheuerliche Monstrosität des Vernichtungsmechanismus unzulässig verkleinern und in der Verkleinerung bagatellisieren, andererseits aber zugleich einen »gräßlichen Naturalismus«[25] in Szene setzen. Der V. Akt des *Stellvertreter* besteht aus drei überhöhten Monologen und zwei nur als naturalistisch zu charakterisierenden Szenen. Das ist eine Notlösung, die der Ungeheuerlichkeit der Taten und Leiden nicht gerecht zu werden vermag.

Das dramatische Geschehen endet mit dem Tod des Paters Riccardo. Gersteins fingierter offizieller Auftrag, durch den Riccardo aus dem Todeslager geholt werden soll, scheitert an dessen Weigerung, Auschwitz zu verlassen:

»Von dort
kann man nicht mehr zurück, um weiterzuleben.«[26]

An seiner Stelle soll Jacobson aus dem Lager gebracht und gerettet werden. Der Doktor aber hat das Vorhaben durchschaut. Riccardo stirbt unter den Kugeln der SS-Wachen.

Gerade die Leiden und Auseinandersetzungen Riccardos in Auschwitz vor seinem Tod erinnern fast zwingend an den Untertitel des Stücks »Ein christliches Drama«. Schon der Entschluß Riccardos, nach Auschwitz zu gehen, ist ausschließlich durch seine absolute Bereitschaft, für die tätige Verwirklichung des christlichen Glaubens und Handelns ohne Rücksicht auf die eigene Person und — falls erforderlich — unter Hingabe des eigenen Lebens zu kämpfen, bedingt. *Hochhuth* hat aber dem im Sinn christlichen Glaubens und Handelns sich Opfernden die Nachfolge in der Passion Christi dramatisch richtig, wie ich meine, nicht erlassen. Dem todesbereiten adligen römischen Jesuitenpartner Riccardo Fontana wird sozusagen die »Partnerschaft« mit dem Doktor, der Verkörperung des »bösen Prinzips«[27] bzw. des Teufels[28] nicht erspart. Der Doktor verweigert Riccardo den schnellen Tod in der Gaskammer. Er zwingt ihm das Martyrium auf, weiterleben zu müssen beim täglichen Erfahren der Tatsache, daß Gott denen, die in die Gaskammer gehen, nicht hilft. Die zynische Absicht des Doktors ist, dem überzeugten Priester und Angehörigen der Gesellschaft Jesu den Glauben an Gott und das Vorhandensein eines überirdischen Prinzips in der Welt wie an den Sinn des Lebens überhaupt konsequent zu untergraben. War der erste große Gegner Riccardos der Papst, so begegnet ihm kurz vor seinem Tod ein weiterer in der Person des Doktors. Dadurch, daß dieser als Inkarnation des Bösen alles nur Erdenkliche unternimmt, um Riccardos Glauben zu erschüttern, kommt dieser mehr und mehr dazu, im Gegenspiel zur Personifikation des Guten zu werden. Daß sich die dargestellte Handlung damit kaum noch in den Bahnen des »dokumentarischen Zeitstücks« bewegt, ist nicht zu übersehen. Riccardo wird vor seinem Tod zur Verkörperung des christlichen Märtyrertums in einer weithin von antichristlichen Motiven auf Menschenvernichtung eingestellten modernen Welt.

Diese Tatsache bestätigt *Hochhuths* Doktor, wenn er von sich als einer »theologischen Natur«[29] spricht, da er sein Tun als Beweis für die Nichtexistenz Gottes hält:

> »Im Grunde gilt meine ganze Arbeit
> nur dieser einen Frage . . .
> Ich schicke seit Juli 42, seit fünfzehn Monaten
> Werktag wie Sabbat, Menschen zu Gott.
> Glauben Sie, er zeigte sich erkenntlich?« . . .
> »Ich tat den Schwur, den alten Herrn
> so maßlos, so völlig ohne Maß
> zu provozieren, daß er Antwort geben mußte.«[30]

So sehr es den Grundgegebenheiten des Dramas schlechthin entspricht, allgemeines und eine Vielzahl von Menschen betreffendes Geschehen auf Charaktere und Verhaltensweisen von Einzelpersonen zu konzentrieren und in verstehbarer Weise zu begründen, so sehr widerspricht eben diese Lösung dem von *Hochhuth* selbst geforderten Prinzip des »dokumentarischen Zeitstücks«.

Er praktiziert mit eben dieser »Lösung« die gewollte oder ungewollte Transposition des »Dokumentarstücks« in die Spannungs- und Auseinandersetzungsebene des tradierten klassischen Dramas. Es scheint ihm nicht möglich gewesen zu sein, durch Dialog und Bühnenvorgang zu vergegenwärtigen, daß alle die unvorstellbaren Grausamkeiten und brutalen Morde ohne Zahl gerade von im üblichen Sinne des Wortes »Durchschnittsbürgern« (oder, wie es damals hieß, »Normalverbrauchern«) als Beruf durchgeführt wurden, so wie sie vorher Brötchen gebacken oder Möbel geschreinert, Lebensmittel oder Textilien verkauft hatten. Gerade durch die dramatische Transposition des Massenmordes als stumpfsinnige »Berufsausübung auf anderem Gebiet« in die Ebene der rein individuellen tödlichen Auseinandersetzung um die Frage nach Gott verbaute sich *Hochhuth* die in seinem Stück bis zum Beginn des V. Aktes durchaus angelegten und relativ gut vorbereiteten Möglichkeiten, den Zusammenhang von Totalität und Terror als funktionierenden Mechanismus zu demonstrieren. Das Dokumentationsstück *»Der Stellvertreter«* endet ausweglos und ohne Lösung. Das war nicht anders zu erwarten. Erstaunlich bleibt, daß der Verfasser des Stücks weder in der Art *Bertolt Brechts* dem Zuschauer die im Handlungsgeschehen des Stücks unbeantwortet gebliebene Frage zum Zweck einer Antwort dieser oder jener Art zuschiebt, noch selbst eine angedeutete Lösungsmöglichkeit, geschweige denn eine echte Antwort zu geben versucht. Riccardo und Gerstein sterben, der Papst schweigt weiterhin, Menschen ohne Zahl sterben weiterhin Tag für Tag in den Gaskammern von Auschwitz wie in den übrigen Konzentrationslagern. Die einzig überzeugende Erkenntnis, die *Hochhuths* Stück hätte darlegen und vermitteln sollen, daß nicht nur der Nachfolger Petri in Rom, sondern jeder gläubige Christ Stellvertreter Christi und als solcher zum Handeln bis zum Opfertod für den Mitmenschen aufgerufen ist, kommt nicht zum Tragen. Der Zuschauer bleibt außerhalb des Kreises der Schuldigen. Er erkennt sich nicht als betroffen und verantwortlich. Er ist nur — Zuschauer!

Zweifelsohne ist *Hochhuth* Bahnbrecher und Repräsentant des dramatischen Typs »dokumentarisches Zeitstück« der sechziger Jahre. Weder er selbst mit seinen späteren Werken noch die seinem Vorbild mehr oder weniger verpflichteten übrigen Autoren »dokumentarischer Zeitstücke« haben die Brisanz seines *»Stellvertreter«* und das Interesse, das das Publikum in aller Welt seinem Erstlingswerk zollte, erreichen können.

Sein zweites Dokumentarstück *»Soldaten«* mit dem Untertitel »Nekrolog auf Genf. Tragödie« hatte schon von seiner dramatis personae her kaum die Aussicht auf eine der des »Stellvertreter« ähnliche Wirkung beim Publikum. Opfer politischer Zwänge ist der polnische General Sikorski, Ministerpräsident der polnischen Exilregierung in London bis 1943. Sein Gegenspieler und letztlich für seinen Tod verantwortlich (in *Hochhuths* Stück) ist niemand anderer als Sir Winston Churchill. Das durch ihn erreichte Militärbündnis zwischen der Sowjetunion und den westlichen Alliierten — ein Notbündnis von Churchills Seite aus — erscheint 1943 durch Sikorski gefährdet. Sikorski verlangte damals öffentlich für das Kriegsende ein von der Sowjetunion unangetastetes Polen in seinen Vorkriegsgrenzen. Er hatte außerdem bereits davor das Internationale Rote Kreuz in Genf darum gebeten, die Massengräber von Katyn zu untersuchen, in denen man April 1943 etwa viertausend ermordete Offiziere der polnischen Armee gefunden hatte. Es handelte sich um Offiziere, die nach der

Aufteilung des eroberten Polen zwischen Hitler und Stalin in russische Gefangenenlager gebracht und später ermordet worden waren.

Der I. Akt der »Soldaten« spielt zur Zeit der Entdeckung der Massengräber von Katyn im April 1943. Der letzte Akt (mit dem Tod Sikorskis) datiert auf den Juli des gleichen Jahres. Dem Zuschauer wird dargelegt, daß Stalin von Churchill verlangt, einige Mitglieder der polnischen Exilregierung in London »auszutauschen«, d. h. praktisch für ihr Verschwinden zu sorgen.

In einer Szene, die auf dem Schlachtschiff »Duke of York« spielt, beschwört Churchill den polnischen Staatsmann und General, zum Problem Katyn zu schweigen. Das ist nicht mehr möglich, da Sikorski seine Bitte an das Internationale Rote Kreuz um Untersuchung bereits vorher abgeschickt hat. Als Sikorski nun von Churchill noch eine schriftliche Garantie darüber verlangt, daß die Grenze zwischen Rußland und Polen von den Alliierten nicht vor dem endgültigen Sieg über Deutschland diskutiert werden dürfe, sieht sich Churchill mit Rücksicht auf seine politischen Pläne gezwungen, abzulehnen. Sikorski begreift, daß er verloren hat.

Im II. Akt hat die Sowjetunion die Beziehungen zur polnischen Exilregierung bereits aufgekündigt. Stalin verlangt telegrafisch von London, Maßnahmen »zur Verbesserung der Zusammensetzung der gegenwärtigen polnischen Regierung« zu ergreifen. Sikorski ist dem englisch-sowjetischen Militärbündnis im Wege. Der Chef des britischen Geheimdienstes deutet Churchill an, daß ein Attentat auf das Leben Sikorskis vorbereitet wird. Churchill erhebt keinen Protest gegen dieses Vorhaben, billigt es durch sein Schweigen.

Der III. Akt vermittelt die Nachricht, daß Sikorski mit seiner Tochter und seinem Stab beim Absturz eines britischen Flugzeugs bei Gibraltar ums Leben gekommen ist. Churchill ordnet ein feierliches Leichenbegängnis für den polnischen General in Westminster Abbey an.

Im Unterschied zu seinem Stück »Der Stellvertreter« gibt Hochhuth zu den »Soldaten« keine Auskunft über seine Quellen bzw. »Dokumente«. Er erwartet die Aufklärung des Falles »spätestens in fünfzig Jahren«. Allein von dieser Tatsache her wäre der Anspruch auf die Kategorie »Dokumentationsstück« kaum noch zu rechtfertigen. Hochhuth, Pionier der Dokumentationsstücke der sechziger Jahre, als den Georg Hensel ihn bezeichnet,[31] gab schon mit seinem zweiten, auch von seiner Qualität als Stück zu Recht bezweifelten dramatischen Werk die Position des einzig durch den Inhalt ihm verfügbarer Dokumente legitimierten zeitgenössischen Dramatikers auf. Eine intensivere Durchleuchtung seines Stücks »Soldaten« verweist es in aller Eindeutigkeit in die Tradition der klassischen Tragödie: Winston Churchill trägt die Schuld an Sikorskis Tod, darüber läßt das Stück keinen Zweifel. Ebensowenig aber kann es — nach Lage der politischen Verhältnisse 1943 — Churchill moralisch verurteilen. Es demonstriert geradezu, daß Churchill gar nicht anders handeln konnte. Genauso aber war Sikorski verpflichtet, Stalin der Massenmorde von Katyn wegen vor der Weltöffentlichkeit anzuklagen. Der Autor selbst urteilte über die durch die politische Weltsituation 1943 bedingten tragischen Beziehungen zwischen Sikorski und Churchill durchaus zutreffend, wenn er sie als »eine Tragödienkonstellation von klassischer Ausweglosigkeit« bezeichnete. In dem eben zitierten Kommentar zu seinem Stück vertritt er auch die Auffassung, daß der Mord an Sikorski »zur Rettung der Koalition, die die Welt gerettet hat«, unumgänglich gewesen sei. Die fast schon fatale Überbewertung einer in der damaligen Zeitlage praktisch bereits einflußlosen Person kann den grundsätzlich verfehlten Ansatz des sicher gutgemeinten Stücks weder retten noch beschönigen. Die im Stück selbst mehrfach deutlich bestrittene »Notwendigkeit«, in einem modernen Krieg die Zivilbevölkerung eines feindlichen Landes durch Bombenangriffe zu töten und moralisch zu zermürben, ist sicher aller Anerkennung wert, findet sich aber im Zusammenhang eines in sich selbst wenig bis gar nichts besagenden »dramatischen« Dialogs insofern am verfehlten Platz, als sie von diesem aus keinerlei Wirkung haben kann.

Erstaunlich bis erschreckend, beobachten zu müssen, wie talentierte junge deutsche Dramatiker nach einem aus gutem Grund erreichten Erfolg sich selbst und ihren offenbar vorhandenen Fähigkeiten entgegenarbeiten, wenn sie nach dem Anfangserfolg versuchen, auf der Linie dieses Erfolges zu bleiben. *Hochhuth* liefert — leider! — das Exempel für diese Feststellung. Seine *»Soldaten«* erweisen sich nach dem *»Stellvertreter«* als schwaches Stück.

Als mißlungen muß sein weiteres »Dokumentationsstück« mit dem Titel *»Guerillas«* bezeichnet werden. Die Exposition (dramatisch nicht geleistet, sondern nur als Behauptung hingestellt) bildet die »Tatsache«, daß in den Vereinigten Staaten zweihundert Millionäre über zweihundert Millionen Menschen herrschen. Einer dieser zweihundert Millionäre, Senator, Republikaner und Mitglied des CIA, will durch einen Staatsstreich mit Hilfe modernster Waffensysteme der USA diesen unvertretbaren Zustand beenden, um »die Demokratie einzuführen, die unsere Verfassung vorschreibt«, mit dem Endziel, durch eine erst zu gründende Arbeiterpartei Amerika in »einen sozialen Rechtsstaat« umzuwandeln.

Es erübrigt sich, über die Vorgänge in diesem Machwerk aus politischer Phantasterei und »Science-Fiction«-Arrangements weiter zu berichten. Sogar die verbriefte Wahrheit wird in ihm unglaubwürdig. *Georg Hensel* urteilt zutreffend, wenn er von *Hochhuths* »Guerillas« sagt:

»Im ›Stellvertreter‹ konnte man zu einem feierlichen Astheniker in Soutane mühelos Papst Pius XII. assoziieren und in ›Die Soldaten‹ zu einem explosiven Pykniker im Nachthemd mit geringer Mühe Winston Churchill; in ›Guerillas‹ gibt es solche nahrhaften Markenartikel der Weltgeschichte nicht, das Personal ist entsprechend mager: zusammengeklumpt aus Pappmaché mit ›freien Rhythmen‹.«[32]

Bei der folgenden Erörterung weiterer »dokumentarischer Zeitstücke« geht es nicht um deren möglichst vollzählige Erfassung, sondern darum, verschiedene Typen dieser zeitgenössischen Bühnentexte herauszustellen.

In deutlicher Abhängigkeit vom »epischen Theater« *Bertolt Brechts*, in der Anlage und Dialogführung vor allem von dessen *»Leben des Galilei«* steht *Heinar Kipphardt* mit seinem Stück *»In der Sache J. Robert Oppenheimer«*.

Das Interesse des Publikums selbst für einen Atomphysiker zu gewinnen, ist ein weitaus schwierigeres Unterfangen als das, den Oberhirten der Katholischen Kirche als »Angeklagten« erscheinen zu lassen. Auch mangelte der sprachlich-dramatischen Gestaltung des Stücks ein gut Teil jener aus persönlichem Betroffensein sprechenden Unmittelbarkeit der Geschehensdarstellung im *»Stellvertreter«*.

J. Robert Oppenheimer, Professor für Physik an der University of Princeton, war von 1943 bis 1945 Direktor der Laboratorien in Los Angeles, in denen die Atombombe entwickelt und einsatzbereit hergestellt wurde. Man nannte ihn den »Vater der Atombombe«. Nach dem Ende des Zweiten Weltkriegs war er Regierungsbeauftragter der Vereinigten Staaten für Fragen der Atomphysik. Als die Amerikaner im Rüstungswettlauf mit der Sowjetunion die Entwicklung der Wasserstoffbombe vorantreiben wollten, weigerte sich Oppenheimer aus moralischen Bedenken längere Zeit hindurch, bei diesem Projekt mitzuarbeiten.

1954 mußte sich Oppenheimer deshalb vor dem Sicherheitsausschuß der Atomenergiekommission der Vereinigten Staaten verantworten. Die Verhöre und Dokumente der mehr als vier Wochen dauernden Verhandlung fanden ihren Niederschlag in einem Protokoll von etwa 3000 Seiten. Aus diesem Material konstruierte *Heinar Kipphardt* sein Theaterstück. In einem Anhang zum Text des Schauspiels liefert der Verfasser den Nachweis seiner Quellen und legt seine Arbeitsmethoden und Gestaltungsprinzipien dar. Er schreibt dort u. a.:

»›In der Sache J. Robert Oppenheimer‹ ist ein Theaterstück, keine Montage von dokumentarischem Material. Der Verfasser sieht sich jedoch ausdrücklich an die Tatsachen gebunden, die aus den Dokumenten-Berichten zur Sache hervorgehen.«[33]

Eine Auswahl aus dem umfangreichen Material war ebenso unumgänglich wie der Verzicht auf die genaue Wiedergabe des Wortlauts der Dialoge zwischen den Beteiligten. Der Autor erklärt dazu, daß es ihm darum zu tun gewesen sei, »Worttreue durch Sinntreue« zu ersetzen, und daß ihm bei der Verarbeitung seiner Quellen die Erhaltung der »Wahrheit«[34] oberstes Gebot gewesen sei. »Die Freiheiten des Verfassers liegen in der Auswahl, in der Anordnung, in der Formulierung und in der Konzentration des Stoffes.«[35] Ausführliche authentische Texte des Protokolls wurden in diesem Sinne bis auf ihren äußerst konzentrierten Aussagegehalt reduziert. Die Zahl der im Untersuchungsverfahren beteiligten Personen wurde drastisch verkleinert. Statt der vierzig Zeugen des Prozesses zählt die dramatis personae in dem Stück nur sechs. Von den drei Verteidigern Oppenheimers übernimmt das Stück nur zwei. Aussagen verschiedener Personen im Verhör werden im Spiel von einer Person gemacht.

Die Szenenfolge des Werkes (zwei Teile zu sechs und drei Szenen) zeigt keine dramatische Handlung. Sie folgt der Vorlage im chronologischen Ablauf der Verhandlungstage. Sieben Szenen dienen der Wiedergabe der Vernehmungen Oppenheimers und der Zeugen. Die achte Szene bringt das Plädoyer, die neunte das Urteil und das Schlußwort Oppenheimers. Der rein statische Charakter des Ganzen steht im Widerspruch zu *Kipphardts* Auffassung, daß er mit seinem »*Oppenheimer*« ein Theaterstück geschaffen habe. Um den Eindruck des Statischen wenigstens einigermaßen zu verwischen, läßt der Autor zwischen den Szenen, aber auch in ihnen Projektionen von Fotos, Filmdokumente, Tonbandaufnahmen und Textprojektionen einblenden, so u. a. Teile von Reden des amerikanischen Präsidenten Harry S. Truman und des russischen Ministerpräsidenten Malenkow, Filme von Atom- und Wasserstoffbombenexplosionen, Fotos von Oppenheimer, Pontecorvo und Klaus Fuchs.

Zweifellos sollen derartige optische und akustische Ergänzungen, wie sie bereits von *Erwin Piscator* für das »Politische Theater« und von *Brecht* für die Inszenierung seiner Stücke verwendet wurden, dem Zuschauer die historisch verbürgte Wirklichkeit und die Folgen des Verhandlungsthemas vergegenwärtigen. Die Wirkung eines Dokumentarfilms über die Opfer von Hiroshima oder vom Versinken einer Südseeinsel nach einer Atombombenexplosion auf den Zuschauer ist um ein Vielfaches stärker als die bloße Beschreibung der gleichen Fakten im Zusammenhang des Dialogs. Projektionen von Texten (vor allem *vor* den Szenen) sollen im Sinne von *Brechts* »Epischem Theater« die kritische Distanz des Zuschauers zum unmittelbar folgenden Vorgang und sein Problembewußtsein verstärken.

Ganz vom dokumentarischen Material entfernt sich *Kipphardt* mit den fünf Monologen der Hauptpersonen des Verhörs. Ihre jeweiligen Sprecher stehen an der Rampe und wenden sich direkt an die Zuschauer. Im Unterschied zum unpersönlichen, rein sachlichen Dialog des Verhörs, das sich aus dem Nacheinander von Frage und Antwort

aufbaut, ist die sprachliche Form der Monologe persönlicher, verbind-
licher, um nicht zu sagen privater bis vertraulicher, und was sie
besagen, dient nicht zuletzt der Erklärung und Kommentierung der
Zusammenhänge wie der Positionen jedes einzelnen und der spezifischen Problematik des ganzen Falles. Die Monologe nehmen zur
Untersuchung als solcher Stellung, zu den in ihr vorgebrachten Argumenten, und sie dokumentieren zugleich die Einstellung ihrer
jeweiligen Sprecher zu diesen. Fast unnötig zu sagen, daß sie darüber
hinaus zur Charakteristik der eigenen Person wie der übrigen Beteiligten beitragen.
Alle mit Hilfe von Bühnentechnik, Filmen, Fotos, Tonbändern ein-
gesetzten Ergänzungen des Schauspiels als Dialog und der Bewegung, Gestik und Mimik der Personen sind in der von *Kipphardt*
konzentriert gesteuerten Anwendung charakteristisch nicht nur für
das »dokumentarische Zeitstück«, sondern für das auf weltanschau-
lich-politische Meinungsbildung bzw. -veränderung des Zuschauers
abzielende moderne Drama überhaupt. Sobald es dem Dramatiker
um Belehrung des Zuschauers zu tun ist, scheint ihm das Medium
Drama als solches mit seinen vor allem von der Sprache ausgehenden
Effekten nicht mehr eindrucksvoll genug zu wirken. *Brecht* setzt
bereits bei der Uraufführung seines Dramas *»Trommeln in der Nacht«*
(Münchner Kammerspiele 1922) Transparente ein, um in seinen
»Lehrstücken« der »Zwanziger Jahre« bis zu seinen späten großen
»Stücken« verstärkt mit modernen technischen Mitteln den beabsich-
tigten Effekt beim Zuschauer zu erzielen. Ähnlich verfährt *Erwin
Piscator* in den Inszenierungen seines »Politischen Theaters«. Und es
ist letztlich nur eine Rückkehr zu »völkischeren« Formen vergleichbarer Effekterzielung gewesen, die die NS-Dramatiker zur Durchsetzung bestimmter ideologischer Leitsätze anstelle der technischen
Apparaturen zur wirkungsvollen Anwendung überzeugender Fakten
den Massenchor in ihren sog. »Thingspielen«, aber auch sonst auf den
Großveranstaltungen, etwa der Nürnberger Reichsparteitage, ein-
setzen ließen.
Diese Verlagerung eines erheblichen Teils der Wirkungsfaktoren auf
vom Wortlaut des Dramas unabhängige Darstellungselemente, wie
sie sich seit den sechziger Jahren in zunehmendem Umfang (nicht
nur beim »Dokumentationsstück«) durchsetzt, überträgt der Regie
die überzeugende Umsetzung von Ideen des Dramatikers in möglichst
effektive bühnentechnische Praktiken. Das Drama als Text verliert
an Bedeutung. Der Einfallsreichtum der Regie kann selbst aus einem
unbedeutenden Stück eine erfolgreiche Inszenierung auf die Bühne
stellen. Das Drama als nach ästhetischen Prinzipien gestaltete dichterische Form hat sich damit allerdings seines Anspruchs auf Selb-
ständigkeit und entsprechende Anerkennung begeben. Über diese
moderne Tendenz wird später noch zu sprechen sein.

Kipphardt bewegt sich mit seinem Schauspiel »*In der Sache J. Robert Oppenheimer*«, wie bereits angedeutet, im Rahmen der Wirkungsabsichten wie der bühnentechnischen Praktiken *Brechts*. Die Gerichtsverhandlung bzw. die ein Verhör darstellende Szene war eine der von *Brecht* bevorzugten dramatischen Ausdrucksmöglichkeiten von den »Lehrstücken« der »Zwanziger Jahre« bis zu seinen großen, heute bereits zu Recht als »klassisch« angesehenen Dramen »*Leben des Galilei*« und »*Der kaukasische Kreidekreis*«. In derartigen Szenen steht Standpunkt gegen Standpunkt, Argument gegen Argument. Das Prinzip der Dialektik kommt zum Tragen auch dann, wenn der Dichter es dem Zuschauer überläßt, die im Stück nicht formulierte Synthese durch kritische Distanz zum auf der Bühne Demonstrierten in Form eines Erkenntnisfortschritts selbst zu finden.

Kipphardt verfährt ähnlich. Die Personen seines Stücks sind Beteiligte bzw. Betroffene eines Verhörs. Sie vertreten entgegengesetzte Positionen und Haltungen, je nachdem, ob sie offiziell für die Interessen des Staates oder die des seiner Forschung verschriebenen Wissenschaftlers aussagen. Zwischen den Fronten steht der betroffene Wissenschaftler selbst, auf der Seite des Staates das Mitglied des Sicherheitsausschusses Thomas A. Morgan. Er formuliert die Forderung absoluter Loyalität des Wissenschaftlers gegenüber Staat und Regierung:

»Was wir den Wissenschaftlern heute klarmachen müßten, sei nicht, daß wir von ihnen eine strikte Trennung zwischen ihren subjektiven Ansichten und ihrer objektiven Arbeit fordern müssen, weil eine moderne Atompolitik nur auf der Grundlage einer wertungsfreien Arbeit möglich ist.«[36]

Morgan wird von dem Physiker Edward Teller, einem der Zeugen, in seiner Auffassung unterstützt, daß der Forscher seine Tätigkeit und das Nachdenken über die Verwendbarkeit ihrer Ergebnisse nicht miteinander verbinden dürfe. Nach seiner Auffassung habe der Wissenschaftler keine Verantwortung dafür, wozu andere, Politiker oder Regierungen, die Ergebnisse seiner Forschungen verwenden:

»Ich meine, daß Entdeckungen weder gut noch böse sind, weder moralisch noch unmoralisch, sondern nur tatsächlich.«[37]

Oppenheimer, vom Zwang jedes echten Wissenschaftlers bestimmt, auf jeden Fall weiterforschen zu müssen, weiß um die Schizophrenie seines Typs, die darin liegt, neue Vernichtungswaffen zu ermöglichen und an »schrecklichen moralischen Skrupeln« zu leiden, wenn solche Waffen tatsächlich angewendet werden.[38] Wenn die Frage nach der Schuld Oppenheimers im Drama bewußt nicht gestellt wird, wobei das Urteil des Sicherheitsausschusses ohne Bedeutung für die tatsächliche Schuldfrage ist, will *Kipphardt* einen stufenweisen Denk- und Urteilsbildungsprozeß im Zuschauer in Gang bringen, an dessen Ende der Zuschauer sein kritisches Urteil selbst finden soll. Das wird eindeutig herausgestellt, als Oppenheimer auf den Vorwurf, er habe

sich nicht regierungstreu gezeigt und im Sinne der Regierung ge-
handelt, in seinem (nach den Quellen nicht authentischen) Schluß-
monolog, sich selbst anklagend, sagt:

»Ganz anders als dieser Ausschuß frage ich mich, ob wir Physiker unseren
Regierungen nicht zuweilen eine zu große, eine zu ungeprüfte Loyalität
gegeben haben.«[39]

Die Urteilsfindung wird der kritischen Entscheidung des Zuschauers
anheimgestellt. Ganz in die unmittelbare Nähe, ja geistige Nachfolge
von *Brechts* »*Galilei*« stellt *Kipphardt* den (literarischen) Oppenheimer seines Stücks, wenn er ihn in seinem Schlußwort u. a. sagen
läßt:

»... dann frage ich mich, ob wir den Geist der Wissenschaft nicht wirklich
verraten haben, als wir unsere Forschungsarbeiten den Militärs überließen,
ohne an die Folgen zu denken. So finden wir uns in einer Welt, in der die
Menschen die Entdeckungen der Gelehrten mit Schrecken studieren, und neue
Entdeckungen rufen neue Todesängste bei ihnen hervor.«[40]

In der 14. Szene von *Brechts* Stück sagt Galilei:

»Wenn Wissenschaftler ... sich damit begnügen, Wissen um des Wissenswillen
aufzuhäufen, kann Wissenschaft zum Krüppel gemacht werden ... Die
Kluft zwischen euch und ihr kann eines Tages so groß werden, daß euer
Jubelschrei über irgendeine neue Errungenschaft von einem universalen Ent-
setzensschrei beantwortet werden könnte ... Ich habe meinen Beruf verraten.«[41]

Die Absicht des Verfassers war wohl kaum, eine schwächliche Kopie
des Brechtschen Stückes zu liefern, noch die Problematik des modernen
Forschers, verkörpert in der Person Oppenheimers, zu demonstrieren,
sondern die Methoden eines kapitalistisch-spätbürgerlichen demokratischen Staates in ihrer rigorosen Unterdrückung geistiger Freiheit
und persönlicher Verantwortung zu entlarven. Das ist trotz allen
Aufwandes vor allem an außersprachlichen »Verstärkungen« nicht
recht gelungen. Der Betroffene selbst, Professor J. Robert Oppenheimer, hatte wohl so unrecht nicht, als er gegen das Stück protestierte,
weil es versuche, aus einer Farce eine Tragödie zu machen.

Bertolt Brecht benutzte für seine Stücke der »Zwanziger Jahre« die
Bezeichnung »Lehrstück«. Er nannte die belehrende Absicht im Sinn
seiner Vorstellungen von den Eigenschaften des »Epischen Theaters«
vorweg, und der Zuschauer war darauf eingestellt, durch das, was
das Stück demonstrierte, eine Belehrung oder doch einen Gewinn an
Erkenntnis vermittelt zu bekommen. Daß die meisten »Lehrstücke«
Brechts nicht nur aufdringliche vorgetragene Belehrung mit allzu deutlich erhobenem Zeigefinger waren, sondern sehr gekonnte bühnen-
wirksame und den Zuschauer durch ihre Handlung interessierende
Dramen, zeitigte ihren einstigen Erfolg und begründet das Interesse
an ihnen bis auf den heutigen Tag.

Sehr anders verhält es sich mit einer ganzen Reihe nach 1963 veröffentlichter und inszenierter »dokumentarischer Zeitstücke«. Der Reiz, den offenbar für geistig minderbemittelt gehaltenen Zeitgenossen auf jeden Fall — koste es, was es wolle — zu belehren, scheint für manche jungen und »progressiven« Autoren so unwiderstehlich gewesen zu sein, daß sie, ihm willig nachgebend, selbst die grundlegenden Erfordernisse des dramatischen Metiers außer acht ließen. Ihnen verdanken die übereifrigen progressiven Theaterleiter das Fernbleiben gerade der theaterfreudigen mittelständischen Bürgerschicht aus durchaus berechtigter Verärgerung darüber, als kenntnislose, belehrungsbedürftige Zeitgenossen behandelt zu werden.

Von den vielen Beispielen dieser Art »Dokumentationsstück« sei eines stellvertretend genannt: *»Verhör in Habana«* von *Hans Magnus Enzensberger.* Die »dramatische« Gegebenheit ist historisch begründet. Nach dem gescheiterten Angriff der von den Vereinigten Staaten unterstützten enteigneten Kubaner von der sogenannten »Schweinebucht« aus auf das Cuba Fidel Castros ließ man die gefangenen Aggressoren vor einer internationalen Gruppe von Journalisten erscheinen und sie über die Motive ihres erfolglosen Angriffs befragen oder, moderner ausgedrückt, interviewen. Diese Interviews in langweilendem Nacheinander durchgeführt, bilden Text und »Handlung« des Stücks. Auch das sozusagen als Clou dem Zuschauer bis zuletzt vorenthaltene »Dokument«, daß die ganze mißlungene Aktion durch den Präsidenten der Vereinigten Staaten, John F. Kennedy, angeordnet war, vermag das für den Zuschauer uninteressante Stück nicht zu retten. Mit derartigen »Stücken« begeht nicht nur das moderne Drama, sondern auch das Theater, das es inszeniert, aus Mangel an gesundem Urteil über das Publikum und über sich selbst Selbstmord.

Hatte *Hochhuth* Schwierigkeiten, seinen *»Stellvertreter«* bei einem Verlag unterzubringen und ein Theater für die Uraufführung zu gewinnen, so erlebte das dokumentarische Zeitstück *»Die Ermittlung. Oratorium in elf Gesängen«* von *Peter Weiss* am 19. Oktober 1965 auf siebzehn Bühnen gleichzeitig seine Uraufführung: auf fünf Bühnen der Bundesrepublik, auf elf der DDR und in einem englischen Theater. Weitere Inszenierungen folgten; dazu brachten fast alle westdeutschen Rundfunk- und Fernsehanstalten Hörspiel- und Fernsehfassungen des Stücks.

»Die Ermittlung« löste zwanzig Jahre nach dem Ende des Zweiten Weltkriegs eine neue Welle des Abscheus über die Verbrechen des Naziregimes und seiner Funktionäre sowie der Solidarität mit ihren unzähligen Opfern aus.

Das Stück steht in engem Zusammenhang mit dem Auschwitzprozeß, der von Dezember 1963 bis August 1965 vor einem Schwurgericht in

Frankfurt am Main gehalten wurde. Von der großen Zahl der Mörder und Menschenquäler der Konzentrationslager standen zweiundzwanzig Männer vor Gericht. An 182 Verhandlungstagen, in deren Verlauf 350 Zeugen über die in Auschwitz verübten Verbrechen aussagten, hatte das Gericht die unsagbar grausame Wirklichkeit der Vernichtungslager als Tatbestand zu beurteilen und über Anklagen zu befinden, die auf Mord und Massenmord sowie Beihilfe zu beidem lauteten. Die Angehörigen des Schwurgerichts hatten nach den Rechtsbegriffen des Strafgesetzbuches zu urteilen, das vor der Wirklichkeit des Vernichtungslager ebenso versagen mußte wie vor ihren Erfindern, Befehlshabern und Handlangern. Der Prozeßberichterstatter der »Frankfurter Allgemeinen Zeitung«, *Bernd Naumann*,[42] schrieb, daß weder der Prozeß noch das Urteil Ausdruck des Willens gewesen seien, »historische Schuld zu begleichen oder eine moralische Lektion zu erteilen«, daß der Prozeß aber sehr wohl »seine ethische und seine gesellschaftspädagogische Bedeutung« gehabt habe. An Hand der Aussagen von Angeklagten, Zeugen, Richtern und Verteidigern schrieb *Weiss* sein Oratorium *»Die Ermittlung«* um der von Naumann gemeinten »gesellschaftspädagogischen Wirkung« willen. Es war dem Autor um »Bewältigung der Vergangenheit« in einer Auffassung und Wirkung zu tun, die die Täter ebenso wie deren Opfern angeht. Er sagte 1965 selbst:

»Man muß sich diesen Einzelheiten einmal konfrontieren, man muß sich diesen Bildern stellen, um damit fertig zu werden... Ich habe das Stück auch für mich selbst geschrieben. Um mir darüber klar zu werden, was da geschehen ist.«[43]

Die persönliche Betroffenheit des Autors ist deutlich. Er selbst wäre eines der Opfer von Auschwitz oder einem anderen Vernichtungslager gewesen, wenn er in die Hände der Gewalthaber gefallen wäre. Dennoch ist sein Oratorium nicht als Bewältigung aus Selbstzweck zu verstehen, sondern als Eröffnung von Einsichten, die eine Wiederholung des Geschehenen verhindern sollen.

Weiss' persönliche Entwicklung zu diesem Standpunkt bezeichnet ein Stück des Leidensweges deutscher Menschen jüdischer Abstammung mit ihrer unauflöslichen Verknüpfung von Zugehörigkeitsgefühl, Schuldbewußtsein und Verpflichtung.

Weiss hatte 1934, damals achtzehn Jahre alt, aus Deutschland emigrieren können. 1945 schrieb er u. a.:

»... Ich war aufgewachsen, um vernichtet zu werden... Ich war geflohen und hatte mich verkrochen. Ich hätte mich opfern müssen, und wenn ich nicht gefangen und ermordet oder auf einem Schlachtfeld erschossen worden war, so mußte ich zumindest meine Schuld tragen.«[44]

Auschwitz erscheint ihm nicht als das Resultat des Zusammenwirkens historischer Kräfte, sondern als ein Ort von mythischer, ihn persönlich unmittelbar betreffender Bedeutung. Als er nach der Besichtigung von Auschwitz 1964 schrieb: »Ich bin hierher gekommen aus freiem Willen ... Ich komme zwanzig Jahre zu spät hierher«, ist sein Schuldbewußtsein noch deutlich für seine geistige Haltung bestimmend.[45]

Derartige Selbstaussagen markieren den Weg, der *Weiss* nach und nach aus seinem gestörten Verhältnis zur Umwelt und der ausschließlichen Beschäftigung mit der Problematik seines Ich zu einem neuen Verständnis seiner Aufgabe führte. Mit der *»Ermittlung«* befand er sich bereits im Prozeß der Ergründung jener Zustände, aus denen die »Weiterbewegung, die zur Veränderung führt«[46], hervorgehen konnte.

Auf dem Weg der Literarisierung des tatsächlich Geschehenen soll ein gewisses Maß an Objektivierung erreicht werden. Damit erscheint ein erster Schritt zur Bewältigung des Komplexes »Auschwitz« für *Weiss* selbst vollziehbar und in der Konfrontation der objektivierten Wirklichkeit mit *»Die Ermittlung«* als Schritt zur Bewältigung für das Publikum.

Von seinem Stück sagt *Peter Weiss*, ähnlich wie die anderen Verfasser »dokumentarischer Zeitstücke«, daß er bei der unumgänglichen Verarbeitung des verfügbaren Materials die Wahrheit unangetastet gelassen habe.

»Dieses Konzentrat soll nichts anderes enthalten als Fakten, wie sie bei der Gerichtsverhandlung zur Sprache kamen.«[47]

Material waren vor allem persönliche Aufzeichnungen des Verfassers, die er als Zuhörer der Verhandlungen während des Frankfurter Verfahrens gemacht hatte, und die Prozeßberichte von *Bernd Naumann*. Das Material mußte zunächst für ein den Aufgaben und Möglichkeiten von Bühne und Theater angemessenes Stück bearbeitet werden. Der Umfang der Prozeßakten belief sich am Ende des Frankfurter Gerichtsverfahrens auf ungefähr 18 000 Seiten. *Weiss* entschied sich für folgende Lösung: Bei Beibehaltung der Frage- und Antwortsituation der Gerichtsverhandlung konzentrierte er sein Stück ausschließlich auf die Vernehmung der Angeklagten zur Sache und auf die Beweisaufnahme. Alle anderen Abschnitte des Frankfurter Prozesses ließ er in seinem Stück unerwähnt. Ermittelt wird also im Stück nur über die Vorgänge im KZ Auschwitz. Die Zahl der Prozeßzeugen, mehrere hundert, reduzierte der Autor auf neun. Von der großen Zahl der Angehörigen des Gerichtshofes erscheinen außer dem Richter, der die Ermittlung leitet, nur je ein Ankläger und ein Verteidiger. Die Zeugen treten auf der Bühne anonym auf, »weil sie auch im Lager ihren Namen verloren hatten«.[48] Dagegen erscheinen die achtzehn Angeklagten, die in der *»Ermittlung«* alle tatsächlich Angeklagten vertreten, unter ihren eigenen Namen. *Weiss* begründet das damit, daß »sie ja auch während der Zeit, die zur Verhandlung steht, ihre Namen trugen«.[49]

Die Zahl der im Stück auftretenden Personen steht durchgehend im Zahlenverhältnis von 3, 9 und 18. Jeder der elf »Gesänge« des Oratoriums gliedert sich in drei Teile. *Weiss'* ursprüngliche Absicht, sein Stück als ein »Welttheater« in Analogie zur *»Göttlichen Komödie«* von *Dante* zu gestalten — er gab diese Absicht vor den tatsächlichen Erfordernissen des Themas auf — mag sich bei der Zahlenproportion wie bei der Bezeichnung der dreigeteilten Bilder als »Gesänge« ausgewirkt haben.

Die elf »Gesänge« sind thematisch bestimmte Szenen- bzw. Bilderfolgen. Sie demonstrieren den Leidensweg der Auschwitzhäftlinge von deren Ankunft auf der Rampe des Lagers bis zu ihrem Gang in die Gaskammer und zur Verbrennung ihrer Leichen. Der Titel jedes einzelnen »Gesangs« bezeichnet das in ihm dargestellte Geschehen. Dabei wird der Zuschauer bis in die letzten Einzelheiten unterrichtet über die Anlage des Lagers, die Martereinrichtungen und ihre Anwendung, die unmenschlichen Grausamkeiten der Lagerfunktionäre und speziell der Ärzte. Die äußeren Lebensbedingungen der Inhaftierten werden ebenso deutlich dargelegt wie ihre psychische und physische Situation: von der Verpflegung über die Unterbringung, die Arbeit und die Krankheiten der Häftlinge bis zu der Tatsache, daß sich innerhalb des Lagers notgedrungen eine Art neuer »Gesellschaft« mit eigenen Gesetzmäßigkeiten und Wechselbeziehungen zwischen den Opfern und ihren Folterknechten herausbildete, da sie die erzwungene gemeinsame Existenzform miteinander verband. Wenn etwa der Zeuge 3 bei der Vernehmung aussagt:

»Der Unterschied zwischen uns / und dem Lagerpersonal war geringer / als unsere Verschiedenheit von denen / die draußen waren,«[50]

so deutet er an, daß der verzweifelte Selbsterhaltungstrieb, den sich nur ein Teil der Inhaftierten zu bewahren vermochte, nur über die möglichst überzeugend gespielte Bereitschaft zu einem »Anschein von Zusammenarbeit«[51] immerhin eine Überlebenschance erwarten ließ. Dieser »Anschein von Zusammenarbeit« zwang die KZ-Häftlinge, sich dem System auf fatale Weise zu assimilieren und unter Umständen das eigene Leben durch Mittäterschaft beim Töten zu erkaufen. Aus den Opfern konnten so im Extremfall Henker werden in der Hoffnung, das eigene Leben zu retten.

Die elf Gesänge des »Oratoriums« demonstrieren als Ganzes das Vernichtungslager als eine von der übrigen Menschheit abgetrennte, in sich selbst abgeschlossene und funktionierende »Welt«. Die einzelnen Gesänge für sich eröffnen Einblicke in einzelne Vorgänge, Einrichtungen und Tätigkeiten innerhalb dieser »Welt«. Sie gliedern ihren jeweiligen Themenkreis in drei sich zum Schluß zu deutlich steigernde Teile: Die Ermittlung über Lage und Aussehen einer bestimmten »Einrichtung« des Lagers führt zur Rolle der Angeklagten bei dieser zu ihren Handlungen und deren besonderen »Spezialitäten«. Verstärkt wird die Steigerung zum Schluß des Gesanges hin durch den Verlauf der Ermittlung: Die widersprüchlichen Aussagen der Angeklagten werden mit einer gegenteiligen Zeugenaussage konfrontiert, die das bereits grauenhafte Teilgeständnis in bis dahin unvorstellbarer Weise übertrifft. Die gleiche Wirkung hat etwa die Angabe der Zahl der durch eine bestimmte »Einrichtung« des Lagers tatsächlich ermordeten Menschen, nachdem zuvor die Marterwerkzeuge der betreffenden »Einrichtung« beschrieben wurden. Durch die Situationen der Gerichtsverhandlung wirken die einzelnen Gesänge wie das ganze Oratorium dramatisch und spannend. Zusätzlich gesteigert wird die Spannung durch die von *Weiss* verwendeten unterschiedlichen Ebenen der Sprache. Insgesamt wirkt die Sprache bei Verarbeitung großer Teile des Gerichtsverfahrens im Wortlaut der Verhandlungen geglättet und leicht rhythmisiert. Die Zeugen machen ihre Aussagen in einer stilistisch archaisierten Sprache. Sie berichten sachlich und ohne erkennbare Emotionen von ihren Erfahrungen und ihren eigenen Schicksalen wie von denen ihrer Leidensgenossen. Als Namenlose, die sie während ihrer Lagerexistenz waren, übernehmen sie die Rolle objektiver Berichterstatter des tatsächlich Getanen und Erlittenen, deren Aufgabe es nicht sein soll, anzuklagen, sondern zu bezeugen. In dieser Absicht läßt der Verfasser bei ihnen keine individuellen Ausdrucksformen, Dialektfärbungen oder unterschiedliche Tonlagen anklingen. Sie machen ihre Aussagen in einer sparsamen, kühl-distanziert wirkenden Sprache, die an sachliche Aufzählung von Tatsachen oder Gegenständen erinnert. Diese Zeugensprache in ihrer Kombination von Stilisierung und Erhabenheit versetzt den Zuschauer in Spannung auf den Inhalt der Aussagen und ermöglicht ihm zugleich, das Gesamtgeschehen aus kritischer Distanz zu beurteilen.

Anders die Sprache der Angeklagten: In ihr finden sich Emotionen und Ausbrüche ebenso wie umgangssprachliche Wendungen. Vor allem aber benutzen sie in ihren Aussagen im Zusammenhang mit ihrer Tätigkeit in Auschwitz die ihnen dort geläufig gewesene Terminologie ihrer ehemaligen Mörderkumpanei. So vor allem jene Umschreibungen, die damals dazu dienten, den wahren Sachverhalt zu vertuschen wie etwa »Überstellen« für ›ins Todeslager transportieren‹, »verschärfte Vernehmung« oder »Sonderbehandlung« für Quälen und Töten oder, um letzteres den Henkern leichter zu machen, die bewußte Bezeichnung der in das Lager verbrachten Menschen als »Schädlinge«.

So wie der Frankfurter Prozeß keine Klärung der historischen und weltanschaulichen Ursprünge, Hintergründe und Entwicklungen aufzudecken hatte, deren Resultat Auschwitz war, sondern ausschließlich über strafrechtlich verfolgbare Verbrechen zu ermitteln, vergegenwärtigt auch *Weiss* in der *»Ermittlung«* nur die Tatbestände als solche. Gerade durch die distanzierte Sachlichkeit ihrer Darstellung sind sie von zutiefst erschütternder Wirkung. Damit wird die Voraussetzung für den von *Weiss* erstrebten Erkenntnisprozeß beim Zuschauer geschaffen. Nur im vierten und fünften Gesang eröffnet das Stück Einblicke in Hintergründe und Zusammenhänge psychischer wie historischer Natur, die für diesen Erkenntnisprozeß richtungsweisend sein sollen. Im »4. Gesang von der Möglichkeit des Überlebens« weisen die Aussagen des »Zeugen 3« Zusammenhänge und Hintergründe auf, die erklären, daß es nicht darum zu tun sein kann, Auschwitz und die persönliche Schuld der jetzt angeklagten Täter als solche zu sehen und zu beurteilen. Dazu machen diese Aussagen klar, daß die unfaßbaren Verbrechen, die in den Vernichtungslagern verübt wurden, nicht als Folgen des schlechten Charakters der dort tätig gewesenen menschlichen Ungeheuer verstanden werden dürfen, sondern als Folgen des nationalsozialistischen Systems, das ein ganzes Volk ideologisch, gesellschaftlich und wirtschaftlich durchdrang und letztlich alle seine Angehörigen zu Taten wie denen von Auschwitz fähig werden ließ. Aus dieser Tatsache zieht der »Zeuge 3« die Folgerung, daß unter den Bedingungen des Vernichtungsmechanismus, der sich seine eigenen Gesetze schuf und sich mehr und mehr verselbständigte, die Rollen der Opfer und Henker im Grunde austauschbar waren. Er sagt:

»Viele von denen, die dazu bestimmt wurden / Häftlinge darzustellen / waren aufgewachsen unter denselben Begriffen / wie diejenigen / die in die Rolle der Bewacher gerieten ... wären sie nicht zum Häftling ernannt worden / hätten auch sie einen Bewacher abgeben können / Wir müssen die erhabene Haltung fallen lassen / daß uns diese Lagerwelt unverständlich ist / Wir kannten die Gesellschaft / aus der das Regime hervorgegangen war.«[52]

Im »5. Gesang vom Ende der Lili Tofler« kommt der Anteil der deutschen Großindustrie an den Einrichtungen zur Menschenvernichtung zur Sprache. Allerdings geschieht das lediglich in einer kurzen Anspielung auf die Mitwirkung einzelner Firmen an mechanisiertem Massenmord. Wenn *Weiss* später über sein Oratorium »Die Ermittlung« sagte: »Ein Großteil davon behandelt die Rolle der deutschen Großindustrie bei der Judenausrottung. Ich will den Kapitalismus brandmarken, der sich sogar für Geschäfte mit Gaskammern hergibt«,[53] so trifft das für sein Stück nicht zu. Er beschreibt damit vielmehr seine Auffassung über den Zusammenhang zwischen Kapitalismus und Faschismus nach seiner bedingungslosen Wendung zum Sozialismus, verfehlt aber als »Autor-Interpret« die tatsächlichen Aussagen seines vor dieser Wendung entstandenen Werkes.

Deren Auswirkungen lassen sich an nach ihr entstandenen Spielen wie dem 1967 erstaufgeführten Stück *»Gesang vom Lusitanischen Popanz«*[54] erkennen. Der auf sieben Sprecher verteilte Text (vier Frauen und drei Männer, die nicht durch Namen, sondern durch die ihnen zugewiesenen Ziffern 1 bis 7 gekennzeichnet sind, treten in verschiedenen »Rollen« auf) enthält kaum noch Züge eines Dramas. Es wäre daher verfehlt, ihn unter den das Drama kennzeichnenden inhaltlichen und formalen Prinzipien zu beurteilen. Es handelt sich vielmehr um ein agitatorisches politisches Manifest, das von sieben um einen Popanz gruppierten bzw. sich um ihn bewegenden Personen »mit verteilten Rollen« bei auf das Äußerste reduzierter Handlung gesprochen werden soll. Die portugiesische Kolonialherrschaft in Angola und ihre Methoden einerseits, die Leiden und Nöte der farbigen Einwohner unter ihr und ihre wachsende Bereitschaft zu Widerstand und endlicher Befreiung andererseits werden mit plakativen Methoden demonstriert. Dabei steht Portugal, das im Wortlaut des Stücks nicht genannt, sondern, wie schon im Titel, stets mit dem lateinisch-mittelalterlichen Namen »Lusitanien« bezeichnet wird, für Europa und die USA, die Nato und die weltbeherrschenden großen Konzerne und Finanzmonopole. Der »Popanz« steht als eine überlebensgroße, drohend wirkende Figur auf der rechten Hälfte der Bühne.

»Sie kann aus Eisenschrott errichtet werden; auf der Höhe des Gesichtes eine Klappe, die von der Rückseite her zu heben ist. In der Öffnung zeigt sich das Gesicht des Spielers, der die jeweiligen Aussprüche des Popanz übernimmt. Die Klappe muß krachend zufallen können. Die Konstruktion des Popanz muß so durchgeführt werden, daß die Figur am Ende des Stücks an Scharnieren vornüberfallen kann.«[55]

Der Popanz ist als Allegorie des europäischen und amerikanischen Kolonialismus zu verstehen, demonstriert am Exempel des portugiesischen Kolonialsystems in Angola.

Das wie »Die Ermittlung« in elf »Gesänge« gegliederte Spiel läßt Denkweisen und Handeln der Kolonisatoren, Unterdrückung, Ausbeutung, Entwürdigung, Not und Elend, unter denen die Eingeborenen Angolas fünfhundert Jahre lang vegetierten, aber auch das Erwachen ihres Selbstbewußtseins, das den erfolgreichen Kampf um Freiheit und wirtschaftliche Unabhängigkeit ermöglicht, Revue passieren. Die »Gesänge« sind nicht streng thematisch fixiert. Sie geben sich als geschickt und wirkungsvoll miteinander konfrontierte Montagen von Standpunkten und Taten der Kolonialherren und Leiden oder Aggressionen der Angolaner, als kontrastierende Sehweisen (und Urteile) über den gleichen Sachverhalt, als Demonstrationen von Herrenbewußtsein und Hochmut bei den weißen Repräsentanten von Staat und Kirche, Industrie und Militär, denen gegenüber die betrogene Gutgläubigkeit, die Not und die physischen und psychischen Qualen der Afrikaner verhalten und in manchmal lyrisch anmutender Tonlage Ausdruck suchen. Im Wechsel von Einzelstimmen und Chor, die jeweils besonders schwerwiegende Klagen, Tatbestände und Forderungen mehrfach wiederholen, verwirklicht der Text seine didaktische wie agitatorische Absicht: Den Unterdrückten prägt er die unerläßlichen Forderungen immer erneut ein, ohne die Unabhängigkeit, Freiheit, Menschenwürde nicht verwirklicht werden können. Eben diese Forderungen aber sind in der gleichen Formulierung die Thesen und Aktionsverse der Agitation. Die tatsächliche meinungsbildende Wirkung derartiger, meist in rhythmischer und oft schlecht und recht reimender Formulierung gesprochener Thesen, Forderungen, Tatsachen, hatte bereits das »Politische Theater« der »Zwanziger Jahre« ganz bewußt eingesetzt. In den Straßendemonstrationen um 1930 bis 1933 spielte sie für die Agitation der beiden einander bekämpfenden politischen Gruppen eine nicht unwichtige Rolle. Die durch die Straßen der Städte ziehenden Formationen der Nationalsozialisten nutzten sie ebenso wie das »Reichsbanner Schwarz-Rot-Gold« und die Kampforganisationen der KPD. Daß die NSDAP das sogenannte »Chorische Spiel« einige Jahre nach der Machtübernahme erneut ins Werk setzte, freilich jetzt auf erheblich heroischerer Stufe und nicht auf die inzwischen wenn nicht bereits vernichteten, so doch praktisch ausgeschalteten »kleinen« Feinde im Innern gerichtet, sondern auf die zu Germanentreue und Bereitschaft zum heldenhaften Sterben für das Vaterland bereite »Mannschaft« und auf die zu Arbeit, Verzicht und Opfer entschlossenen Frauen und Mädchen, sollte nicht unerwähnt bleiben. Auch das »Chorische Spiel« auf den in den Jahren zwischen 1933 und 1938 schnell erbauten, meist in eine Natur und Heroismus optisch vereinende Waldkulisse eingefügten »Thingstätten«, wie dessen auf den Nürnberger »Reichsparteitagen« ins Gigantische gesteigerte Form, benutzten bereits den 1967 von *Peter Weiss* verwendeten Wechsel von Einzelstimmen und Chor.

Nicht zu übersehen ist der bedeutende Anteil, der im *»Lusitanischen Popanz«* von den mehr oder weniger symbolischen und allegorischen Requisiten und Ausdrucksmöglichkeiten der Pantomime getragen wird. Das beginnt mit dem gemeinsamen Auftreten des Bischofs und des Generals im »Ersten Gesang« und führt über die ebenso symbolische wie parodistische Bekleidung des Popanz mit den Insignien der Institutionen des Kolonialstaats zum schließlichen Niederbrechen des Popanz vor dem nun geeinten Kolonialvolk und seinem Willen zu Unabhängigkeit und Freiheit.

Bei aller gebotenen Skepsis vor Verallgemeinerungen wird man den Eindruck nicht von der Hand weisen können, daß der geschickt eingerichtete Wechsel zwischen Einzelstimme und (Sprech-)Chor eine dem modernen politischen Agitationstheater besonders gemäße Möglichkeit zur Erzielung des gewünschten Effekts bei der Masse der Zuschauer zu sein scheint. *Friedrich Luft* nannte das Stück treffend eine »Agitproperette«.

Im *»Gesang vom Lusitanischen Popanz«* ist keiner der mit den Ziffern I bis XI numerierten »Gesänge«, wie bereits gesagt, eindeutig auf ein zentrales Thema konzentriert. Man könnte allenfalls von in ihnen angelegten thematischen Schwerpunkten sprechen. Dazu kommt, daß der Ablauf der einzelnen »Gesänge« nicht einem verbindlichen Schema folgt, sondern durch Einsprengsel, Unterbrechungen, eingeblendete Miniaturszenen aus anderen politisch-sachlichen Zusammenhängen unterbrochen und z. T. sogar von ihrem ursprünglich zu vermutenden Verlauf abgelenkt wird. Die »agitatorische Revue« dürfte eben durch diese eher als locker—offen zu bezeichnende Argumentation dem Interesse des Zuschauers mehr entgegenkommen als eine dramatische Form von betonterer Einheitlichkeit oder Geschlossenheit.[56]

Weiss bewegt sich mit seinen Agitationsstücken (außer dem *»Gesang vom Lusitanischen Popanz«* in seinem *»Vietnam-Diskurs«*) deutlich im Fahrwasser der Brechtnachfolge. Als Erweis dafür — er stehe hier für zahlreiche ähnliche Formulierungen — sei der das Stück abschließende »Chor aller« zitiert:

> »Und mehr werden kommen
> Ihr werdet es sehen
> Schon viele sind in den Städten
> und in den Wäldern und Bergen
> lagernd ihre Waffen und sorgfältig planend
> die Befreiung
> die nah' ist.«

Bis auf die für *Brecht* charakteristischen Sprachformen (nachgestelltes Partizip präsens und gegen den üblichen Sprachgebrauch nachgestellter Relativsatz) benutzt *Weiss* hier das bewährte Modell des Stückeschreibers.

Literatur

Zum dokumentarischen Zeitstück:

Carl, Rolf-Peter, Dokumentarisches Theater. In: Die deutsche Literatur der Gegenwart, hrsg. von Durzak, Manfred, Stuttgart 1971, S. 99 ff.

Geiger, Heinz, Widerstand und Mitschuld. Zum deutschen Drama von Brecht bis Weiss, Düsseldorf 1973.

Hinck, Walter, Das moderne Drama in Deutschland, Göttingen 1973.

Hübner, Axel, Drama in der Vermittlung von Handlung, Sprache und Szene, Bonn 1973.

Karasek, Hellmuth, Die wahren Beweggründe / *Kaiser, Joachim,* Eine kleine Zukunft / *Jenny, Urs,* Jede Menge Eulen für Athen / *Wendt, Ernst,* Was da kommt, was schon ist. In: Akzente, 13 Jg. H. 3/66, S. 208 ff. unter dem gemeinsamen Titel: Dokumentartheater und die Folgen.

Rühle, Günther, Das dokumentarische Drama und die deutsche Gesellschaft. In: Jahrbuch 1966 der deutschen Akademie für Sprache und Dichtung, Darmstadt 1967, S. 39 ff.

Schrimpf, Hans-Joachim, Die Schaubühne als eine moralische Anstalt betrachtet. Zum politisch engagierten Theater im 20. Jahrhundert. Piscator, Brecht,

Hochhuth. In: Untersuchungen zur Literatur als Geschichte, Festschrift für Benno v. Wiese, Berlin 1973, S. 559 ff.

Theisz, Reinhard D., Das dokumentarische Drama und seine Zeit. Eine vergleichende Untersuchung zum dokumentarischen Drama der zwanziger und sechziger Jahre. In: Ideologiekrit. Studien zur Literatur II, 1975, S. 85 ff.

Zipes, Jack D., Das dokumentarische Drama. In: Tendenzen der deutschen Literatur, Stuttgart 1971, S. 462 ff.

Rolf Hochhuth

Erstdrucke:

Der Stellvertreter. Schauspiel. Mit einem Vorwort von Erwin Piscator, Hamburg 1963.

Soldaten. Nekrolog auf Genf. Tragödie, Hamburg 1967.

Guerillas. Tragödie in fünf Akten, Hamburg 1970.

Die Hebamme. Komödie. Erzählungen/Gedichte/Essays, Hamburg 1971.

Lysistrate und die Nato. Mit einer Studie: Frauen und Mütter, Hamburg 1973.

Sammelausgabe:

Dramen: Der Stellvertreter, Soldaten, Guerillas. Mit Aufsätzen von Clive Bornes u. a., Hamburg 1972.

Literatur zu Rolf Hochhuth:

Adolph, Walter, Verfälschte Geschichte. Antwort an Rolf Hochmuth. Mit Dokumenten und authentischen Berichten, Berlin 1963.

Bentley, Eric, The storm over »The Deputy«, New York 1964.

Hochhuth, Rolf, Soll das Theater die heutige Welt darstellen? In: Poesie und Politik. Zur Situation der Literatur in Deutschland, Bonn 1973, S. 284 ff.

Melchinger, Siegfried, Rolf Hochhuth, Velber 1967 (Friedrichs Dramatiker, Bd. 44).

Mittenzwei, Werner, Die vereinsamte Position eines Erfolgreichen. Der Weg des Dramatikers Rolf Hochhuth. In: Sinn und Form, 26, Potsdam 1974, S. 1248 ff.

Notécourt, Jacques, »Le Vicaire« et l'histoire, Paris 1964.

Perry, Richard C., Historical authenticity and dramatic form: Hochhuths ›Stellvertreter‹ and Weiss's ›Die Ermittlung‹. In: Modern Language Review, 64, Cambridge 1969, S. 828 ff.

Proebst, Hermann, Das schiefe Geschichtsbild des Herrn Hochhuth. Jetzt soll der ›Stellvertreter‹ unsere Vergangenheit bewältigen. In: Deutsche Rundschau, 89, Hamburg 1963, Heft 6, S. 29 ff.

Schroers, Rolf / Hildesheimer, Wolfgang / v. Aretin, Karl O., Unbewältigtes Schweigen. Zu Rolf Hochhuths ›Stellvertreter‹. In: Merkur. Deutsche Zeitschrift für europäisches Denken, 17, Stuttgart 1963, S. 807 ff.

Taëni, Rainer, Der Stellvertreter. In: Seminar. A Journal of Germanic studies, Jg. 2, Nr. 1, New York 1966, S. 15 ff.

Der Streit um Hochhuths Stellvertreter. Mit Beiträgen von Joachim Günther u. a., Basel/Stuttgart 1963.

Summa Iniuria oder ›Durfte der Papst schweigen?‹ Hochhuths Stellvertreter in der öffentlichen Kritik. Hrsg. von Fritz Joachim Raddatz, Hamburg 1963.

Tankred Dorst

Toller, Frankfurt a. M. 1968.
Die Münchner Räterepublik. Zeugnisse und Kommentar. Hrsg. von Tankred Dorst. Mit einem Kommentar versehen von Helmut Neubauer, Frankfurt a. M. 1969.

Literatur zu Tankred Dorst:

Laube, Horst (Hrsg.), Werkbuch über Tankred Dorst, Frankfurt a. M. 1974.

Heinar Kipphardt

Stücke:

In der Sache J. Robert Oppenheimer, Frankfurt a. M. 1964. (Fassung des Fernsehspiels. Von der 5. Aufl. ab Fassung des Schauspiels).
Joel Brand, die Geschichte eines Geschäfts, Frankfurt a. M. 1965.

Sammelausgaben:

Stücke I, Frankfurt a. M. 1973.
Stücke II, Frankfurt a. M. 1974.

Hans Magnus Enzensberger

Das Verhör von Habana, Frankfurt a. M. 1970.

Literatur zu Hans Magnus Enzensberger:

Schickel, Joachim (Hrsg.), Über Hans Magnus Enzensberger, Frankfurt a. M. 1970.

Wolfgang Hildesheimer

Dramen:

Der Drachenthron. Komödie, München 1955.
Die Eroberung der Prinzessin Turandot (= Bearbeitete Fassung von »Der Drachenthron«), Neuwied 1961.
Spiele, in denen es dunkel wird, Pfullingen 1958.
Die Verspätung. Stück in zwei Teilen, Frankfurt a. M. 1963.
Nachtstück, Frankfurt a. M. 1963.

Literatur zu Wolfgang Hildesheimer:

Jens, Walter, Laudatio für Wolfgang Hildesheimer. In: Jahrbuch der deutschen Akademie für Sprache und Dichtung, Darmstadt 1966, S. 136 ff.
Rodewald, Dierk (Hrsg.), Über Wolfgang Hildesheimer, Frankfurt a. M. 1971.

Ein neues Geschichtsdrama in einer Zeit
ohne historisches Bewußtsein?

Carl Zuckmayer — Peter Weiss

Das »dokumentarische Zeitstück«, das fast durchweg der Bewältigung der jüngsten Vergangenheit unter Konzentration auf die Aufhellung des Schuldproblems zu dienen versucht, ist von seinen Stoffen und seinen historischen Personen her zugleich Geschichtsdrama nach dem Muster dieses Dramentyps aus dem 18. und 19. Jahrhundert. Die am Geschehen der jüngsten Vergangenheit als Verfolger oder Opfer, als Anstifter und Organisatoren von Kriegsverbrechen und Massenmord oder als Verfolgte handelnd und leidend Beteiligten sind vom Zeitpunkt des Entstehens der »dokumentarischen Zeitstücke« her gesehen historische Figuren, und die Geschehnisse, die sie handelnd oder erleidend erlebten, haben vom heutigen Standpunkt aus den Charakter des Historischen.

Unabhängig vom »dokumentarischen Zeitstück« ist seit 1945 ein Dramentyp entstanden, der mit einiger Berechtigung als neues Geschichtsdrama angesprochen werden kann. Daß dieser Dramentyp nicht ohne Vorbehalt als Fortsetzung des historischen Dramas weder des 18. noch des 19. Jahrhunderts gelten kann, hat mehrere Gründe. Der gewichtigste ist nicht historischer Natur, sondern vielmehr die Folge davon, daß das zeitgenössische Publikum nur noch über ein erheblich reduziertes historisches Bewußtsein verfügt, das ständig weiter schwindet. Die Ursachen dafür sind bei der älteren Generation vor allem psychische Verdrängungsprozesse des Erinnerns an erlebte und erlittene Irreführungen und Irrtümer aufgrund einer ideologisch heroisierten Geschichtsinterpretation; bei den jüngeren Zeitgenossen dagegen die konsequenten Bemühungen der verantwortlichen Schulbehörden, ein historisches Bewußtsein bei den heranwachsenden Jahrgängen gar nicht erst zu wecken oder auszubilden. Der drastische Abbau des Geschichtsunterrichts in den Lehrplänen der Schulen als eine gezielte und auf lange Zeit hinaus weiterwirkende behördliche Maßnahme spricht für sich!

Weitere Unterschiede zwischen dem einstigen historischen Drama und dem neuen Geschichtsdrama begründen sich historisch: Das »Historische Drama« der deutschen Klassik zeigte am Einzelfall (sei es an »*Don Carlos*«, »*Fiesco*«, »*Maria Stuart*«, »*Wallenstein*«, »*Götz von Berlichingen*« oder »*Egmont*«) in Verhalten, Taten und Untergang historischer Persönlichkeiten die unabänderliche Notwendigkeit der Erfüllung des Sittengesetzes im Raum politisch-historischer Verantwortung, gleichgültig, ob es durch den freien Willen oder durch tragische Verstrickung des Helden verletzt wurde. Das Geschichtsdrama des 19. Jahrhunderts behielt entweder die Konzeption der Klassik (mit gewissen Variationen) bei (so vor allem bei *Grillparzer* und auf andere Weise bei *Grabbe* und *Hebbel*), oder es verstand sich — als Auswirkung des Historismus — als eine andere Form der breitenwirksamen Vermittlung des Wissens um die historische Entwicklung der Nation zu ihrer derzeitigen stolzen Größe (*Ernst Raupach, Ernst Wichert, Felix Dahn* u. a.).

Das neue Geschichtsdrama nach 1945 gibt sich in seinen Absichten wesentlich bescheidener. Es versucht, an historischen Gestalten bestimmte politisch-gesellschaftliche Probleme zu durchleuchten und von diesen her einen (mehr oder weniger überzeugenden) Erkenntnisgewinn für die kritische Beurteilung der gegenwärtigen Situation zu vermitteln. Es überschneidet sich daher mit dem Parabelstück *Brechts* wie mit dem Dokumentationsstück, stellt aber doch einen besonderen modernen Dramentyp dar, der Beachtung verdient.

Den Charakter des historischen Dramas und die Bemühungen, die »jüngste Vergangenheit« zu bewältigen, verbindet längst vor dem Beginn eines neuen Geschichtsdramas »*Des Teufels General*« von *Carl Zuckmayer*. Das noch im amerikanischen Exil entstandene Drama war neben den späten Stücken *Brechts* das große Theaterereignis der fünfziger Jahre. Fast alle bedeutenden westdeutschen Bühnen haben »*Des Teufels General*« vor stets vollen Häusern gespielt. In der Gestalt des Generals Harras ist der seinerzeit weitbekannte Flieger Ernst Udet verkörpert, der sich durch seine Fliegerleidenschaft zur aktiven Mitarbeit beim Aufbau der Luftwaffe Hitlers verleiten ließ. Nach der Erkenntnis seines politischen Irrtums suchte er nach Zuckmayers Drama während des Zweiten Weltkriegs den Tod mit einer durch seinen gegen das Regime Sabotage treibenden Freund Oderbruch absichtlich fehlkonstruierten Maschine. Historisch ist in dem Drama nicht nur der Held, sondern die szenisch und sprachlich überzeugend vergegenwärtigte Wirklichkeit im NS-Staat des Siegesrausches und das Verhalten seiner politischen, industriellen und militärischen Repräsentanten bis zum letzten Wort des Dramas in dem Befehl »Staatsbegräbnis«! für den längst schon bespitzelten und peinlich verhörten General.

Historisch ist auch die im Drama anklingende, für die älteren Offiziere äußerst problematische Verpflichtung durch den Fahneneid, die beim Entschluß zum Widerstand und zur Beseitigung Hitlers zu Zweifeln und zum Teil fatalen Verzögerungen führte.

Zuckmayers Drama will weder dokumentarisch wirken, noch die Nachkriegsgesellschaft davon überzeugen, daß ihr derzeitiger Zustand verändert werden muß. Es vergegenwärtigt Zustände während der Kriegsjahre in Deutschland und beweist an Harras und Oderbruch, daß es in diesem Deutschland nicht nur blinde Hitleranhänger und willenlose Befehlsausführer gab, sondern auch entschlossenen Widerstand und Sühnebereitschaft für menschlichen Irrtum.

Anderer Art sind von ihrer Wirkungsabsicht her die »Geschichtsdramen« jüngerer Autoren und damit auch ihr Verhältnis zu ihrem historischen Stoff bzw. ihren historischen Personen.

Das deutet sich schon etwa darin an, daß ein Autor wie *Peter Weiss* als Verfasser von ausgesprochenen Dokumentationsstücken auch Autor bedeutender Geschichtsdramen des hier gemeinten Typs ist. Wie bei ihm spielt auch in den historischen Dramen anderer Autoren die bewußt erkennbar gemachte Ähnlichkeit der historischen Situation mit der der Gegenwart eine wichtige Rolle.

Weiss versteht sich heute als engagierter sozialistischer Autor. Seine derzeitige weltanschauliche und politische Position ist das Ergebnis einer unter Krisen und Irrtümern letztlich konsequent verlaufenen persönlichen Entwicklung:

»Meine eigene Entwicklung zum Marxismus hat viele Stadien durchlaufen, vom surrealistischen Experimentieren, von Situationen des Zweifelns, der Skepsis und der absurdistischen Auffassung aus bis zur radikalen politischen Stellungnahme.«[1]

Historische Stoffe und Persönlichkeiten scheinen sich für die mit dieser Position verbundene politische Wirkungsabsicht auf das zeitgenössische Publikum besonders zu eignen. (In Parenthese sei darauf hingewiesen, daß deutsche Exilautoren während der Nazizeit bevorzugt historische Stoffe und Gestalten zum Gegenstand ihrer zwangsweise vor allem erzählenden Werke machten.)

Das Drama *»Die Verfolgung und Ermordung des Jean Paul Marat, dargestellt von der Schauspielgruppe des Hospizes zu Charenton unter der Leitung des Herrn de Sade«*[2] vereinigt alle in den voraufgehenden dramatischen und epischen Werken des Autors erkennbaren und in seinen veröffentlichten Selbstaussagen formulierten Auffassungen und Absichten.[3] Es markiert aber zugleich einen entscheidenden Wendepunkt innerhalb seiner weltanschaulichen wie schriftstellerischen Position und seiner Auffassung der gesellschaftlichen Funktion des Dramas.

Die vorhergehenden Stücke des Autors sind hier nicht eingehend zu erörtern. Es sind Stationen auf seinem Weg zum politischen Drama, die sich auf das Drama der Gegenwart insgesamt nicht formend oder verändernd ausgewirkt haben. Die ursprünglich als Hörspiel konzipierte Parabel *»Der Turm«* (1948) veranschaulicht den vergeblichen Versuch eines Ich, in einer Folge von kafkaesken alptraumhaften

Szenen zu sich selbst zurückzufinden. Das dargestellte Problem ist rein subjektiv. Es enthält keine auf Zustände der Gesellschaft übertragbaren Tatbestände.

Das gilt auch für das 1952 entstandene Stück »Die Versicherung«.[4] Deutlicher als an seinen anderen dramatischen Arbeiten ist hier der Einfluß des französischen Surrealismus auf Peter Weiss zu erkennen: Die häufigen Szenenwechsel wie der überaus starke Einsatz akustischer Elemente (ständig zunehmendes Krachen eines Gewittersturmes, vermischt mit dem Donnern von Düsenjägern und einstürzenden Häusern, dazu das Stöhnen gemarterter oder Geschlechtsakte ausführender Menschen und das gräßliche Heulen einer Hundemeute) erinnern an Eigenschaften des surrealistischen Films.

Die im Untertitel als »Moritat« bezeichnete »Nacht mit Gästen« ist ein an Brutalität wie an distanzierter Kälte kaum zu überbietendes Mordspiel, das tatsächlich an die Verse einstiger Moritatensänger auf den Jahrmärkten erinnert. Als rüde, grausame Harlekinade gibt sich das Stück »Wie dem Herrn Mockinpott das Leiden ausgetrieben wird.«

In »Marat/Sade« sind die charakteristischen Elemente der früheren Stücke noch durchaus als konstituierende Gestaltungskomponenten zu erkennen. Aus dem »Turm« etwa das Ineinanderspiel verschiedener Geschehenszüge und Zeitebenen, aus der »Nacht mit Gästen« der holprige Knittelvers, der jetzt die Sprachform für die Verse des »Ausrufers« abgibt, dessen Zeigestock zusätzlich an die Moritatensänger erinnert. Eine durchgehende Fabel gibt es im »Marat/Sade« nicht, ebensowenig eine geschlossene Handlung im traditionellen Sinn. Was der ungewöhnlich ausführliche Teil angekündigt hat, die Verfolgung und Ermordung des Jean Paul Marat, wird nur in sieben von insgesamt dreiunddreißig Szenen des Dramas dargestellt. Und drei der sieben die Ermordung Marats darstellenden Szenen sind letztlich Wiederholungen des gleichen Geschehens. Im Sinn des »Epischen Theaters« gibt der Titel bereits in aller Eindeutigkeit das »Endergebnis« des dramatischen Geschehens preis, in dem es zwar immer wieder höchst dramatisch zugeht, ohne daß sich in ihm deshalb ein kausaler und logischer Prozeß abwickelt. Weiss hat von seinem Verfahren in diesem Drama gesagt, daß es »nicht nach den Gesetzen der Logik aufgebaut« sei und »kein ästhetisches Spiel« in Szene setze.[5]

In diesem Stück ist, wie sein Autor selbst sagt, »alles in ständiger Verwandlung begriffen, bizarren Einfällen und Überraschungsmomenten ausgesetzt«.[6] Es »arbeitet ... wie in einem kubistischen Collagebild mit den Bruchstücken der Realität.«[7]

Nun handelt es sich bei den zitierten Aussagen von Weiss nicht um Erklärungen zu seinem Drama »Marat/Sade«. Es sind Sätze aus seinem bereits 1950 verfaßten Essay »Avantgarde — Film«. Sie sind gleichwohl auch für sein Drama zutreffende und dessen Eigenschaften präzise bezeichnende Aussagen. *Weiss* reiht »Bruchstücke der Realität« aneinander nach dem Gestaltungsprinzip der Collage. Nach diesem Prinzip ist sein gesamtes dramatisches Werk konzipiert und gestaltet. Sein spezifisches künstlerisches Interesse galt ursprünglich dem avantgardistischen Film. Er versuchte sich als Filmregisseur und Maler, ehe er zum Drama und zum Theater fand. 1965 sagte er, daß er erst »auf diesen Umwegen über den Film« darauf gekommen sei, »es mit dem Theater zu versuchen«.[8]

»Die souveräne Beherrschung der Filmtechnik, von Schnitt, Schwenk, Ein- und Überblendung, Panorama und Nahaufnahme, Tonabblendung und Tonverstärkung, Zeitlupe und Zeitraffung, ist in seiner Dichtung fast überall nachzuweisen.«[9]

Das Drama *»Marat/Sade«* wird im Jahr 1808 von Insassen des Irrenhauses Charenton aufgeführt. Autor und Regisseur ist der Marquis de Sade, historisch tatsächlich Insasse des Spitals und als solcher Überlebender der Französischen Revolution. Der Mord an Marat, ausgeführt von Charlotte Corday, geschah am 13. Juli 1793; das von de Sade inszenierte Geschehen spielt genau fünfzehn Jahre später, ist also zur Zeit der Aufführung bereits Geschichte. Napoléon ist längst an der Macht; die Revolution ist erstickt. Die Restauration wird verkörpert durch den Anstaltsdirektor Coulmier und seine Familie, die mit den am Spiel nicht beteiligten Anstaltsinsassen zugleich das Publikum des »Spiels im Spiel« bilden. Dazu erwähnt der Ausrufer mehrfach die napoleonische Zensur, die Striche im Text des Stückes verlangt hat. Eine vor 1793 liegende Zeit holt die 26. Szene »Marats Gesichte« in die Gegenwart des Spiels wie in die des heutigen Zuschauers. Es ist die Zeit von Marats Jugend, Studium und anschließenden wissenschaftlichen Forschungen. Spielt das Drama selbst auf drei verschiedenen Zeitebenen, so ist die vierte keineswegs von geringerer Bedeutung. Es ist die des Zuschauers der sechziger Jahre. Sie ist für *Weiss'* Intentionen von gleicher Wichtigkeit wie die historischen Zeitebenen im Spielgeschehen selbst: die politische Situation der Gegenwart.

Das auf der Bühne dargestellte, historisch bereits gebrochene Spiel als historische Retrospektive aus der Situation des Jahres 1808 auf die Revolution soll den heutigen Zuschauer dazu veranlassen, die derzeitige politisch-soziale Situation kritisch zu bedenken. Darauf verweist sehr direkt der Ausrufer am Schluß des 1. Aktes vor der Pause:

»Erfreuen wir uns jetzt unserer gegenwärtigen Tage / und erwägen wir in der Pause dessen Lage.«[10]

Die im Stück agierenden Personen spielen je zwei Rollen. Sie sind Insassen des Hospizes zu Charenton und verkörpern Figuren in de Sades Drama: Marat, Charlotte Corday, Jacques Roux usw.

Anders dagegen de Sade. Er ist als historische Gestalt, als Insasse des Hospizes und als Spielleiter stets mit sich selbst identisch.

Eine zwiespältige Position nimmt der Ausrufer ein. Was er ankündigt oder kommentiert, ist sowohl an die Zuschauer des Spiels im Spiel als auch an das Theaterpublikum von heute gerichtet. Zusätzlich greift er in das Spielgeschehen ein, wenn er etwa Charlotte Corday souffliert (16., 22., 25. Szene) oder sie aufweckt (29. Szene).

Gebrochen ist das dargestellte Gesamtbild zusätzlich durch die Überlagerung der Orte des Geschehens: Marats Rolle als Zentralgestalt der Französischen Revolution wie seine Ermordung haben Paris zum Schauplatz. De Sades Stück wird im Hospiz von Charenton aufgeführt. Der gegenwärtige Raum der Aufführung ist die jeweilige Bühne eines heutigen Theaters.

Kritische Argumente, die die überaus komplizierte Konstruktion von »Marat/Sade« nicht unbedingt positiv bewerten, sind durchaus berechtigt. So etwa Peter Schneiders Frage:

»Wie verträgt sich nun diese dreifache Schichtung von Ort, Zeit und Handlung mit dem Thema des Stückes? Hüten muß man sich davor, schon die Tatsache der Perspektivität eines Kunstwerks für ein Indiz seiner Qualität zu nehmen ... Betrachtet man mit diesem Vorbehalt die Brechungen des Stücks, so meldet sich, noch ehe nach ihrer Funktion gefragt ist, der Zweifel, ob dem Zuschauer mit drei Ort-, Zeit- und Handlungsebenen nicht genau eine zuviel zugemutet ist ... Der Gefahr, daß bei so vielfacher Spiegelung das, was eigentlich gespiegelt werden soll, verloren geht, ist Peter Weiss nicht entgangen.«[11]

Die komplizierte Konstruktion des Stücks macht die Rezeption durch den Zuschauer zusätzlich dadurch schwierig, daß es von Insassen eines Irrenhauses inszeniert wird. Die Glaubwürdigkeit des Ganzen wird durch diese Tatsache zumindest in Frage gestellt. Andererseits ermöglicht sie durchaus verschiedene Auffassungen bzw. Interpretationen nicht nur für den Zuschauer, sondern vor allem für den Regisseur, dessen Rolle als Vermittler zwischen dem Drama als Text und dem Zuschauer bei der Verwirklichung durch die Inszenierung des »Marat/Sade« entscheidende Bedeutung erhält.

Diese bestimmende Rolle des Regisseurs hat sich in drei unterschiedlichen Modellinszenierungen erwiesen: Die Berliner Aufführung, inszeniert von dem polnischen Regisseur Konrad Swinarski, nutzte alle im Text des Stücks angelegten Möglichkeiten voll aus und realisierte »Marat/Sade« als »totales Theater«. Peter Brooks dagegen nahm den Ort der fiktiv von de Sade inszenierten Aufführung in seiner Londoner Inszenierung im August 1964 in konkret wörtlichem Sinn: Realität und Atmosphäre des Irrenhauses bestimmten bei seiner Aufführung das gespielte Geschehen und den dem Zuschauer vermittelten Gesamteindruck. Brooks versuchte damit offensichtlich und nicht gegen den Text, eine Annäherung an Artauds »Theater der

Grausamkeit«. Die Rostocker Inszenierung durch *Hans-Anselm Perten* im März 1965 präsentierte das Drama als politisches Lehrstück, in dem, der politischen Realität in der DDR entsprechend, Marat als der positive Revolutionsheld erschien, während de Sade als Individualist und adeliger Konterrevolutionär die revolutionäre Bewegung aus Resignation verrät.

Es bleibt eine offene Frage, wieweit es für die Qualität eines Dramas als Drama spricht, wenn sein Text derartig unterschiedliche Inszenierungen (als grundsätzliche Gesamtinterpretationen verstanden) zuläßt, ohne daß deshalb der Sinn des dramatischen Werks als solcher verändert wird. Dazu kommt, daß je nach der betreffenden Interpretation des Regisseurs auch der Schluß des Stücks verschiedene Deutungen erfährt. *Swinarski* nahm die Erklärung de Sades im Epilog des Dramas wörtlich:

»Es war unsere Absicht in den Dialogen / Antithesen auszuproben / und diese immer wieder gegeneinander zu stellen / um die ständigen Zweifel zu erhellen / Jedoch finde ich wie ichs auch dreh' und wende / in unserm Drama zu keinem Ende / ... / So sehen sie mich in der gegenwärtigen Lage / immer noch vor einer offenen Frage.«

Die Parallele zum Schluß von »*Der gute Mensch von Sezuan*« von *Brecht* ist trotz der durchaus anders gerichteten Intention von *Weiss* unübersehbar. Die Annäherung an *Artaud* in der Inszenierung von *Peter Brooks* wurde bereits erwähnt, desgleichen die auf das sozialistische weltanschaulich festgelegte Informationsprogramm der DDR zugeschnittene Überbewertung von Marat gegenüber dem Marquis de Sade in der Rostocker Aufführung.

Die auf den heutigen Rezipienten unmittelbar absehenden Elemente des »*Marat/Sade*« wurden bereits mehrfach angesprochen: Sie konzentrieren sich letztlich auf die Auseinandersetzungen zwischen de Sade und Marat in den Dialogen, die sie im Spielzusammenhang mehrfach — in gedanklicher Fortsetzung — führen. Sie laufen schließlich hinaus auf das am Ende des Stücks von de Sade formulierte Gegeneinander der beiden möglichen politischen Positionen:

»Einerseits der Drang mit Beilen und Messern / die Welt zu verändern und zu verbessern / andererseits das individuelle System / kraft seiner eigenen Gedanken unterzugehn.«

In dem zitierten Schlußgedanken de Sades sprechen sich — nach meiner Auffassung — Absicht, Konzeption und gedankliche Grundlegung des Ganzen so sehr kompliziert strukturierten Stückes von *Peter Weiss* aus. Thema ist die Revolution und letztlich ihr Scheitern. Und im Zentrum aller theatralisch angelegten und publikumswirksam spielbaren Szenen hat der dialektische Dialog zwischen Marat und de Sade seinen dramatisch geschickt begründeten und im Zusammenhang des gezeigten Zustands ausgesparten Raum. Wie die Schlußworte de Sades besagen, wollte Marat die Revolution »mit Beilen und

Messern« praktizieren, während de Sade, ursprünglich idealistischer Verfechter der Revolutionsidee, inzwischen durch Erfahrungen eines Besseren belehrt, nicht mehr an eine erfolgreiche Korrektur der menschlichen Gesellschaft durch Gewaltanwendung zu glauben vermag. De Sade spricht »gegenüber der Natur«, die nach seiner Überzeugung »sich völlig gleichgültig« verhält, dem Individuum die Möglichkeit zu, dem Leben einen Wert zu verleihen, während »die Natur« stillschweigend zusehen würde, »rotteten wir unsere ganze Rasse aus«. Der Unterschied der einander entgegengesetzten Positionen und Überzeugungen Marats und de Sades klärt sich in deren Dialog mehr und mehr ab: Marat argumentiert abstrakt als Sprecher eines theoretisch begründeten Systems. Was er — zu seinem Schaden — außer acht läßt, ist die Tatsache, daß der Mensch ein Wesen ist, das nicht nur von seiner ansprechbaren Rationalität, sondern auch von seiner »menschlichen Triebhaftigkeit« abhängt. *Manfred Durzaks* kritische Äußerung trifft das Problem, um das es geht: Marat scheitert, weil er seine ausschließlich politisch orientierte Absicht der Befreiung ohne Rücksicht auf die vitale Befreiung des Menschen durchzusetzen versucht.[12]

Die im »Spiel im Spiel« in vielfachen Brechungen vergegenwärtigte Situation spitzt sich im argumentierenden Dialog zwischen Marat und de Sade letztlich auf die zentrale Problemstellung des Dramas zu: gewaltsame Revolution mit Beil und Schwert oder stillschweigendes Abwarten dessen, was die Natur für richtig hält. De Sade bekämpft die »völlige Gleichgültigkeit« der Natur auf seine Weise:

»Nur wir verleihen unserm Leben irgendeinen Wert
die Natur würde stillschweigend zusehn
rotteten wir unsre ganze Rasse aus.«

Marat argumentiert dagegen:

»Gegen das Schweigen der Natur
Stelle ich eine Tätigkeit.
In der großen Gleichgültigkeit
erfinde ich einen Sinn
anstatt reglos zuzusehn
greife ich ein.«

Ist schließlich der ganze höchst komplizierte Aufwand nur Folie für die dialogische Argumentation zweier unterschiedlicher weltanschaulicher Positionen? Die Antwort auf diese Frage tendiert zum Nein eher denn zum Ja. — Die Ursachen für diese Tendenz liegen darin, daß »*Marat/Sade*« noch gegen den Willen seines Autors mehr ist als nur Vehikel weltanschaulich-politischer Belehrung. Es ist — von allen unterschiedlichen Interpretationen, die das Drama gestattet, einmal abgesehen — ein echtes Theaterstück, das Regie und Schauspielern erlaubt, im Sinne des Wortes zu *spielen*, d. h. ihre jeweiligen Rollen nach bestem Gutdünken und Spieltalent lebendig zu verkörpern. Die großen Erfolge aller Aufführungen des Stückes beim Publikum sind weder eine Folge des spezifischen Themas und Problems noch der komplizierten und zugleich interessanten Struktur des Dramas, sondern der Tatsache, daß das Stück nach Jahren trockenen langweilenden Belehrungstheaters erstmals wieder echtes, lebendiges Theater und komödiantisches Können erleben ließ.

»Marat/Sade« vermittelt dieses lange entbehrte Theatererlebnis, obwohl es in ihm keine Fabel, keine konsequent ablaufende Handlung, keine Exposition und dramatische Steigerung gibt. Die »Handlung« — immer wieder (etwa im Verhalten der Corday) zum Stillstand gebracht — hat keine Ein- oder Hinführung; sie setzt als solche bereits mit der Ermordung Marats ein, d. h. an ihrem Höhepunkt. Von der im ausführlichen Titel des Dramas angekündigten »Verfolgung« Marats enthält der Text des Stückes nichts. Die »Handlung« gelangt nicht über Stationen dramatischer Konflikte nach und nach zu ihrem Höhepunkt. Bereits zu Beginn der Aufführung findet sie sich auf ihrem Höhepunkt. Das erfordert notwendigerweise Retardierungen: Kurz vor ihrem Endpunkt (der Ermordung Marats) wird das Handlungsgeschehen gestoppt. Erst nach Szenen völlig anderer Thematik und zweimaliger Wiederholung vorhergehender und gestoppter Ermordungsszenen führt die Corday tatsächlich den tödlichen Dolchstoß aus. »Handlung« — wenn für das, was auf der Bühne geschieht, dieser Begriff überhaupt zutrifft — ist von vornherein auf dem entscheidenden Höhepunkt konzentriert und wird dreimal nacheinander vorgestellt. Das widerspricht aller dramatischen und theatralischen Tradition.

Auch das 1971 publizierte Drama »Hölderlin« von Peter Weiss hat alle Eigenschaften eines Geschichtsdramas.[13] Historisch nicht nur die Titel- und Zentralgestalt Hölderlin, sondern auch seine um ihn gruppierten Personen: Goethe und Schiller, der württembergische Herzog, Frau von Kalb, Susette Gontard, Hegel, Schelling, Sinclair, Hiller und Karl Marx. Wieder liefert die Französische Revolution den historischen und gesellschaftspolitischen Hintergrund. In kritikloser Übernahme der von Pierre Bertaux vertretenen »Forschungsmeinung«, Hölderlin sei aktiver Anhänger der Französischen Revolution gewesen und habe für sie in seiner Heimat agitiert sowie, als alle Hoffnungen gescheitert waren, Wahnsinn und Tübinger Turm als Lebensrettung simuliert, läßt Weiss einen Hölderlin handeln, protestieren und resignieren, der mit dem bisherigen Hölderlinbild der Forschung nur wenig gemeinsam hat.

In Konzeption und Szenenfolge durchaus als episches Stück gestaltet, vergegenwärtigt das Drama in seinen Stationen Hölderlins Leben von dessen Studentenjahren im Tübinger Stift bis zu seiner letzten

Lebenszeit im Turm des Schreiners Zimmer zu Tübingen. Wenn *Manfred Durzak* behauptet, mit dem Hölderlindrama dokumentiere sich eine Revision von *Weiss'* ästhetischem Standpunkt und seine »Rückkehr zur Dramaturgie des formal reich aufgefächerten und reflektierten historischen Schauspiels«,[14] so liegt doch, näher besehen, das Stück durchaus in der Linie konsequenter gedanklicher und ästhetischer Weiterentwicklung von *»Marat/Sade«* über *»Trotzki im Exil«*. Zweifelsohne handelt es sich nach der Erfahrung des Mißerfolgs mit dem Trotzkistück beim Publikum um eine neuerliche Bemühung des ästhetischen Instrumentariums des *»Marat/Sade«*. Die zahlreichen Analogien, wie äußerlich sie schließlich auch sein mögen, seien erwähnt: die »Französische Revolution«, der dreimal namentlich erwähnte Marat, die von den Stiftlern angestimmte Marseillaise. Im Unterschied zu *»Marat/Sade«* aber gibt es in *»Hölderlin«* trotz seiner epischen Anlage und Durchführung eine dramatische Handlung und eine in der Zeit verlaufende Entwicklung des Helden. Bei aller deutlichen »Epik« des Textes und der Regieanweisungen steht *»Hölderlin«* dem tradierten Drama älterer Auffassung insgesamt weitaus näher als *»Marat/Sade«*.

Analogien zwischen den einzelnen dramatischen Figuren der beiden Stücke freilich allenthalben: Der »Sänger« in *»Hölderlin«* ist eine Art Wiederauferstehungsfigur des Ausrufers in *»Marat/Sade«*. Näheres Beobachten läßt aber sogar in dieser Analogie die Unterschiede erkennen: Während der Ausrufer in *»Marat/Sade«* auf mehrfache Weise in das Spielgeschehen integriert ist, ist der Sänger in *»Hölderlin«* keine Figur des dramatischen Geschehens, sondern ausschließlich Stimme des Autors, durch die dieser darauf verweist, wie das Publikum das szenische Geschehen verstehen soll. Dramaturgische Aufgabe des »Sängers« ist die Verbindung der einzelnen für sich stehenden epischen Szenen miteinander, die charakterisierende Vorstellung erstmals im Stück auftretender Personen und die vorausnehmende Inhaltsangabe der anzuzeigenden Szene (in Parallele zur epischen Technik *Brechts*).

Allerdings sind die Kommentare des Sängers in *»Hölderlin«* keineswegs objektiv; sie haben wertenden Charakter. Das erweist bereits der Wortlaut des Kommentars des Sängers zum »Ersten Bild« des Dramas:

> »... euch schert es nicht, was man den Armen vorenthalten
> ihr stellt euch neben die Gepuderten und die Gesalbten
> und Brüder wollt ihr seyn mit denen, die verbürgen
> daß es schön weitergeht mit Raffen Rauben Würgen.«

(So auch an allen entscheidenden weiteren Momenten im Ablauf der Handlung.)

Das heißt: Der Sänger steht nicht nur in der Rolle der die Szenenvorgänge vorweg verkündenden Kontaktperson zwischen Bühnengeschehen und Publikum. Er ist auch nicht nur Kommentator des sich auf der Bühne Begebenden, sondern zugleich kritischer Beurteiler des Verhaltens und Handelns der Personen des Stücks. Aufgabe des Sängers ist es vor allem, ganz im Sinne des Brechtschen Verfremdungseffektes, den Zuschauer zu kritischer Reflexion zu veranlassen. Daß mehrere seiner in holprige Verse gefaßten Aussagen ausdrücklich als Song bezeichnet sind, erinnert zusätzlich an Brechts Vorbild.

Nicht nur das! — Die sprachliche Gestaltung des Dialogs in Form grob gefügter, durch bewußte Nichteinhaltung des Versmaßes und Sprechrhythmus rauh wirkender Knittelverse und freier Rhythmen verstärken den Verfremdungseffekt. Das muß insbesondere bei den Kennern der lyrischen Sprache von *Hölderlins* Oden und Hymnen verfremdende Effekte auslösen. Dazu kommt die antiquierte Orthographie, die nicht etwa der Rechtschreibung zu Hölderlins Lebenszeit entspricht und im übrigen bei Aufführung des Dramas keinerlei bestimmende oder verändernde Funktion hat. Der Zuschauer hört das gesprochene Wort, nicht aber dessen zum Teil groteske Schreibweise im gedruckten Text des Dialogs. Offensichtlich ist bei der archaisierenden Orthographie nicht an den Theaterbesucher, sondern an den Leser des Dramas gedacht. Er soll (wieder im Sinne *Brechts*) daran gehindert werden, sich mit den Personen des Bühnengeschehens zu identifizieren. Dabei gleitet die um Verfremdung bemühte Verzerrung der Sprache und der Satzfügungen mitunter bis zu ungewollter Trivialität und billiger Komik ab.[15]

Über Ähnlichkeiten zwischen beiden Dramen hat *Weiss* sich selbst geäußert:

»Der ›geisteskranke‹ Dichter im Turm... seine Situation: Jahrzehntelang eingesperrt in einen Turm, verkannt und vergessen von der Außenwelt — ... dies gab einen ähnlichen dramatischen Anlaß wie die Situation Marats: in der Badewanne, krank, isoliert und doch ungeheuer von seinen eigenen Utopien und Visionen erfüllt...«[16] Und: »Hölderlin ist ein politisches Stück, wie die anderen Stücke auch, nur ist das Politische nicht so eindeutig, so plakativ gezeichnet... Im vielschichtigen Charakter des Hölderlin wird ein Teil der Problematik des Marat-Stücks aufgenommen.«[17]

Eindeutig ist dagegen in *Weiss'* »Hölderlin« die politische Wirkungsabsicht. Sie ist bis an die Grenzen aufdringlicher Belehrung plakativ. Der Zuschauer soll unter allen Umständen begreifen, daß von Hölderlins vergeblich gebliebenen Versuchen, eine deutsche Revolution nach dem Muster der französischen ins Werk zu setzen, sein Freiheitsgedanke von *Karl Marx* bis zu *Che Guevara* in unserer Gegenwart weitergetragen wurde und den Zuschauer verpflichte, für seine Durchsetzung zu kämpfen. Daß der Autor in Verfolgung dieser Absicht mit den historischen Tatsachen reichlich großzügig verfährt, hat die Kritik nach den ersten Aufführungen des Stücks zu harten negativen Stellungnahmen veranlaßt.[18]

Dabei blieb offensichtlich unbedacht, daß dem Dichter ein großes Maß an künstlerischer Freiheit zuzugestehen eine lange geübte, gute Tradition hat. Warum sollte er nicht das Recht haben, den jungen Marx den kurz vor dem Tod stehenden Hölderlin im Turm aufsuchen zu lassen, auch wenn *Weiss* damit nicht Geschichte berichtet, sondern eine immerhin im Bereich des Möglichen liegende Begegnung erfindet? Auch die von Hölderlin, einem Chor und einigen Rollensprechern vor Hegel, Schelling, Neuffer, Sinclair, Schmid und dem Glasermeister Wagner vorgetragene Rezitation von Teilen seines Empedokles-dramas (zu Beginn des 2. Akts) ist historisch nicht verbürgt, sondern freie Erfindung des Autors. Nicht um die präzise Nachzeichnung historischer Fakten kann und sollte es dem Dramatiker zu tun sein, sondern um grundsätzliche Glaubwürdigkeit des von ihm mit den Darstellungsmitteln und -möglichkeiten des Dramas auf der Bühne vergegenwärtigten Geschehens und Verhaltens der an diesem beteiligten oder darin verwickelten Personen.

Der Gedanke, Hölderlin in einem Drama, das sein Leben zum Gegenstand hat, eines seiner größeren Werke selbst vor den Studienfreunden von einst rezitieren zu lassen (»Spiel im Spiel« wie in »*Marat/Sade*«), erscheint mir durchaus berechtigt und dramatisch gelungen. Unerträglich wirkt dagegen die allzu deutlich betonte politisch-weltanschauliche Belehrung des Zuschauers, so etwa, wenn der bereits vom Tod gezeichnete Hölderlin sich (er steht hier als Belehrter zugleich für den Zuschauer) von dem jungen Redakteur Marx anhören muß:

> »Zwei Wege sind gangbar
> zur Vorbereitung
> grundlegender Veränderungen.
> Der eine Weg ist
> die Analyse der konkreten
> historischen Situation.
> Der andere Weg ist
> die visionäre Formung
> tiefster persönlicher Erfahrung.«[19]

Und gleich darauf die besserwisserische, entschuldigend-überhebliche Erklärung:

> »Daß Sie
> ein halbes Jahrhundert zuvor
> die Umwälzung nicht
> als wissenschaftlich begründete Notwendigkeit
> sondern als mythologische Ahnung
> beschrieben
> ist Ihr Fehler nicht.«

Eine Anerkennung von Hölderlins »Mythologie der Hoffnungen« (Hölderlin im 1. Akt, 2. Bild, S. 57) durch Marx, wie *Manfred Durzak* meint, vermag ich nicht zu sehen.[20] Überdeutlich dagegen

Marx' herablassend-mitleidige Floskel des Besserwissenden gegenüber dem gealterten, »hoffnungslosen« Idealisten.

Die Stationen in Hölderlins Leben, die das Drama nacheinander beleuchtet, demonstrieren persönliche, politische und schließlich auch künstlerische Niederlagen des Dichters. Mehr und mehr zeichnet sich in ihrer Aufeinanderfolge für Hölderlin die Möglichkeit ab, sich auf »Unzerstörtes« in der fiktiven Wirklichkeit der Dichtung zurückziehen zu müssen:

> »... doch wie
> über die Berge weg und
> durch die Felder rasen
> noch Unzerstörtes finden
> zu denen sprechen
> die in der Zukunft leben.«[21]

Aber am Ende dieses Rückzugs auf »Unzerstörtes« stehen für Hölderlin Wahnsinn und Jahrzehnte im Tübinger Turm. Diesem Weg ins Schweigen entgegengestellt schon zum Schluß der unglücklich-ergebnislosen Begegnung mit Goethe und Schiller das als Karikatur angeführte kitschige Denkmal im Geschmack des 19. Jahrhunderts: »Vorn Hand in Hand, in der Haltung des berühmten Standbilds, Goethe und Schiller.«[22] Im Hintergrund führen Gendarmen verhaftete Studenten ab. In der Rezitation der Empedoklesszenen sollen sich Hölderlins eigenes Schicksal und Verhalten spiegeln. Die Klage der Panthea in seinem Drama ist auch seine eigene:

> »Keiner derer
> von denen wirs erwarteten
> ist aufgestanden
> gegen die etablierte Herrschaft.«

Und des Empedokles Opfertod deutet bei *Weiss* Hölderlins eigenes Opfer an: bewußte Flucht in den Wahnsinn und in diesem Zustand vierzig Jahre selbstgewählte Gefangenschaft. Die von Marx in die »Realität politischer Aktion« zurechtgerückten »mythologischen Hoffnungen« des Schwärmers, Idealisten und poetischen Träumers Hölderlin laufen in einen jeder Überzeugungskraft baren, verschwommen wirkenden Wunschtraum aus, den der »Epilog« des Stücks schlecht und recht formuliert:

> »Sein Wunsch ist daß man ihn nicht mehr verkenne
> daß er sich nicht mehr opfre und verbrenne
> will daß man ihn als einen zwischen Vielen zählt
> der Sprache sich zum Ausdruck und zur Kunst gewählt
> nicht trennen will er aus dem Wirklichen den Traum
> es müssen Fantaisie und Handlung seyn im gleichen Raum
> nur so wird das Poetische universal ...«

Und auf diesen schalen Abgesang (vom bereits sozusagen vergeistigten Hölderlin gesprochen) folgen Schlußverse des Sängers, die, als solche wenig besagend, an Verse aus *Brechts* frühem Gedicht »Choral von Manne Baal«[23] erinnern:

> »Als weggesunken aus der Stadt er war
> und in der Erde lag da war der Thurm noch da
> und als zu Erde er geworden ganz und gar
> und man von ihm nur noch den Grabstein sah
> stand nah am Neckar immerdar
> sein Kercker nimmst ihn heut noch wahr.«

Ein »historisches Drama« mit Hölderlin als Zentralgestalt erfordert ein Höchstmaß an psychologischem Feingefühl und ästhetischer Nuancierung in Charakterisierung und dramatischem Ausdruck. Dieses Erfordernis hat *Peter Weiss* mit seinem *»Hölderlin«* nicht erfüllt oder nicht erfüllen wollen. Seine Absicht war, ein auf das zeitgenössische Publikum zugeschnittenes politisches Agitationsdrama zu schaffen. Nur aus dieser Absicht heraus lassen sich die Vergröberungen und karikierenden Überzeichnungen der Gestalten — Goethe, Schiller, Fichte, Hegel, Schelling — erklären. *Weiss* hat damit seinem Stück in bezug auf Glaubwürdigkeit und ästhetische Qualität geschadet. Auch die Technik der Verfremdung kann nur innerhalb der Grenzen des sachlich Zutreffenden und ästhetisch Erträglichen überzeugen. Mit ihrer rücksichtslosen Mißachtung hat der Autor seinem Drama gerade jene Wirkungen entzogen, die seiner Absicht zugrunde lagen. Die Diskrepanz zwischen historischer Wahrheit und überzogener Verfremdung zum Zweck politischer Agitation war zu groß, um mit den von *Weiss* verwendeten Mitteln in einer künstlerischen Synthese aufgehoben zu werden. Daher können auch die Verse im »Epilog«, der als Tableau einer Apotheose in Anwesenheit Hegels, Hillers (= Schmids), Neuffers, Schellings und Sinclairs (alle einschließlich des Sängers im schwarzen Stiftsmantel) inszeniert werden soll, nicht überzeugen. In Hölderlins Worten formuliert hier nach der Unterbrechung durch »Alle« (als Chor): »Und bliebst dann mehr als deine halbe Lebenszeit / lieber in vollkommener Zurückgezogenheit / als dich noch einlassen mit der Welt auf Streit« der Autor selbst seine Absicht:

> »Wir haben die Gestalt des Hölderlin so angelegt
> daß er sich drinn befindet und bewegt
> als spiegle er nicht nur vergangne Tage
> sondern als ob die gleichen Aufgaben er vor sich habe
> wie sie sich manchen von den Heutigen stellen
> welche nach Lösung suchend drann zerschellen.«

Von der Dramaturgie her, die ja im ganzen Stück mit Verfremdungseffekten *Brecht*schen Vorbildes arbeitet, erscheint es durchaus vertretbar, daß *Weiss* im »Epilog« seine Auffassung der Hölderlingestalt und seine Absicht mit seinem Drama durch »seinen« Hölderlin verkünden läßt. Wird doch dem Zuschauer dadurch noch einmal bewußt gemacht, daß er nicht Hölderlin vor sich hat, sondern einen Schauspieler, der in einem Spiel ohne Identifizierung mit der dargestellten Person sowohl den Standpunkt Hölderlins als auch den des Autors eines Dramas über diesen demonstrieren kann.

Aber auch was dramaturgisch berechtigt ist, kann von der Sache sowie von der Art und Weise der dramatisch-bildhaft-sprachlichen Verwirklichung her verfehlt werden und sich im Effekt gegen die unbestritten aufrichtige Absicht des Verfassers wenden. Explizites politisches Engagement (im Dienst des Sozialismus heutiger Prägung) veranlaßte *Weiss*, die Kunst zum Instrument der Propaganda für den Sozialismus zu machen. Das ist an sich durchaus möglich, soweit es technische und darstellerische Mittel von Regie und Schauspielkunst betrifft, wie *Piscator* und *Brecht* mit ihren Stücken und Inszenierungen zwischen 1922 und 1933 überzeugend bewiesen haben. *Piscator* verzichtete um der politisch-weltanschaulichen Momentanwirkung willen für seine Inszenierungen bewußt darauf, Kunst zu verwirklichen, während *Brecht* nach den Mißerfolgen einiger seiner Lehrstücke der »Zwanziger Jahre« früh genug erkannte, daß ein Stück den Zuschauer nur dann dazu zu motivieren vermag, demonstrierte Mißstände politischer oder sozialer Natur zu erkennen und auf ihre Abänderung bedacht zu sein, wenn sie nicht plakativ, sondern objektiv in sachlich und künstlerisch überzeugender Weise behandelt werden. Ein kurzer vergleichender Blick auf *Brechts* »*Leben des Galilei*« und den »*Hölderlin*« von *Weiss* läßt das sofort erkennen: Galilei ist genialer Forscher und lebensfroher Genießer in einer Person. Er steht in anhaltend engem Kontakt mit den »einfachen Leuten«, und er weiß sich mit Fürsten weltlichen und geistlichen Standes in deren Atmosphäre zu bewegen. Und vor allem: Seine aus der politisch-kirchlichen Situation des Zeitalters heraus gezwungenermaßen seine Gegner darstellenden historischen Persönlichkeiten erscheinen weder als »kirchliche Feldwebel« wie Goethe und Schiller bei *Weiss* als solche der Ästhetik, noch wird Galileis Verhalten angesichts drohender Folter und Verbrennung als fragwürdig verurteilt. Zumindest in der ersten Fassung des »*Galilei*« läßt der unerwartete Besuch des ehemaligen Schülers Andrea Sarti bei dem unter Aufsicht der Inquisition lebenden Galilei durchaus gewisse Parallelen mit dem Besuch des jungen Marx bei Hölderlin im Tübinger Turm erkennen. Allzu deutlich aber der gegen *Weiss* sprechende Unterschied auch hier: Galilei übergibt dem Jüngeren die Ergebnisse seiner heimlich weitergeführten Forschungen, damit dieser sie in einem bereits freieren Land zum Wohl der Menschheit veröffentlichen kann. *Weiss'* Hölderlin wird von dem Begründer des »Theoretischen Sozialismus« über die Notwendigkeit der Analyse der gesellschaftlichen Verhältnisse aufgeklärt. Was bei der vorsichtig-einfühlenden dramatischen Gestaltung des Problems bei *Brecht* den Zuschauer tatsächlich, wenn nicht kritisch, so doch nachdenklich werden läßt, führt bei *Weiss'* allzu simplifizierender Schwarz-Weiß-Zeichnung verständlicherweise zum gegenteiligen Effekt: zu Entrüstung und Ablehnung.

»Trotzki im Exil« und *»Hölderlin«* sind Produkte eines erfolglosen Bemühens, Kunst und Politik miteinander zu verbinden, d. h. Kunst in den Dienst der Politik zu stellen. Dabei sind *Weiss* Fehler unterlaufen, die sich nicht nur aus dem Versagen gegenüber der gestellten Aufgabe erklären, sondern auch daraus, daß die Kunst sich dem um sie Bemühten dann konsequent verweigert, wenn sie als Vehikel für politisch-weltanschauliche Wirkungen benutzt wird, für die sie nicht zuständig ist.

Literatur

Peter Weiss

Dramen:

Der Turm. In: »Spectaculum«, Texte moderner Hörspiele, Frankfurt a. M. 1963.

Die Versicherung. Ein Drama. In: Neues deutsches Drama, Bd. 1, Frankfurt a. M. 1967.

Nacht mit Gästen. Eine Moritat. In: Akzente, August 1963.

Die Verfolgung und Ermordung Jean Paul Marats dargestellt durch die Schauspielgruppe des Hospizes zu Charenton unter Anleitung des Herrn de Sade. Drama in zwei Akten, Frankfurt a. M. 1964.

Die Ermittlung. Oratorium in 11 Gesängen, Frankfurt a. M. 1965.

Gesang vom Lusitanischen Popanz. Stück mit Musik in 2 Akten. In: Theater heute, 1967; ferner in: Dramen II, Frankfurt a. M. 1968.

Diskurs über die Vorgeschichte und den Verlauf des lang andauernden Befreiungskrieges in Viet Nam als Beispiel für die Notwendigkeit des bewaffneten Kampfes der Unterdrückten gegen ihre Unterdrücker sowie die Versuche der Vereinigten Staaten von Amerika, die Grundlagen der Revolution zu vernichten. In: Dramen II, Frankfurt a. M. 1968.

Wie dem Herrn Mockinpott das Leiden ausgetrieben wird. Spiel in 11 Bildern. In: Dramen II, Frankfurt a. M. 1968.

Trotzki im Exil. Stück in 2 Akten, Frankfurt a. M. 1970.

Hölderlin. Stück in 2 Akten, Frankfurt a. M. 1971.

Sammelausgaben:

Dramen I, Frankfurt a. M. 1968. Inhalt: Der Turm / Die Versicherung / Nacht mit Gästen / Mockinpott / Die Verfolgung und Ermordung Jean Paul Marats.

Dramen II, Frankfurt a. M. 1968. Inhalt: Die Ermittlung / Gesang vom Lusitanischen Popanz / Viet Nam Diskurs.

Gesang vom Lusitanischen Popanz und andere Stücke, München 1969, Inhalt: Gesang . . ., Nacht mit Gästen, Die Versicherung.

Literatur zu Peter Weiss:

Beckermann, Thomas / Canaris, Volker (Hrsg.), Der andere Hölderlin. Materialien zum ›Hölderlin‹-Stück von Peter Weiss, Frankfurt a. M. 1972.

Best, Otto F., Peter Weiss. Vom existenzialistischen Drama zum marxistischen Welttheater. Eine kritische Bilanz, Bern/München 1971.

Blomster, Wesley V. / Gilbert, Leon J., Textual revisions in Peter Weiss' ›Marat/Sade‹. In: Symposium 25. 1971, 1, S. 5 ff.

Buddecke, Wolfram, Die Moritat des Herrn de Sade. Zur Deutung des »Marat/Sade« von Peter Weiss. In: Geistesgeschichtliche Perspektiven (Festschrift Rudolf Fahrner), Bonn 1969, S. 309 ff.

Canaris, Volker (Hrsg.), Über Peter Weiss, Frankfurt a. M. 1970.

Durzak, Manfred, Dürrenmatt—Frisch—Weiss. Deutsches Drama der Gegenwart zwischen Kritik und Utopie, Stuttgart 1972, S. 243 ff.

Enderstein, Carl O., Gestaltungsformen in Peter Weiss' »Marat/Sade«. In: Modern language notes 88. 1973, 3, S. 582 ff.

Freed, Donald, Peter Weiss and the theatre of the future. In: Drama survey 6. 1967/68, S. 119 ff.

Hohoff, Curt, Dramatische Figuration bei Peter Weiss. In: Ders., Gegen die Zeit. Theologie, Literatur, Politik, Stuttgart 1970, S. 148 ff.

Karnick, Manfred, Peter Weiss' dramatische Collagen. Vom Traumspiel zur Agitation. In: Neumann G., Schröder J., Karnick M., Dürrenmatt. Frisch. Weiss. Drei Entwürfe zum Drama der Gegenwart. Mit einem einleitenden Essay von Gerhart Baumann, München 1969, S. 115 ff.

Lamberechts, Luc, Peter Weiss' Marat-Drama. Eine strukturelle Betrachtung. In: Studia Germanica Gandensia 10. 1968, S. 133 ff.

Materialien zu Peter Weiss' »Marat/Sade«. Zusammengestellt von Karlheinz Braun, Frankfurt a. M. 1967.

Maurer, Karl, Peter Weiss' Marat/Sade – Dichtung und Wirklichkeit. In: Poetica 4, 1971, S. 361 ff.

Miller, Leslie L., Peter Weiss' Marat and Sade: comments on an author's commentary. In: Symposium 25. 1971, 1, S. 39 ff.

Naegele, Rainer, Zum Gleichgewicht der Positionen. Reflexionen zu »Marat/ Sade« von Peter Weiss. In: Basis 5. 1975, S. 150 ff.

Paul, Ulrike, Vom Geschichtsdrama zur politischen Diskussion. Über die Desintegration von Individuum und Geschichte bei Georg Büchner und Peter Weiss, München 1974.

Perry, R. C., Historical authenticity and dramatic form: Hochhuth's »Der Stellvertreter« and Weiss' »Die Ermittlung«. In: Modern language review 64. 1969, S. 828 ff.

Puder, Martin, Peter Weiss und Hölderlin. In: Neue Deutsche Hefte 18. 1971, 4, S. 195 ff.

Raleigh, Peter J., Hölderlin: Peter Weiss' artist in revolt. In: Colloquia germanica 1973, 3, S. 193 ff.

Rischbieter, Henning, Peter Weiss, Velber 1967 (= Friedrichs Dramatiker des Welttheaters Bd. 45).

Salloch, Erika, Peter Weiss' »Die Ermittlung«. Zur Struktur des Dokumentartheaters, Frankfurt a. M. 1972.

Shunani, Gideon, The Mechanism of Revolution in the Documentary Theater of the play »Trotzki im Exil« by Peter Weiss. In: The German Quarterly 44. 1971, S. 503 ff.

Schöfer, Erasmus, Hinweis zu einer notwendigen »Ermittlung«. In: Wirkendes Wort XVI, 1966, S. 57 ff.

Schreiber, Ulrich, Peter Weiss' Rückzug in den Idealismus. Anmerkungen zu seinem »Hölderlin«. In: Merkur, 26. 1972, 5, S. 475 ff.

Schumacher, Ernst, »Die Ermittlung« von Peter Weiss. Über die szenische Darstellbarkeit der Hölle auf Erden. In: Sinn und Form XVII, 1965, 6, S. 930 ff.

Taëni, Rainer, Chaos versus order: the grotesque in »Kaspar« and »Marat/Sade«. In: Dimension 2. 1969, S. 592 ff.

White, John J., History and cruelty in Peter Weiss' »Marat/Sade«. In: Modern Language Review LXIII, 1968, S. 437 ff.

Das »Neue Volksstück«

*Ödön von Horváth — Marieluise Fleißer — Martin Sperr —
Franz Xaver Kroetz — (Harald Sommer — Wolfgang Bauer —
Peter Turrini — Wolfgang Deichsel — Rainer Werner Faßbinder)*

Das Etikett »Volksstück« wird seit längerem als generelle Bezeichnung von Theaterstücken unterschiedlichster Art und Qualität ge-
braucht. Seine inzwischen übliche Verwendung zur Kennzeichnung
von gesellschaftskritischen Zeitstücken jüngerer Autoren der sechziger
und siebziger Jahre, in denen vor allem Probleme der sogenannten
»unterprivilegierten« sozialen Gruppen durchleuchtet werden, wirkt
eher verwirrend als klärend. Sicher berufen sich die Verfasser der
heutigen »Volksstücke« nicht ganz zu Unrecht auf *Ödön von
Horváths* »Volksstücke« als ihr Vorbild. Die noch sehr junge
Horváth-Renaissance auf den deutschen Theatern hat aber breiteren
Kreisen bisher eine klare Vorstellung von der Eigenart seiner Dramen
noch nicht vermitteln können.
Seit *Herder* und der deutschen Romantik verbinden sich mit den
Begriffen Volkslied, Volksmärchen, Volksdichtung bestimmte Vorstellungen. Weitgehend unbestimmt und unterschiedlich wirken dagegen Bezeichnungen wie »Volksstück« oder »Volkstheater«. Das Alt-
wiener Vorstadttheater galt und gilt als »Volkstheater«. Die Berliner »Volksbühne« war seit ihrer Gründung bis 1933 eine
Vereinigung, die keineswegs nur »Volksstücke« spielte. Von spezifischen Ausprägungen abgesehen verband sich im Lauf der Zeit mit
dem Untertitel »Volksstück« mehr und mehr die Vorstellung von
kaum tragischen, sondern unterhaltenden bis belustigenden Theaterstücken, in denen vor allem landschaftliche oder ständische Eigenarten (z. B. der bäuerlichen Volksschicht) oder bestimmte Typen-
gegensätze (Großstädter unter ländlichen Menschen oder umgekehrt)
Anlaß zu dramatischen Konflikten, Irrtümern, Verwirrungen und
deren Lösung bilden. Häufig dienen Dialekt oder Dialektanklänge
dem »Volksstück« als wirkungsverstärkende Elemente. Von ihrer
großen Beliebtheit in breiten Kreisen des Publikums zeugen heute
u. a. die bekannten, ausschließlich auf derartige »Volksstücke« eingestellten Unternehmen wie das »Ohnsorgtheater« in Hamburg, der
Münchner »Komödienstadel« und die »Millowitschbühne« in Köln.

Bis auf wenige Ausnahmen sind die »Bauerntheater« der süddeutschen Ferien- und Erholungsorte ihnen vergleichbare, auf den »Geschmack« der Touristen eingestellte Schauspielergruppen, bestehend aus Berufsschauspielern oder Laien, die »Volksstücke« ohne Rücksicht auf ihre Qualität schlecht und recht aufführen.

Brecht hat die negativen Züge dieser »Volksstücke« treffend charakterisiert:

»Das Volksstück ist für gewöhnlich krudes und anspruchsloses Theater... Da gibt es derbe Späße, gemischt mit Rührseligkeiten, da ist hahnebüchene Moral und billige Sexualität. Die Bösen werden bestraft und die Guten werden geheiratet, die Fleißigen machen eine Erbschaft und die Faulen haben das Nachsehen.«[1]

Mit diesem nach wie vor beliebten, meist komischen Unterhaltungsstück, das sich im übrigen als von Staatsformen und politischen Systemen unabhängig und unter jeder Bedingung lebensfähig erweist, hat das »Neue Volksstück« kaum etwas gemeinsam. Seine z. Z. noch jungen Autoren sehen sich in der Nachfolge von Ödön von Horváth. Das geschieht unter der Gleichsetzung von Horváth = Autor von »Volksstücken«. Um als »neuer Horváth« zu gelten, muß man »Volksstücke« schreiben.

Daß diese Vorstellung nicht unbedingt zutrifft, auch wenn die Stücke von Sommer, Turrini, Bauer, Sperr und Kroetz einige auch für Dramen Horváths charakteristische Züge haben, ist leicht zu erkennen. Die sozialkritische Darstellung der Alltagswelt der kleinen Leute unter sprachlicher Annäherung an den bayerischen Dialekt und der Artikulationsschwierigkeiten sozial schlecht gestellter Menschen seitens der genannten Autoren macht aus ihnen noch keine »neuen Horváths«. Und das gemeinsame Etikett »Volksstück« ist eher dazu geeignet, die individuellen Eigenarten der Stücke einzelner Autoren und ihre Verschiedenheit voneinander zu verschleiern als sachgerechte Beurteilung zu fördern.[2]

Gemeinsam ist den neuen »Volksstücken« die mehr oder weniger starke Annäherung der verwendeten Sprache an mundartliche Ausdrucksformen in Wortwahl, Syntax und Aussprache. Anstelle der verunklarenden Bezeichnung »Volksstück« wäre daher »sozialkritisches Dialektstück« der Sache eher entsprechend. Völlig verfehlt ist es, den verwendeten Dialekt dieser »Volksstücke« als »Horváth-Deutsch« auszugeben.[3] Das kann nur aus Unkenntnis der von Horváth in seinen Stücken tatsächlich verwendeten Sprachform geschehen. Denn das Deutsch seiner Personen ist keineswegs Dialekt, sondern eine am ehesten als »Bildungsjargon« der Kleinbürgerschicht zu fassende, gekünstelt stilisierte und »geschraubt« wirkende Form des Umgangstons. Der z. T. bewußt verstärkte Dialekt in Stücken wie Turrinis »Rozznjogd« oder Sommers »An unhamlich schtoaka Obgang« hat mit der Eigenart der Sprache in Horváths »Volksstücken«

kaum etwas gemeinsam. Mit mehr Berechtigung können die Stücke von *Sperr, Kroetz* und *Deichsel* im Sinne *Horváths* als »Volksstücke« gelten, »... in denen Probleme auf eine möglichst volkstümliche Art behandelt und gestaltet werden, Fragen des Volkes, seine einfachen Sorgen, durch die Augen des Volkes gesehen«.[4] Vor allem die Stücke *Martin Sperrs* sind, zumindest in der Sprache ihrer Personen, am Vorbild *Horváths* orientiert. Ihr Autor bestätigt diese Tatsache mit der Aussage:

»Ich schreibe keine Dialektstücke, sondern benutze nur gewisse Dialektfärbungen und den im Bayerischen üblichen Satzbau.«[5]

Eben hier, in der Auffassung der Sprache und in der Überzeugung, daß die miserable gesellschaftliche Lage bestimmter Schichten zumindest mitbedingt in ihrer »Sprache« ist, d. h. in ihrer Unfähigkeit, sich zu artikulieren, ist *Horváth* tatsächlich zum Vorbild für einige Verfasser des »Neuen Volksstücks« der sechziger Jahre geworden: neben *Sperr* vor allem für *Franz Xaver Kroetz*.

Daß *Horváth* außerdem nicht Theater *über* das Volk, sondern *für* das Volk machen wollte, entspricht den Absichten der heutigen »Volksstücke«-Verfasser. Ob sie allerdings das Volk, d. h. die breite Masse, mit ihren Stücken wirklich erreichen oder gar in ihr ein Interesse für die dargestellten Zustände und Probleme wecken können, erscheint fragwürdig. Ein Grundirrtum jedenfalls liegt darin, daß man sich nicht klargemacht hat, daß der notleidende, an Mangel an »Lebensqualität« und damit an Lebensfreude leidende Mensch sich nicht oder nur unwillig mit seiner eigenen, von Enttäuschungen bestimmten Existenz von der Bühne her konfrontiert sehen will. Wenigstens dort erwartet er die Illusion eines befriedigenden glücklichen Lebens, das er in der Realität nicht hat, aber in seinen Wunschvorstellungen ersehnt. Die anhaltenden Verkaufserfolge der Trivialliteratur, insbesondere der Zeitungskioskromanhefte, gerade bei den vom Leben benachteiligten Schichten haben hier ihre Ursache ebenso wie die Illustriertenkolportagen über Leben, Freud und Leid der gekrönten Häupter und ihrer Angehörigen. Die Konfrontation mit dem eigenen, nur allzu vertrauten alltäglichen Elend wird keinen Arbeiter ins Theater locken. Daß man mit ihr auch die bis dato theaterfreudigen Mittelstandsbürger aus dem Theater vertrieben hat, ist als Tatsache zu registrieren.[6]

Horváth hat einige seiner Theaterstücke selbst als »Volksstücke« bezeichnet, und zwar die folgenden: *»Die Bergbahn«* (ursprünglicher Titel »Revolte auf Côte 3018«), *»Italienische Nacht«*, *»Geschichten aus dem Wienerwald«* und *»Kasimir und Karoline«*. Nur im ersten seiner »Volksstücke«, der »Bergbahn«, verwendet er den alpenländischen Dialekt als gewichtiges Mittel zur Verwirklichung seiner dramaturgischen Absichten. Für alle späteren Stücke gilt seine Forderung:

»Es darf kein Wort Dialekt gesprochen werden. Jedes Wort muß Hochdeutsch gesprochen werden, allerdings so, wie jemand, der sonst nur Dialekt spricht und sich zwingt, hochdeutsch zu reden.«[7]

Seine Volksstücke sind nach seinem Wort »Synthese aus Ernst und Ironie«. Ernst sind die Themen und Probleme, die die Gegenwartssituation der Zwanziger Jahre darstellen: Arbeitslosigkeit, wirtschaftliche Not, Ausbeutung, soziale Unterdrückung. *Horváths* Ironie wirkt durch die Art und Weise, in der er seine Figuren in ihrer Auseinandersetzung mit diesen Problemen sich verhalten und mit welch listigem Selbstbetrug und schlecht und recht gespielten Attitüden er sie sich mit ihren Problemen letztlich tatenlos arrangieren läßt. Die gekonnte Synthese »aus Ernst und Ironie« solcher Art wirkt auf der Bühne komisch. Aber es ist eine Komik, die aus der Demaskierung von Dummheit, Egoismus und falscher Scham vor der Wahrheit eher zu nachdenklicher Identifikation als zu überlegenem Lachen veranlaßt. Charakteristisch für den Sprachgebrauch bzw. das Sprachverhalten der Horváthschen Figuren ist die deutliche Distanz des Sprechenden zu dem, was er spricht. Man hat diese Horváth-Sprache als »Jargon der Uneigentlichkeit« bezeichnet.[8] Aber auch gerade in Momenten, in denen es den sprechenden Personen um präzise Aussage des »Eigentlichen« zu tun ist, gelingt es ihnen nicht, die deutlich erkennbare Distanz zwischen ihrem Ich und dem, was sie aussagen wollen, aufzuheben.

Das letztlich alles bestimmende Problem der Horváthschen Dramengestalten ist ihr unzureichendes Sprachvermögen, ihre Unfähigkeit, so sprechen zu können, wie sie wollen. Allerdings agieren auf Horváths Bühne nicht nur Menschen, die als leidende Opfer ihrer Sprachunfähigkeit und der Unterdrückung durch ihre Umwelt erscheinen. Sie sind ihrerseits zugleich »korrupte Kreaturen«,[9] ewige Spießer, Duckmäuser, die durch absichtliches Ignorieren von Fakten[10] den Zustand, unter dem sie selber leiden, verewigen. Sie geben die Unterdrückung, die sie selbst erleiden, ihrerseits weiter an die, die von ihnen abhängen. Und — sie geben sich im Grunde ganz zufrieden mit ihrem Leiden und der Art und Weise, wie sie es sich trotzdem in ihrer Welt eingerichtet haben. Sie haben sich arrangiert. Dazu verholfen hat ihnen ihre kleinbürgerliche Beschränktheit, ja Dummheit. Über sein Volksstück »*Geschichten aus dem Wienerwald*« setzte *Horváth* das Motto: »Nichts gibt so sehr das Gefühl der Unendlichkeit als wie die Dummheit.« Die Dummheit seiner Dramenfiguren ist nicht nur der Grund für ihr bewußtes Nichtsehen der Tatsachen, Verhältnisse, Zusammenhänge und der hier objektiv durchaus nicht unüberwindbaren Ursachen, sie bestimmt zugleich auch ihre Gefühlsinhalte und Wunschvorstellungen. Aus unreflektierten Gefühlen bauen sie sich eine »Idealwelt« aus kitschigen ersehnten Glückserfüllungen auf, die sie als euphorische Befreiung von ihrer grauen Alltagsmisere zu erleben glauben.

»Die Dummheit ist für Horváth geradezu das Instrument des Bewußtseins, mit dessen Hilfe es sich allen Kalamitäten, unbequemen Konflikten, harten Selbsterkenntnisprozessen zu entziehen sucht und das Gefühl der Unendlichkeit, das heißt, der euphorischen Selbstbestätigung, Macht, Freiheit und ungetrübten Gewißheit, im Recht zu sein, sich erschleicht.«[11]

Mit dieser Dummheit, Form oder »Prinzip« schon für Inhalt zu halten, verbindet sich bei Horváths Kleinbürgern und ihrem durch Dummheit geprägten »Bewußtsein« ihre »geltungssüchtige Bequemlichkeit«. Dazu kommt, daß sie nicht einmal über die Fähigkeit verfügen, aus bösen Erfahrungen zu lernen. In ihrer Dummheit, Gefühlsseligkeit und Egozentrik verhaftet, sehen sie nur auf sich selbst und ihren persönlichen Vorteil. Eben dadurch sind sie brauchbare Objekte für zielbewußte politische Interessengruppen.

Dazu muß man in aller Klarheit sehen, daß die von *Horváth* auf die Bühne gestellten Menschen in einer knappen, historisch-politisch genau umgrenzten Zeit leben: in den Jahren zwischen den beiden Weltkriegen. An ihrem aus Dummheit und unpolitischer devoter Autoritätsgläubigkeit gemischten Verhalten demonstrierte der Autor damals das ungehinderte Umsichgreifen des Nationalsozialismus. Er machte dabei freilich auch unmißverständlich deutlich, daß die wirtschaftliche Notlage gegen Ende der »Zwanziger Jahre« viele Menschen einem Zwang unterwarf, sich im Sinne der an die Macht strebenden künftigen Unterdrücker zu verhalten.

»Aber die Menschen wären doch gar nicht schlecht, wenn es ihnen nicht schlecht gehen tät. Es ist eine himmelschreiende Lüge, daß der Mensch schlecht ist«, sagt Karoline in Horváths ›Kasimir und Karoline‹.«[12]

Gerade die Bestimmtheit der Horváthschen Figuren durch die spezifische politische und wirtschaftliche Situation der »Zwanziger Jahre« spricht sehr deutlich gegen die allzu voreilige Etikettierung der zeitgenössischen »Volksstücke« als »Horváth-Nachfolge« und ihrer Verfasser als »neue Horváths«. Die Personen ihrer Stücke leben in einer völlig anders gearteten Wirklichkeit als die Menschen Horváths, ihre Existenzbedingungen wie ihre Nöte und Zwänge haben mit denen der Horváthschen »Volksstücke« weder die allgemeinen wirtschaftlich-sozialen und politischen Voraussetzungen, noch ihre spezifischen persönlichen Erfahrungen gemeinsam. Und auch die Sprache, in der sie sich — zu ihrem Nachteil — nicht überzeugend genug artikulieren können, ist anderen Ursprungs und anderer Art als der »Bildungsjargon« der Horváthschen Kleinbürger.

Gemeinsam mit *Horváth* ist ihnen der notwendigerweise zum Scheitern bestimmte Versuch, Stücke für das Volk zu schreiben und Theater für das Volk (bzw. heute für die sozial unterprivilegierten Schichten) zu machen. *Horváth* mußte erkennen, daß er auf Ablehnung stieß, sobald ein Teil des Publikums sich in den Personen auf der Bühne selbst erkannte. Gerade jener große Teil seiner Zeitgenossen, dem er seine Fehler und Schwächen vor Augen führen wollte, blieb den Aufführungen seiner »Volksstücke« fern. Sein Publikum bestand nicht aus den Kleinbürgern, sondern aus Angehörigen der intellektuellen Kreise. Seine »Volksstücke« schufen nicht ein Theater für das Volk, sondern *über* das Volk.[13] Diese Feststellung gilt (mit der weiter oben angegebenen Begründung) auch für die zeitgenössischen »Volksstücke« von *Kroetz, Sperr, Sommer, Deichsel, Turrini* und anderen.

Neben *Horváth* sehen Autoren des zeitgenössischen »Neuen Volksstücks« wie *Kroetz* ihr Vorbild in *Marieluise Fleißer. Kroetz* hebt vor allem den »Ausstellungscharakter der Fleißerschen Sprache« als für ihn überzeugend hervor, während er die Sprache der Proletarier in *Brechts* Stücken als Fiktion ablehnt, die »ihnen de facto nicht zugestanden wird von den Herrenmenschen«. Er glaubt zu erkennen, daß »die Figuren der Fleißer an einer Sprache, die ihnen nichts nützt, weil es nicht die ihre ist«, kleben.

»Es ist die Ehrlichkeit der Fleißer, die ihre Figuren sprach- und perspektivelos bleiben läßt.«[14]

Mit den »Volksstücken« *Horváths* gemeinsam haben die Stücke *Marieluise Fleißers* die Absicht, zwischenmenschliche Beziehungen als abhängig von der gesellschaftlichen Situation ihrer Dramenfiguren zu demonstrieren. Die Sprache ist auch in den Dramen der *Fleißer* das bestimmende Problem der Existenz ihrer Figuren.[15] Dazu kommt die dumpfe Beschränktheit des Lebens, etwa der Jugendlichen in *»Fegefeuer in Ingolstadt«*, wie sie ihnen von der unwahren »Bürgerlichkeit« der Erwachsenen aufgezwungen wird. *Kroetz* sieht die Eigenart der Fleißerschen Stücke in der Vergegenwärtigung eines circulus vitiosus:

»Alle Figuren der Fleißer werden in jeder möglichen Lage (aber, und das ist wichtig: erklärbar und einsehbar durch ihre gesellschaftliche Stellung) fertiggemacht, zerstört und vor die Hunde geworfen. Neue Opfer werden gesucht. Die Opfer scheitern, verkümmern in ihrer Gutmütigkeit. Oder sie lernen dazu und suchen sich ihrerseits Opfer. Um sich zu rächen? Eher um zu überleben.«[16]

Die Figuren der *Fleißer* sprechen wie die von *Horváth* den schlecht und recht nachgeahmten »Bildungsjargon« einer »höhergestellten« Gesellschaftsschicht, durch den sie ihre tatsächliche soziale Deklassiertheit ungewollt selbst sinnfällig darstellen. Man könnte daher bei den »Volksstücken« der zeitgenössischen Autoren unter Beachtung aller aufgewiesenen Einschränkungen nicht nur von einer »Horváth-«, sondern auch von einer »Fleißernachfolge« sprechen. Wie wenig an Erkenntnisgewinn die eine wie die andere »Etikettierung« tatsächlich erbringt, liegt auf der Hand.

Das ausgeprägte Bemühen der Autoren des zeitgenössischen »Neuen Volksstücks« um Rückversicherung bei »Vorbildern« läßt im übrigen eine geradezu frappierend wirkende Unsicherheit über die Richtigkeit, Notwendigkeit und Qualität ihrer Stücke zumindest vermuten. Der verfügbare Raum verbietet eine Auseinandersetzung mit allen zeitgenössischen Volksstücken. Die nachfolgend erörterten »Neuen Volksstücke« wollen als exemplarisch für bestimmte inhaltliche und formale Ausprägungen des dramatischen Typs insgesamt verstanden sein.

Dem Volksstück Horváthscher Prägung am nächsten steht — trotz aller auch hier von der Tageskritik allzu großzügig verwischten Unterschiede — Martin Sperr mit seinen im niederbayerischen Raum nordöstlich von München spielenden Stücken »Jagdszenen aus Niederbayern« (1965), »Landshuter Erzählungen« (1967/68), »Münchner Freiheit« (1971).[17] Sehr genau erfaßt und ohne einen Rest ästhetischer Beschönigung vergegenwärtigen die »Jagdszenen aus Niederbayern« jene unmenschlich-brutale Art des Verhaltens des »guten Durchschnittsbürgers« gegenüber dem auf irgendeine Weise sich vom Üblichen unterscheidenden Mitmenschen. Jagd ist für die begüterten niederbayerischen Bauern ein in langer Tradition fortgeerbtes und nach wie vor gern wahrgenommenes Privileg. Bei den »Jagdszenen« aber geht es nicht um Hirsche, Rehe oder Schwarzwild, sondern um einen Menschen, Abram, den Sohn der Tagelöhnerin Barbara. Abram ist homosexuell. Er ist das Wild, das in den Jagdszenen zur Strecke gebracht werden soll. Zwar entgeht er seinen ihn erbarmungslos jagenden Dorfgenossen. Aber er ist in seiner Hilflosigkeit gegenüber den Anfeindungen und den ihm unerfüllbaren Forderungen zum Mörder der jungen Tonka geworden, die von ihm ein Kind erwartete. Die Einwohner seines niederbayerischen Dorfes erfüllt Genugtuung bei der Vorstellung, daß Abram nun wohl lebenslänglich hinter Gefängnismauern sitzen wird. Es geht aber in Sperrs Stück nicht so sehr um die Schwierigkeiten und das Geschick Abrams, sondern vielmehr um die durch sein Anderssein veranlaßte Demaskierung der sich so ehrenwert und moralisch gebenden Dorfbewohner vom Bürgermeister und Pfarrer über die Metzgerin, die Bauern, die Flüchtlingsfamilie aus Schlesien bis zum Totengräber Knocherl. Aus genauer Kenntnis durchleuchtet der Autor in den »Jagdszenen aus Niederbayern« die gesellschaftlichen, wirtschaftlichen und psychischen Verhältnisse einer ländlichen Dorfgemeinde nach dem Zweiten Weltkrieg. Der in gelungener dramatischer Raffung bis zum Äußersten realistische Einblick in den dem Außenstehenden nicht bemerkbaren Komplex von Intrigen, Abhängigkeiten, verheimlichten Qualen, Bosheiten und kleiner wie großer Verbrechen innerhalb einer relativ kleinen Zahl von Einwohnern eines Dorfes steht in der Wahrheit seiner Aussagen wie in seiner sprachlichen und dramatischen Qualität weit über dem Durchschnitt heutiger »Neuer Volksstücke«. Von der verlogenen ländlichen Idylle ist hier nichts mehr zu finden. Und die frömmelnde Dankbarkeit für die gute Ernte wie der Umtrunk im Dorfgasthaus in der Schlußszene des Stückes wirken in ihrer Ironie wie eine unbewußte, aber eben deshalb um so zutreffendere Selbstverurteilung der in das Lied vom »harten Jägersmann« einstimmenden Anwesenden. In der Gesellschaft der Dorfbewohner und ihrem Verhalten ein Abbild der Verhältnisse und des Verhaltens der zeitgenössischen Gesellschaft im großen zu sehen, ist sicher nicht falsch. Kein anderes »Neues Volksstück« erreicht bisher die »Jagdszenen« an Aussagekraft und überzeugender Realistik. Auch die beiden weiteren Stücke aus Sperrs »Bayerischer Trilogie« sind von geringerer Qualität.

Die »Landshuter Erzählungen« erfassen bei weitem nicht das gesellschaftliche Spektrum der »Jagdszenen«. Der bis ins Kriminelle führende Konkurrenzkampf zweier Landshuter Bauunternehmen durchleuchtet zwar die üblen Machenschaften und zwielichtigen Geschäfte während des sogenannten »Baubooms« in den Jahren des »Wirtschaftswunders«. Eine Romeo-und-Julia-Beziehung der Kinder der sich bekämpfenden Firmeninhaber verknüpft Geschäftliches und Privates miteinander und verbindet die Szenen des Stücks zu einer zusammenhängenden dramatischen Handlung. Im Zuge der privaten wie der geschäftlichen Auseinandersetzungen spielen unüberwundene Nachwirkungen der jüngsten Vergangenheit in kaum verhüllter Realität neben den zeitgemäßen Fragen der Lohnpolitik, der Abwerbung von Arbeitskräften und des Gastarbeiterproblems eine Rolle in der fortschreitenden Demaskierung der verschlagenen Mentalität und kriminellen Geschäftsmethoden der neureichen Kleinbürger wie der Unbeholfenheit und Angst der ausgebeuteten Lohnempfänger.

Der Schlußteil des Stücks, nach dem nicht ohne handgreifliches Zutun seines Sohnes Sorm »unerwarteten« Tod des Bauunternehmers Laiper, läßt den Zuschauer die glückliche Vereinigung der beiden Liebenden wie der beiden Baufirmen miterleben — nicht ohne die ganze Verlogenheit der Moral der »Höhergestellten«, als da sind der Doktor, der Pfarrer, die Wirtin, die Unternehmer bei Kondolenz und Beerdigungsschmaus, zu demonstrieren. Die Ironie des Stücks wird in den Schlußszenen zu bitterem Sarkasmus, der überdeutlich klarmachen soll, daß in der Geschäftswelt der fünfziger und sechziger Jahre der Erfolg nicht dem Anständigen und Ehrlichen gelingt, sondern dem skrupellosen Glücksritter. Das letzte Wort des Stücks, eine in ihrer »Atmosphäre« an Banalität kaum noch überbietbare Wohlstandsfamilien-Wochenend-Idylle einschließlich Großmutter und Enkelkind abschließend, heißt: »Ihr habt heut alle zwei ein gutes Horoskop in der Zeitung, Sorm. Glück.« —

Fallen *Martin Sperrs* »*Landshuter Erzählungen*« gegenüber seinen »*Jagdszenen aus Niederbayern*« deutlich ab in der Bedeutsamkeit ihrer Aussage wie in ihrer dramatischen und sprachlichen Verwirklichung, so verliert ihnen gegenüber das dritte Stück seiner »Bayerischen Trilogie« noch einmal an Qualität: »*Münchner Freiheit*« (1971) versucht ein zweifelsohne brennendes Problem unserer Jahre, die Zerstörung und Verödung alter angesehener bürgerlicher Wohnviertel durch »Sanierung« genannten Abbruch und Bau von Büro- und Verwaltungsbauten den Zeitgenossen an einem Münchner Beispiel bewußt zu machen.

Sperr verbindet aber das Problem des von profitgierigen Münchner Brauereibesitzern, Architekten und Bankiers (deren Namen z. T. nur leicht verschlüsselt sind) mit Abbruch bedrohten Münchner »St.-Anna-Viertels« nicht nur mit Problemen privater Untreue- und Ehebruchsverhältnisse innerhalb der Industrie- und Finanzschicht, sondern auch mit den verworrenen und planlosen Aktionen der sogenannten »linksradikalen« Halberwachsenen, die Kommuneideale und Bombenterror, Hausbesetzungen und Fäkalienschmierereien vorübergehend bedenkenlos als ernstgemeinte »Bürgerinitiative« zur Rettung eines bedrohten Stadtteils ausgeben. Daß die Tochter des millionenschweren Brauereibesitzerpaares eine Zeitlang in der Kommune der Radikalen lebt und diese mit ihrem Geld aus elterlichen Schecks finanziert, ist für das Stück insgesamt kein die unvereinbarlichen Spielebenen verbindendes Moment. Und ihre Verlobung mit dem Geliebten ihrer Mutter (von dieser nach dem von ihr zumindest mitverschuldeten Tod ihres Mannes arrangiert) bewegt sich auf der Ebene der billigen, gerade von den jungen zeitgenössischen Autoren so sehr geschmähten spätbürgerlichen Unterhaltungskomödie. Die »Siebente Szene«, deren Mittelpunkt der Einbruch der Radikalengruppe in Ederers Grünwalder Gartenfest unter Anführung der Tochter Manja bildet, bringt die »Fäkalienebene« der »Kunst« gegen Ende der sechziger Jahre ebenso deutlich wie abstoßend auf die Bühne: Der unter dem Namen Jesus Christus agierende Jugendliche wird aufgefordert: »Jesus! Scheiß ihnen einen Gartenzwerg!« Während die Mädchen »oben ohne« einen Reigen tanzen, setzt sich Jesus »mit entblößtem Hintern in die Hocke!« — Die Synthese von billiger Unterhaltungskomödie und der Verrichtung eines Verdauungsvorgangs auf offener Szene entwertet Sperrs wohl gutgemeinte Demonstration übler wirtschaftlicher Profitgier zum Machwerk unter jeder Kritik.[18]

Für die Stücke von *Franz Xaver Kroetz* erweist sich bei einigermaßen kritischem Vergleich die Kennzeichnung als »Horváthnachfolge« als unzutreffend. Leid und Leiden der Figuren seiner »Volksstücke« sind verursacht durch ihre Sprachunfähigkeit, in der zeitgenössischen Kritik etwas ungenau meist als »Sprachlosigkeit« bezeichnet. Das

»Horváth-Deutsch« ist nicht identisch mit der »Sprachlosigkeit« der Kroetzschen Figuren, auch wenn *Kroetz* selbst in ihr eine konsequente Weiterentwicklung von *Horváths* Sprache sieht: Er, *Kroetz*, habe, der inzwischen veränderten sozialen Lage seiner Personen entsprechend, die diesen eigentümliche Sprachunfähigkeit auf die Bühne zu bringen versucht. Sein Verhältnis zu *Horváth* beschreibt er folgendermaßen:

»Horváths Figuren kommen vornehmlich aus dem unteren Kleinbürgertum, deshalb haben sie ein großes Reservoir an zwar unreflektierten, aber funktionierenden Möglichkeiten der Äußerung, die zwar eine ungeprüfte, aber doch eine Verständigung ergeben. In der Welt der Werktätigen von heute gibt es diese Tradition des Kleinbürgertums nicht, und also nicht die Sprache aus Floskeln, Sprichwörtern und verbalisierten Notständen. Der äußerliche Prozeß der totalen Entfremdung wird durch diese Tradition, die das Kleinbürgertum Horváths der Stummheit der heutigen Fließbandarbeiter voraus hat, immer wieder aufgehalten; wie weit er auch innerlich fortgeschritten sein mag. Der Schein kann bleiben.
Das ist für mich bei meinen Figuren besonders wichtig. Die Situation meiner Figuren hat sich zwar durch Mutation verändert, aber obwohl man ohne weiteres die Misere des damaligen Kleinbürgers heute erkennen darf, ist es heute für viele nützlicher denn je, das Elend der unteren Schicht der Werktätigen nicht zu sehen.
So funktionieren meine Figuren genau nach dem Schema der Horváthschen, nur mit dem Unterschied, daß ihnen die Sprache des Kleinbürgertums nicht zur Verfügung steht.«[19]

Das »Schema«, das *Kroetz* von *Horváth* übernommen hat, meint das Verhältnis der Horváthschen wie seiner Figuren zur Sprache. Mit dem Unterschied, daß bei seinen Stücken an die Stelle des kleinbürgerlichen »Bildungsjargons« die Hilflosigkeit durch Unfähigkeit sprachlicher Artikulation getreten ist. Für *Kroetz* ist diese »Sprachlosigkeit« seiner Personen Mittel und Grund ihrer Unterdrückung. Die Demonstration der »Sprachlosigkeit« ist für ihn Demonstration der Unterdrückung: Seine »Volksstücke« wollen als gesellschaftliche politische Akte über bestimmte Schichten des Volkes für das Volk verstanden sein.
Nun, *Horváths* Dramen waren sicher für ein »politisches Theater« konzipiert und mit politischer Wirkungsabsicht verfaßt, ohne deshalb ihre Eigenschaft als »Volksstücke« aufzugeben. (Daß die beabsichtigte Rezeption gerade seitens der kleinbürgerlichen Schicht ausblieb, ändert nichts an ihrer auf subtiler psychologischer Kenntnis des Empfindens und der Wunschwelt dieser Schicht basierenden und sie im Dialog vergegenwärtigender dramatischen Qualität.) Demgegenüber erscheint es zumindest fragwürdig, ob *Kroetz* mit seinen Stücken, die er selbst als »hartes Volkstheater« bezeichnet, einem kritischen Vergleich mit *Horváth* standhielte.
In seiner Vorbemerkung zu seinem Stück »*Heimarbeit*« schreibt *Kroetz*:

»Ich wollte eine Theaterkonvention durchbrechen, die unrealistisch ist: Geschwätzigkeit. Das ausgeprägteste Verhalten meiner Figuren liegt im Schweigen; denn ihre Sprache funktioniert nicht.«[20]

Konkreter äußert der Autor sich in der »Vorbemerkung« im Programmheft der Kammerspiele München zur Aufführung von *»Hartnäckig«* und *»Heimarbeit«*, Spielzeit 1970/71:

»Im konventionellen Theaterstück wird fast immer gesprochen, sehr oft kommentiert. Damit wird an einem großen Teil der Menschen vorbeigeschrieben. Für viele ist die Sprache ein nutzloses, nicht beherrschtes und deshalb nicht benutzbares Requisit im Verhalten... Das ist ein Stück der Schweiger. Der Dialog ist kein Gewebe mehr, der das Thema trägt. Der Dialog ist nicht theater-, sondern wirklichkeitsgetreu... Der Rückgang der Sprache, ihrer Bedeutung, ist in allen Bereichen des Lebens zu erkennen. Das Theater ist prädestiniert, diesen Vorgang, der sich intensivieren wird, darzustellen.«

Offensichtlich scheint *Kroetz* nicht zu sehen, daß sich seine Absichten und deren Verwirklichung in der Realität des Dramas wie des Theaters gegenseitig behindern oder sogar aufheben. Das trotz aller Theaterreformen und -revolutionen der Moderne grundlegende und bestimmende Medium dramatischer Verwirklichung und Wirkung ist das Sprechen der einander konfrontierten Personen im Dialog. Eine Dramaturgie der »Sprachlosigkeit« negiert, sobald sie sich ernst und konsequent nimmt, alle Voraussetzungen und zugleich die Wirklichkeit des Dramas schlechthin. Da *Kroetz* die Möglichkeiten der Pantomime für seine Stücke nicht beansprucht, agieren in ihnen Figuren, deren Unfähigkeit, ihre Denkvorgänge und Empfindungen zu artikulieren, sie primitive Sprachklischees und die Sache, um die es geht, nicht verstehbar ausdrückende Satzfragmente benutzen läßt. Dabei ist unausbleiblich, daß ihnen zu einem früheren oder späteren Zeitpunkt ihre völlige Hilflosigkeit bewußt wird. Sie schlägt dann folgerichtig in tätliche Agression oder kriminelle Handlungen (Totschlag, Abtreibung, Selbstmord) um. Von den Personen in *Kroetzschen* Stücken, Angehörigen der sogenannten »sozialen Randzonen«, sagt *Hellmuth Karasek* durchaus zutreffend, daß sie »sich der Gesellschaft durch Straffälligkeit selbst vom Hals« schaffen.[21]

Diese Personen der »sozialen Randzonen«, die in den Stücken von *Kroetz* mehr leiden als handeln, repräsentieren die Schicht der Kleinbauern, der unteren Angestellten und ungelernten Arbeiter. Sie bilden als soziale Gruppe die kaum bemerkte Masse der schweigenden und unwichtigen »alltäglichen« Menschen, die einfach da sind. Erst durch ihre von Zeit zu Zeit erfolgenden gewaltsamen Ausbrüche aus Not und Verzweiflung durch ihre dann meist brutalen Aktionen, mit denen sie letztlich nichts anderes demonstrieren als ihre Hilflosigkeit, erregen sie — vorübergehend — die Aufmerksamkeit bzw. Empörung der »Öffentlichkeit«.

Kroetz' Anliegen ist grundsätzlich ebenso moralisch wie mitmenschlich. Er will mit seinen Stücken eine Verhaltensweise der »bessergestellten« Zeitgenossen überwinden, die das Elend »der Schicht der unteren Werktätigen nicht ... sehen will«. Dieser Absicht entsprechen seine Versuche, die Dumpfheit, Banalität und Abgestumpftheit der Angehörigen der sozialen Randgruppen an der Existenzform und dem Verhalten und Handeln einzelner ihrer Repräsentanten aufzuweisen. Da das bei deren »Sprachlosigkeit« mit den Darstellungsmöglichkeiten des traditionellen Dramas kaum möglich ist, zeigt er seine Personen vorwiegend in Situationen, in denen sich als einziger Ausweg aus ihrer unglücklichen Lage für sie (bzw. innerhalb ihres geistigen Horizontes) nur noch eine kriminelle Handlung anbietet, die sie folgerichtig vollziehen. Ihre Verbrechen sind nichts anderes als das Resultat gänzlicher Hilflosigkeit. Sie sind weder geplant noch werden sie im Moment des brutalen Handelns bewußt ausgeführt. Man könnte sie — mit aller gebotenen Vorsicht — als Auswirkung ihrer hilflosen Kommunikationsunfähigkeit bezeichnen.

Nach eigener Aussage stellt *Kroetz* Figuren auf die Bühne, die selbst »keinen guten Willen« haben und deren Probleme entweder so weit zurückliegen oder bereits so weit fortgeschritten sind, »daß sie nicht mehr in der Lage sind, sie wörtlich auszudrücken«.[22] Die Personen seiner Stücke sind nach *Kroetz* keineswegs geistig unfähig, sich mit ihrer Lage auseinanderzusetzen und die Gründe dafür, daß sie so ist, zu erkennen. Daß sie ihren Problemen gegenüber trotzdem hilflos sind und bleiben, liegt daran, daß sie nicht über die Sprache verfügen, ihre Probleme zu formulieren. Da sie nicht dumm sind, würden sie »irgendwann auf ihr Problem stoßen. Wenn sie der Sprache mächtig wären, würden sie es aufdecken«.[23]

Voraussetzung für das Verständnis der Figuren in den *Kroetz*schen Stücken ist die Tatsache, daß sie ihre gesellschaftliche Situation wie ihre momentanen subjektiven Probleme nicht selbst verschuldet haben oder zu verantworten hätten. In ihre elende Lage sind sie hineingeboren. Versuche, sich aus ihr durch Aktivität zu befreien, erweisen sich als erfolglos. Sie enden entweder im nichts verändernden Protest, in Gewalttätigkeit oder Apathie. In jedem möglichen Fall bleiben sie ohne Ergebnis. Eben im Zusammenhang mit dieser Tatsache bietet sich erneut eine Möglichkeit, die Verschiedenheit des Verhältnisses der Figuren der Volksstücke von *Horváth* von denen der *Kroetz*schen Stücke zu ihrer Wirklichkeit darzulegen: Die Dramenfiguren beider Autoren benennen alles das, was sie an Unterdrückung und Not erfahren müssen, bedenkenlos als »Schicksal«. Sich gegen dieses aufzulehnen, halten sie von vornherein für sinnlos. Der Unterschied: *Horváths* Figuren machen »das Schicksal« für ihre Lage verantwortlich, weil sie ihre Situation und deren tatsächliche Ursache nicht sehen und erkennen wollen, während die *Kroetz*schen Figuren zwar fähig sind, ihre Lage zu begreifen, aber ihr Wissen nicht sprachlich wirksam formulieren können. In *Kroetz'* Stücken handeln und leiden

die Personen im Alltag ihrer Existenzbedingungen. Aber zur »normalen Ordnung« ihres Lebens gehört die Zerstörung. Denn die »normale Ordnung« erweist sich als totale, erbarmungslose Unterdrückung der ihr eingefügten Menschen trotz des ihnen wie allen anderen zustehenden Anspruchs auf Menschlichkeit. Mit seinen Stücken will *Kroetz* demonstrieren, wie sich Menschen verhalten, denen die bestehende »Ordnung« diesen naturgegebenen Anspruch versagt. Ihr Verhalten ist unvorhersehbar. Ihre Taten werden durch momentane Anstöße ausgelöst. Sie sind blindbewußtseinslose Ausbrüche von meist grausamer Brutalität aus einem chaotischen Gemisch von Auflehnung, Verstörung, Hilflosigkeit und Apathie. Solche Handlungen geschehen nicht im Zusammenhang eines in sich folgerichtigen Vorgangs oder als dessen Ergebnis. Und sie artikulieren und begründen sich nicht im logischen Fortschreiten einer Auseinandersetzung. Sie sind ihrem Wesen nach undramatisch, da sie nicht Ausdruck der Absichten oder des individuellen Willens der handelnden Personen, sondern des bewußtseinslosen, apathischen Befolgens von gültigen Normen oder Prinzipien der Gesellschaft oder des hilf- und ziellosen Protests gegen diese sind. Dabei werden die Normen bzw. Prinzipien von den sie blindlings erfüllenden Personen nicht auf ihre Richtigkeit oder Berechtigung hin in Frage gestellt: Ein Kind außerhalb der Ehe hat man nicht zu bekommen. Geschieht es trotzdem, versucht man es abzutreiben (Beispiele: »*Stallerhof*«, »*Hartnäckig*«, »*Heimarbeit*«). Verkrüppelte Menschen behindern das »normale Leben« und schmälern das Einkommen. Man muß sie daher vom Leben der Gesunden fernhalten (Beispiele: »*Stallerhof*«, »*Hartnäckig*«, »*Lieber Fritz*«, »*Heimarbeit*«). Ordnungsstörende Mitmenschen muß man ausschalten. Wer im Gefängnis gesessen hat, den hält man sich vom Leibe; er ist ein Mensch »zweiter Klasse« (Beispiel: »*Lieber Fritz*«).
Die Personen in den Stücken erscheinen durchweg ohne spezifische persönliche Eigenschaften. Sie sind allenfalls Typen. Das zeigt schon ein Blick auf die Beschreibung der Personen der verschiedenen Stücke bzw. die meist ausführlichen Regieanweisungen. So heißt z. B. in »*Heimarbeit*«: »Willy, der Mann, 40; Martha, seine Frau 35; Monika, seine Tochter 10, Ursel, jüngere Tochter, etwa 2.« Ähnlich in »*Hartnäckig*«. Die Personen werden hier nur nach ihrem Beruf oder Verwandtschaftsgrad untereinander bezeichnet. Dazu der Hinweis: »Helmut Rustorfers rechtes Bein ist am Oberschenkel amputiert.« In dem Zweipersonenstück »*Männersache*« lautet die Personenbeschreibung: »Martha, die Kuttlerin. Sie ist zwischen 30 und 40 Jahre alt, dunkelhaarig, ziemlich häßlich, trägt meistens Metzgerkittel. Otto, ein Arbeiter (Eisenflechter), etwa 40 Jahre alt, Durchschnitt. ... Wenn möglich, spielt ein Hund mit. Nicht unbedingt erforderlich. Ein großer Schäferbastard etwa wäre schön.«

Wichtig im Zusammenhang mit der »Sprachlosigkeit« seiner Personen sind Hinweise wie der folgende vor dem Stück *»Heimarbeit«:* »Regieanmerkung: Intervall = außerordentlich lange Pause. Die jeweiligen Zeitangaben sollen nicht unterschritten werden.« Dementsprechend enthält allein das 1. Bild, dessen Dialog nur etwas über eine Druckseite lang ist, zweimal die Anweisung »Großes Intervall«, ferner »nach einer Pause«. In der ausführlichen vorhergestellten Regieanweisung (fast von gleichem Umfang wie der gesamte Dialog des 1. Bildes) heißt es: »Es dauert 3 Minuten, bis das erste Wort fällt... Die Szene dauert 7—8 Minuten.« Die ausgedehnten Pausen sollen den Eindruck der Artikulationsschwierigkeiten der Personen verstärken.

»Heimarbeit« sei als Beispiel für die »harten Volksstücke« von Kroetz gewählt: Eine ungefähre Charakteristik der Personen ergibt sich aus der Regieanweisung für das 1. Bild durch die Beschreibung der Art und Weise, wie Martha und Willy ihre Arbeit verrichten. Willy arbeitet mit genauen, exakten Bewegungen, die rasch und gleichmäßig aufeinander folgen. Martha wäscht das jüngste Kind »mit schnellen, fahrigen Bewegungen, nicht sehr gründlich, nicht sehr liebevoll. Die Betonung liegt auf fahrig, schnell... Deutliche Kontrastierung der Tätigkeiten, vor allem der Unterschied zwischen Willy und Martha.«

Der durch einen Unfall hinkende Willy muß sich im 2. Bild von Martha vorwerfen lassen: »Ein Mann gehört zur Arbeit aus dem Haus.« Seit er zur Heimarbeit gezwungen ist, sind die gewohnten Lebensverhältnisse der beiden gestört. Martha muß bei fremden Leuten putzen, weil Willy »keine gescheite Arbeit« hat. Sie ist müde, verweigert Willy daher den ehelichen Verkehr. Beider »Schlüsse« aus ihrer Situation sind vordergründig und ohne Auswirkung auf ihr Verhalten. Martha teilt ihrem Mann mit, daß sie schwanger ist:

»Einmal kommst sowieso drauf, hab' ich mir gedacht. Weil das unvermeidlich ist.« *Pause.* »Das ist auch schon länger her. Aber jetzt ist es schon passiert, und da nützt das Reden auch nix mehr.«

Reden ist für Martha und Willy nutzlos. Es ändert nichts an der Situation, wie sie ist. Gründe für ihren Zustand wüßte Martha nicht anzugeben. Es ist ihr und Willy auch gar nicht darum zu tun. Beiden geht es darum, die Misere ihrer momentanen Lage zu beseitigen. Willy sagt:

»Meine Mutter hat sich drei Kinder mit einer einfachen Stricknadel abgetrieben. Das weiß ich von meim Vater, der hat das immer erzählt.« Martha dazu: »Das kann ich auch probieren. Eine Stricknadel hab' ich. Wenn die Kinder im Bett sind.« (4. Bild)

Der Abtreibungsversuch mit der Stricknadel wird im 5. Bild en détail dargestellt. Das Kind kommt trotz des Versuchs, es abzutreiben, zur Welt. Es ist krank. Martha:

»Ein Bub ist es. Er ist nett, aber er hat zwei große Beulen auf dem Kopf. Sonst wär er nett.« (7. Bild)

Da das ledige Kind das eheliche Zusammenleben anhaltend stört und Willy Anlaß zu immer erneuten Vorwürfen gibt, verläßt Martha die Familie: »Ich geh weg von dir, Willy, weil ich dich verlasse.« (12. Bild). Nachdem Willy das Kind im Badebottich ertränkt hat, kehrt Martha zurück. Das letzte Bild zeigt die wieder vereinte Familie am Abend in der Küche. Martha: »Jetzt bin ich wieder da. Jetzt herrscht wieder Ordnung.« —
Die Kinder werden zu Bett geschickt, Martha wäscht sich im Bottich, Willy geht zu Martha: »Jetzt bist wieder da.« Berührt sie. Martha: »Wasch dich zuerst. Bist schmutzig.«
Willy und Martha sind wie die Personen der anderen Stücke von *Kroetz* keine willens- oder zielbestimmten Persönlichkeiten, die in ihrem Handeln individuelle Wesenszüge verwirklichen oder im Verfolg bestimmter Absichten gegen oder für etwas agieren. Sie verkörpern Verhaltensweisen Angehöriger bestimmter sozialer Gruppen, denen derartiges Handeln von Kindheit an eingeprägt und nach und nach selbstverständlich geworden ist. Die Personen unterscheiden sich zwar individuell voneinander; ihr Verhalten und ihr Tun sind aber nicht durch ihre Individualität bestimmt. Sie repräsentieren vielmehr bestimmte Rollen, die durch die herrschende Gesellschaftsordnung festgelegt sind. Innerhalb ihrer sozialen Rolle haben die Personen der Stücke von *Kroetz* keinerlei Spielraum. Jedes willensbestimmte Abweichen von ihrem festgelegten Rollenverhalten bedeutet für sie die Störung ihres gewohnten tagtäglichen Lebens und damit die Verunsicherung ihrer Existenz. Tritt eine Störung von außen her auf (in *»Heimarbeit«* etwa die körperliche Behinderung Willys nach seinem Unfall und das außereheliche Kind Marthas), dann stehen die betroffenen Personen unter dem Zwang, die Störung bzw. Störungsursache beseitigen zu müssen.
Kroetz bezieht den Stoff bzw. das jeweils behandelte soziale und zwischenmenschliche Problem für seine Stücke aus Reportagen der sogenannten »Regenbogenpresse« (Beispiele etwa *»Stallerhof«*, *»Wildwechsel«* als Kriminalvorfälle), die er zu spielbaren Vorgängen ausbaut und vervollständigt. Das ist weder neu, noch speziell für das »Neue Volksstück« charakteristisch. *Georg Büchners* *»Woyzeck«* und *Carl Zuckmayers* *»Der Hauptmann von Köpenick«* seien als bekannteste von zahlreichen Dramen gleicher Stoffquelle angeführt. Die Personen, die *Kroetz* in seinen Stücken die betreffenden Handlungen und Vorgänge als Rollenträger ausführen läßt, verkörpern ihre Rollen mit dem ihm aus Umgang und Erfahrung mit Menschen seiner Umgebung vertrauten Verhalten und sprachlichen Duktus. Bis zu einem gewissen Grad ersetzt ihr physisches Verhalten (in Bewegung,

Gestik, Mimik) ihre Unfähigkeit, ihre Gefühle und Absichten sprachlich auszudrücken. Nach *Kroetz:*

»Sie drücken immer etwas aus, sie reflektieren sich fortwährend. Aber nicht bewußt sprachlich, sondern körperlich, außerbewußt ... Der Dialog ist so brüchig, lächerlich, antidialogisch, daß man sich nur schwer hineinfinden wird. Nur durch Pausen, die immer mit Beschäftigung ausgefüllt sind, ist er zu sprechen.«[24]

Der Autor argumentiert hier widersprüchlich. »Außerbewußtes« Sichreflektieren ist schlechthin unmöglich. Reflexion kann nur erfolgen, wenn ein intellektuelles Bewußtsein der betreffenden Person bereits funktioniert. Bei den Personen in Kroetz' Stücken liegt die Ursache ihrer Hilflosigkeit gerade im Fehlen jeglicher Distanz zu sich selbst und zu den von ihnen blind befolgten Verhaltensnormen. Ohne diese Distanz gibt es keine Reflexion, sondern nur den unreflektierten direkten körperlichen Ausdruck von Wünschen, Trieben, Abneigungen oder Einverständnissen. Das Fehlen der Reflexion ermöglichenden Distanz zu sich selbst ist für die Personen in den Stücken von Kroetz auch der Grund für ihre Unfähigkeit, aus sich herauszukommen und auf ein anderes Ich, etwa den Partner in der ehelichen oder außerehelichen Beziehung einzugehen bzw. dessen Empfindungen überhaupt wahrzunehmen.

Die von der Kritik vielfach angesprochene »Ähnlichkeit« der Kontaktlosigkeit der Kroetzschen Figuren mit denen der Dramen *Becketts* erweist sich bei genauerem Vergleich als falsch. Becketts Personen verkörpern in eine absurde, fremde Welt hinausgestoßene, aneinander gekettete Menschen in einer jeglichen Kontakt zueinander und zur sie umgebenden Wirklichkeit ausschließenden Situation, während *Kroetz* das elende, hoffnungslose Existieren ganz bestimmter Personen in einer konkret vergegenwärtigten Gesellschaftsordnung, die diese Elendsexistenz geschaffen hat, erscheinen und handeln läßt. Die Einsamkeit und seelische Not der Personen in *Becketts* Dramen demonstriert am dargestellten Fall die existentielle Not aller Menschen. Einsamkeit und Not in Stücken von *Kroetz* sollen nicht als allgemeingültig dargestellt und verstanden werden, sondern als Not und Einsamkeit einer empirisch bestimmbaren Gruppe von Menschen innerhalb der zeitgenössischen Gesellschaftsordnung. Man könnte sagen: Der Kreis, in dem sich die Personen seiner Stücke hilflos bewegen und drehen, soll sich als eine Art Gefängnis darstellen, das die Gesellschaft mit der Absicht konstruiert hat, diese Menschen in ihrer hilflosen unterdrückten Situation zu halten.

Kroetz' Absicht ist das Aufzeigen der Zerstörung, die durch die ökonomischen und politischen Verhältnisse der Gegenwart bewirkt wird. Sie haben nach ihm ein Proletariat erzeugt, »das seine Probleme nicht artikulieren kann«. Dabei geht es ihm nie darum, seine Personen lächerlich erscheinen zu lassen oder sie zu denunzieren, selbst dort, wo sie äußerst gefühllos und brutal handeln. Es ist ihm vielmehr darum zu tun, sie in ihrer ganzen Ratlosigkeit erscheinen zu lassen. Keine seiner Personen handelt bewußt schuldhaft falsch bzw. bewußt kriminell. Selbst die *Kroetz* gegenüber kaum vorbehaltlose Theaterkritik hat das offensichtlich echte Mitleid des Autors mit seinen Bühnenfiguren empfunden und herausgestellt:

»Doch bringt man nur halb so viel Geduld auf wie der Autor für seine Figuren, so macht man andere, wichtigere Entdeckungen. Man spürt, wieviel ratloses Mitleid in diesen scheinbar rüden Stücken verborgen ist.«[25]

Voraussetzung für das tragische Geschehen des klassischen Dramas und der an ihm als Modell orientierten Dramen des 19. und 20. Jahrhunderts ist ein allen Personen gemeinsames geschlossenes Weltbild,[26] das grundsätzlich von ihnen anerkannt wird, auch von jenen, die das Gesetz bzw. die dieses Weltbild garantierende Ordnung verletzen oder stören. Mit ihrem Untergang sühnen sie das durch ihr Handeln geschehene Vergehen und stellen die verletzte Ordnung, sie anerkennend, wieder her.

Auch die Personen der Kroetzschen Stücke leben in einem »geschlossenen Weltbild«, mit gleichen Eigenschaften, Ordnungen, Pflichten und Rechten für jeden einzelnen. Aber dieses »Weltbild« ist nicht Resultat denkenden Erkennens. Es ist ein den Menschen von außen her auferlegtes, so und nicht anders beschaffenes »Weltbild« mit sehr engen und starren Vorschriften und Grenzen. Diese »Ordnung« wird immer wieder in Frage gestellt, und zwar nicht durch das Tun einer Person als Ausdruck einer Erkenntnis oder eines zielbewußten Willens, sondern durch eine »Sache« bzw. einen Sachverhalt. In *»Heimarbeit«* ist es das Kind, und zwar durch die Tatsache, daß es unehelich ist. In dem Stück *»Wildwechsel«* liegt die Störung weniger darin, daß die Vierzehnjährige ein Verhältnis hat, als daß sie dieses Verhältnis mit einem Fließbandarbeiter hat, der nach der elterlichen Meinung »nix ist, nix hat, und dabei bleibts«.

Die Handlung in *Kroetz*' Stücken ist durchweg ohne dramatische Spannung. Sie verläuft einsträngig. Es gibt in ihr keine Möglichkeiten für eine unerwartete Wendung. Insgesamt stellt sie einen von Pausen und Ortswechseln unterbrochenen Ausschnitt aus der Wirklichkeit dar, wobei die wechselnden Orte keine dramatische Funktion haben: Küche, Stube, Garten, Wirtsstube sind die alltäglichen Räume, in denen das gleichbleibende Leben der »kleinen Leute« sich abspielt. Störung tritt auf, bleibt, bis man sie »beseitigt« hat. Die Alltäglichkeit, wie sie vor dem Eintritt der Störung war, stellt sich wieder ein und bleibt. Nach mehr oder weniger gewaltsamen, brutalen, aber letztlich hilflosen und keine Hilfe erbringenden Ausbrüchen fallen die Kroetzschen Personen in ihre frühere Apathie zurück. Die Schlußszenen der Stücke zeigen meist eben jenen Zustand, wie ihn die Anfangsszene demonstrierte. Irgendeine Entwicklung oder bemerkenswerte Veränderung hat nicht stattgefunden.

Die »harten Volksstücke« sind statische, spannungsarme Gebilde. Wenn sie momentan beim Zuschauer Spannung erzeugen, so nur dadurch, daß *Kroetz* den Wirklichkeitsausschnitt auf extreme Momente im Leben seiner Figuren konzentriert: auf Momente des verzweifelten Ausbruchs und des (von vornherein sinn- und ergebnislosen) Handelns, das auf die Länge hin gesehen nichts bewirkt.

In der Geschichte des deutschen Dramas hat der »Konsequente Naturalismus« erstmals solche Stücke geschaffen: *Gerhart Hauptmanns* »*Vor Sonnenaufgang*« und »*Die Weber*« seien als Beispiele genannt, desgleichen »*Die Familie Selicke*« von *Arno Holz* und *Johannes Schlaf*. Nach Aufbruch, verzweifeltem Ausbruch oder zaghaft wachsender Hoffnung durch das Erscheinen und momentane Agieren eines in das hoffnungslose Grau des alltäglichen Daseins kommenden Protagonisten aus einer bereits zum Besseren veränderten Wirklichkeit greift die für eine Zeitlang überwunden scheinende Hoffnungslosigkeit wieder Platz. Alles bleibt, wie es war, wenn es nicht sogar schlimmer geworden ist.

Auch die »Sprachlosigkeit« ist im Drama des Naturalismus vor allem bei *Gerhart Hauptmann* erstmals wichtiges Element des dramatischen Geschehens. Aber es ist freilich eine andere Art »Sprachlosigkeit« als die der Kroetzschen Figuren. *Hauptmanns* Personen, vor allem seine Frauengestalten, verstummen, wenn das Entsetzen über das, was ihnen angetan wird, oder die ihnen zugefügte seelische Qual jedes ertragbare Maß überschreitet. Mimik und stumme Gebärden drücken dann im Rahmen ihrer Möglichkeiten das aus, für das die Sprache keine Worte mehr hat.[27]

Nun will aber *Kroetz* nach seinen Aussagen mit seinen Stücken alles andere eher bieten als »Naturalismus«. Er bezeichnet seine Stücke als »realistische Modelle«, die von der Bühne aus als Faktoren der »Bewußtseinsveränderung« wirken sollen. Jede einzelne Szene seiner Stücke stellt einen begrenzten Ausschnitt aus einer ganz bestimmten Wirklichkeit dar. Jede soll das Modell für unzählige Vorgänge vergleichbaren Charakters sein. Innerhalb seiner Stücke sind die einzelnen Szenen — jede für sich ein soziologisches Modell im oben bezeichneten Sinn — durch ein einfaches Handlungsgerüst miteinander verbunden, da die handelnden bzw. leidenden Personen der aufeinander folgenden Szenen miteinander identisch sind. Nach dem Vorbild *Bertolt Brechts* bezeichnet *Kroetz* das die Szenen miteinander verbindende Element als »Fabel«. Die meist kolportageähnliche Fabel macht nicht nur das Geschehen des Stückes und dessen Fortgang für den Zuschauer verständlich. Es erzeugt beim Zuschauer ein gewisses Maß an Spannung — kein erhebliches freilich — aber immerhin eines, das dem Zuschauer das Mitgehen bzw. Interessiertbleiben ein wenig erleichtert. Die modellhaften Szenen sollen ja nach der Absicht des Autors beim Zuschauer nicht Spannung (im Sinne des tradierten Begriffs von Dramatik) erzeugen, sondern ihm Einsicht und Verständnis für das Gezeigte und schaubar Gemachte eröffnen.

Gerade im Zusammenhang mit der von *Kroetz* provokativ behaupteten »Sprachlosigkeit« der »unterdrückten und unterprivilegierten« Angehörigen bestimmter sozialer Gruppen ist eine wie auch immer schwierige Klarstellung der Begriffe und Vorstellungen unerläßlich.

Einer der bedeutendsten Dramatiker des 19. Jahrhunderts, der es sich weder mit der theoretisch-weltanschaulichen Begründung noch mit der sprachlichen Verwirklichung seiner dramatisch-tragischen Stoffe bzw. Problemstellungen leicht gemacht hat, *Friedrich Hebbel,* war der Überzeugung:

»Unstreitig ist die Sprache das wichtigste Element der Poesie überhaupt, so speziell auch des Dramas, und jede Kritik täte wohl, bei ihr zu beginnen.«[28]

Nun ist für *Kroetz* »die Priorität des Dialogs ... ein Vorurteil des Theaters«.[29] Seine Stücke aber erweisen, daß er im Widerspruch zu seiner Behauptung keineswegs auf das »Vorurteil des Theaters«, die »Priorität des Dialogs« verzichten kann. Jedes Drama, es sei nun »aristotelisch« oder »episch« konzipiert, verwirklicht seine Handlung in Rede und Gegenrede. Auch das »harte Volksstück« von *Kroetz.* Die sehr bewußt überdehnten Pausen (»langes Intervall«) konzentrieren u. a. beim Zuschauer das Interesse an dem, was seine Personen dann zueinander oder aneinander vorbei trotzdem artikulieren. Gerade ihr unbeholfenes, eine Kommunikation kaum oder gar nicht zustande bringendes Sprechen ist das tragende Element der Kroetz-schen Volksstücke.

Im Unterschied zu *Marieluise Fleißer* oder zu *Martin Sperr* nimmt *Kroetz* in keinem seiner Stücke kritisch zu der Tatsache Stellung, daß seine Personen so sprechen. Er setzt die sozialen, ökonomischen und psychologischen Ursachen für ihr Sprachverhalten als bekannt voraus. Eben deshalb aber fehlt ihnen in seinen Stücken die dramatische Begründung für ihr Verhalten und Handeln. Es demonstriert Abbilder einer empirischen Wirklichkeit in ihrem abgehackten, immer wieder Redensarten zitierenden hilflosen Sprechen, das durch seine Dramaturgie der Pausen noch intensiviert wird. Eine Lösung oder ein Ausweg aus der Situation wird von den Personen in *Kroetz'* Stücken nicht gefunden. Der überwiegend aus bürgerlichen Schichten kommende Zuschauer versteht das Mitleid mit ihnen, in das sich das Bewußtsein eigener Hilflosigkeit gegenüber der dargestellten sozialen und menschlichen Misere mischt. Eine bewußtseinsverändernde Wirkung auf den Zuschauer aber wird ebensowenig erreicht wie die politische gesellschaftsverändernde Funktion, zu der *Kroetz* sich in aller Eindeutigkeit bekennt. Die in seinen Stücken dargestellte soziale Schicht aber bleibt dem Theater grundsätzlich fern, oder es erwartet von ihm jene Art von Unterhaltung, wie sie das traditionelle »Volksstück« zu bieten pflegte. Das neue »harte Volksstück« vergegenwärtigt etwas *über* das Volk. Ein Stück *für* das Volk ist es keineswegs.

Auch die übrigen jungen deutschsprachigen Bühnenautoren, die seit der Mitte der sechziger Jahre die Existenzprobleme der unterprivilegierten Gruppen der heutigen Gesellschaft zum Gegenstand ihrer Stücke machen, versuchen die Unterdrückung und Hilflosigkeit ihrer Figuren vor allem durch deren Unfähigkeit zu sprachlicher Artikulation zu demonstrieren. *W. Bauer, W. Deichsel, R. W. Faßbinder, H. Sommer, P. Turrini* verwenden in ihren Stücken ähnlich wie *Martin Sperr* und *Franz Xaver Kroetz* eine mehr oder weniger stark verkümmerte, unreflektierte, meist mundartlich gefärbte Sprache, die den »Kampf zwischen Unterbewußtsein und Bewußtsein« bei ihren Personen erkennbar machen soll.

Auch ihren Stücken fehlen fast alle Elemente des Dramas, und *Rainer Werner Faßbinder* hat so Unrecht nicht, wenn er seine Stücke insgesamt als »Antitheater« etikettiert.[30] Die Absicht ist, Unterdrückung und Hilflosigkeit, Abhängigkeitsverhältnisse und soziale Mißstände mit den Darstellungsmöglichkeiten des Theaters ans Licht zu bringen und dem Zuschauer bewußt zu machen. Gerade die kürzeren derartigen Stücke tendieren ihrem Charakter nach eher zum hart kritischen Kabarett als zum Drama, wenn man das politisch-gesellschaftskritische Kabarett als ein ernsthaftes und ernstzunehmendes Medium versteht, das u. a. der Aufdeckung und Bekanntmachung zeitbedingter politischer und sozialer Krebsschäden dient. Da die Mehrzahl derartiger Stücke zeitgebundene Probleme und Themen beleuchtet (wie z. B. *Faßbinders »Katzelmacher«* die gesellschaftliche Problematik der Gastarbeiter), fände das Medium Kabarett in ihnen die Texte, die es durchaus wirkungsvoll realisieren könnte. Allerdings könnte das ebenfalls nur vor einem »bürgerlichen« Publikum geschehen, das über die bildungsmäßigen Voraussetzungen für Reflexion und kritisches Urteil verfügt.

Literatur

Die Vorbilder

Stücke:

Anzengruber, Ludwig, Sämtliche Werke. Hrsg. von Rudolf Latzke und Otto Rommel, Wien und Leipzig 1920.
Fleißer, Marieluise, Gesammelte Werke. Hrsg. von Günther Rühle. 3 Bde., Frankfurt a. M. 1972.

Horváth, Ödön von, Gesammelte Werke. Hrsg. von Traugott Krischke und Dieter Hildebrandt. 8 Bde., Frankfurt a. M. 1972.

Zuckmayer, Carl, Der fröhliche Weinberg / Schinderhannes, Zwei Stücke, Frankfurt a. M. 1966.

Literatur zum Volksstück der »Vorbilder«:

Doppler, Alfred (Hrsg.), Das österreichische Volksstück, Wien 1971.

Emrich, Wilhelm, Die Dummheit oder das Gefühl der Unendlichkeit. In: Emrich, Wilhelm, Geist und Widergeist, Frankfurt a. M. 1965, S. 185 ff.

Fleißer, Marieluise, Alle meine Söhne. In: Rühle, Günther, a.a.O., S. 405 ff.

Fontana, Oskar Maurus, Volkstheater Wien, Wien 1964.

Greiner, Martin, Carl Zuckmayer als Volksdichter. In: Hein, Jürgen, Theater und Gesellschaft, S. 161 ff.

Hein, Jürgen (Hrsg.), Theater und Gesellschaft. Das Volksstück im 19. und 20. Jahrhundert, Düsseldorf 1973.

Hildebrandt, Dieter, und Krischke, Traugott (Hrsg.), Über Ödön von Horváth, Frankfurt a. M. 1972.

Hintze, Joachim, Volkstümliche Elemente im modernen deutschen Drama. In: Hess. Blätter für Volkskunde 61, 1970, S. 11 ff.

Hummel, Reinhard, Die Volksstücke Ödön von Horváths, Baden-Baden 1970.

Jacobis, Arnold John, Motive und Dramaturgie im Schauspiel Carl Zuckmayers, Frankfurt a. M. 1971.

Jarda, Horst, Ödön von Horváth und das Kitschige. In: ZfdPh 91, 1972, S. 558 ff.

Kroetz, Franz Xaver, Horváth von heute für heute. In: Hildebrandt und Krischke, Über Ödön von Horváth, S. 91 ff.

Kurzenberger, Hajo, Horváths Volksstücke, München 1974.

Rotermund, Erwin, Zur Erneuerung des Volksstücks in der Weimarer Republik. In: Hildebrandt und Krischke, Über Ödön von Horváth, S. 18 ff.

Rühle, Günther (Hrsg.), Materialien zum Leben und Schreiben der Marieluise Fleißer, Frankfurt a. M. 1973.

Volksstück-Autoren

Martin Sperr

Sammelausgabe:

Bayrische Trilogie (Jagdszenen aus Niederbayern; Landshuter Erzählungen; Münchner Freiheit), Frankfurt a. M. 1972.

Einzelausgaben:

Jagd auf Außenseiter. Jagdszenen aus Niederbayern (= Prosafassung). Mit Fotoillustrationen von Wolfgang Isser. Nachwort von Dietrich Hesse, München 1971.

Der Räuber Mathias Kneißl. Textbuch zum Fernsehfilm, München 1971.

Erstveröffentlichung:

Jagdszenen aus Niederbayern. In: Spectaculum. Moderne Theaterstücke, Bd. 9, Frankfurt a. M. 1966 (gleichzeitig in: Theater heute, 11. November 1966).

Landshuter Erzählungen. In: Deutsches Theater der Gegenwart. Hrsg. von Karlheinz Braun, Bd. 2, Frankfurt a. M. 1967.

Bearbeitung von Dramen anderer Autoren:

Bond, Edward, Gerettet. Bayerische Dialektversion von Martin Sperr, 1967.
William Shakespeare, Maß für Maß. Freie Bühnenbearbeitung von Martin Sperr, zusammen mit P. Zadek und B. Maurer, 1967.
Die Kunst der Zähmung. Nach Shakespeare von Martin Sperr, Frankfurt a. M. 1971.
Adele Spitzeder (Fernsehspiel). Zusammen mit P. Raben, 1972.
Diese Arbeiten M. Sperrs sind Manuskriptabdrucke (soweit nicht anders angegeben, im »Verlag der Autoren«).

Franz Xaver Kroetz

Sammelausgaben:

Drei Stücke (Heimarbeit; Hartnäckig; Männersache), Frankfurt a. M. 1971.
Oberösterreich; Dolomitenstadt Lienz; Maria Magdalena; Münchner Kindl, Frankfurt a. M. 1972.
Gesammelte Stücke (Wildwechsel; Heimarbeit; Hartnäckig; Männersache; Stallerhof; Geisterbahn; Lieber Fritz; Wunschkonzert; Oberösterreich; Dolomitenstadt Lienz; Münchner Kindl; Maria Magdalena), Frankfurt a. M. 1975.

Erstveröffentlichungen:

Heimarbeit. In: Spectaculum 15 (1971, Sechs moderne Theaterstücke), Frankfurt a. M. 1971.
Wildwechsel, München 1973.
Oberösterreich. In: Spectaculum 18 (Fünf moderne Theaterstücke), Frankfurt a. M. 1973.
Maria Magdalena. In: Theater heute, Jg. 14, H. 6, 1973.
Geisterbahn, Frankfurt a. M. 1973.
Lieber Fritz, Frankfurt a. M. 1973.
Wunschkonzert, Frankfurt a. M. 1973.

Bauer, Wolfgang, Magic afternoon; Change; Party for six. Drei Stücke, München 1975.
Deichsel, Wolfgang, Bleiwe losse. In: Theater heute, 1971, H. 2.
Faßbinder, Rainer Werner, Antitheater (Katzelmacher: Preparadise sorry now / Die Bettleroper), Frankfurt a. M. 1970.
Faßbinder, Rainer Werner, Antitheater II (Das Kaffeehaus / Bremer Freiheit / Blut am Hals der Katze), Frankfurt a. M. 1972.
Sommer, Harald, Ein unheimlich starker Abgang (im steirischen Original: An unhamlich schtoaka Abgaung). In: Theater heute, 1970, H. 2.
Turrini, Peter, Rozznjogd. Bühnenmanuskript des Volkstheaters Wien, 1971.
Sauschlachten. Ein Volkstück, Wollerau 1974.

Literatur zum »Neuen Volksstück«:

Brecht, Bertolt, Anmerkungen zum Volksstück. In: B. Brecht, Gesammelte Werke Bd. 17 (= Schriften zum Theater, Bd. 3), zu »Herr Puntila und sein Knecht Matti«, S. 1161 ff.

Burger, Harald / Matt, Peter von, Dramatischer Dialog und restringiertes Sprechen. F. X. Kroetz in linguistischer und literaturwissenschaftlicher Sicht. In: ZGL 2, 1974, S. 269 ff.

Gamper, Herbert, Horváth und die Folgen — das Volksstück? In: Theater heute, 1971, H. 13, S. 73 ff.

Hensel, Georg, Der unterwanderte Hebbel. Über »Maria Magdalena« von Kroetz. In: Theater heute, 1973, H. 6, S. 34 ff.

Karasek, Hellmuth, Die Sprache der Sprachlosen. Über das Volksstück, insbes. die Stücke von Kroetz. In: Theater heute, 1971, H. 13, S. 78 ff.

Meier, Elisabeth, Sprachnot und Sprachzerfall, Düsseldorf 1973.

Sperr, Martin, Mit Brecht über Brecht hinaus. In: Theater heute, 1968, H. 3, S. 28 ff.

Spiel, Hilde, Jung Graz. Ein neuer Sturm und Drang. In: Theater heute, 1970, H. 12.

Schaarschmidt, Peter, Das moderne Volksstück. Sprache und Figuren. In: Hein, Jürgen (Hrsg.), Theater und Gesellschaft. Das Volksstück im 19. und 20. Jahrhundert, Düsseldorf 1973, S. 201 ff.

Wendt, Ernst, Moderne Dramaturgie. Bond und Genet, Beckett und Heiner Müller, Ionesco und Handke, Pinter und Kroetz, Weiss und Gatti, Frankfurt a. M. 1974.

Sinnlosigkeit als Thema:
Das zeitgenössische Drama des Absurden

Thomas Bernhard

»*Ein Fest für Boris*« ist das erste dramatische Werk des österreichischen Autors *Thomas Bernhard*. Es steht von seiner Konzeption wie von seiner Thematik her in einer Reihe mit den bereits vorher erschienenen Romanen und Erzählungen Bernhards (»*Frost*«, »*Aeneas*«, »*Verstörung*«, »*Ungenach*«) und gibt sich als eine in dialogischer Form gestaltete Vergegenwärtigung jenes zentralen Problems, um das es auch in allen seinen Prosawerken geht: um den Tod als dem einzigen Fixpunkt im Leben des Menschen, im Sinne des einleitenden Satzes seiner Rede anläßlich der Entgegennahme eines Literaturpreises 1968:

»Es ist nichts zu loben, nichts zu verdammen, nichts anzuklagen, aber es ist vieles lächerlich; es ist alles lächerlich, wenn man an den Tod denkt.«[1]

Der Tod ist das allen Menschen in *Bernhards* Sicht einzig Gemeinsame. Sie selbst sind nur »Mittel zum Zwecke des Niedergangs, Geschöpfe der Agonie«.[2] In ihrem Leben unterscheiden sie sich nur äußerlich. Unter der dünnen Hülle ihrer äußeren Erscheinung sind sie alle gleichermaßen hohl, defekt in einer defekten Umwelt, im unaufhaltsamen Zerstörungsprozeß mehr oder weniger weit fortgeschritten.

In »*Ein Fest für Boris*« stellen sich die Todesbestimmtheit des Menschen und der dem Menschen eigentümliche Trieb zur Zerstörung des Mitmenschen wie zur Selbstzerstörung in Szene und Dialog dar. Der »Dialog« des überwiegenden Teils des Dramas besteht aus aufreizend langen Monologen der Hauptperson, »die Gute« genannt, die als Scheindialoge getarnt angelegt sind. In diesen Monologen analysiert sie ihre eigene wie die menschliche Existenz insgesamt. Der »Guten«, einer durch einen Unfall verkrüppelten reichen Dame, sind alle anderen Personen des Stücks untergeordnet und ergeben. Das Verhältnis »Der Guten« zu ihrer Gesellschafterin Johanna, einem Wesen ohne Eigenschaften (im zweiten Akt sogar ohne Gesicht) bildet das Modell für die durch das Drama vergegenwärtigten Beziehungen der Menschen zueinander. Die zwischenmenschlichen Beziehungen erscheinen bei *Bernhard* durch Mißtrauen, Angst, Bedrohung, Ekel und

Haß geprägt. Und: Der Mensch ist seiner Natur nach böse: »Wir stehen in einem Krankheitsverhältnis zueinander, die ganze Welt besteht aus solchen Krankheiten.« Dieser Überzeugung entsprechend treten außer Johanna in *Bernhards* Stück nur Krüppel auf: Menschen ohne Beine, zu jeder eigenen Fortbewegung unfähig. Die Parallele zum Bild einer Menschheit, die im Zustand der Agonie bewegungsunfähig geworden ist, stellt sich ein. Wenn sich schließlich auch Johanna, der einzig gesunde Mensch im ganzen Stück, in einen Rollstuhl setzen muß, verkörpert sich darin das Wissen um das Kranksein auch der äußerlich noch gesund Scheinenden.

Dem Bild des Menschen und der zwischenmenschlichen Beziehung als Krankheitsverhältnis zueinander entspricht das Bild der Natur. »Die Gute« hat den ganzen Park abholzen lassen, angeblich, damit die Krüppel ohne Beine mehr sehen können. Die zerstörte, entleert-leblose Natur aber symbolisiert die Entleertheit der zwischenmenschlichen Beziehungen ähnlich wie Bühne und Bühnenbild, die einen leeren Raum darstellen sollen.

Innerhalb dieser »Welt« aus Leere und körperlichem und seelischem Verfall zeigt sich eine Herrschaftshierarchie eigener Art. Sie demonstriert die Absurdität einer Gesellschaft von hilflosen Krüppeln als solche wie der Herrschaftsausübung in ihr durch einen ebenfalls bewegungslosen Krüppel. »Die Gute« übt solche Herrschaft aus. Sie benutzt ihren Reichtum angeblich, um den anderen Verstümmelten zu helfen, in Wahrheit jedoch, um sie zu quälen und sich an ihrer Erniedrigung zu weiden. In ihrer schrankenlosen Machtgier ist sie von keinerlei menschlichen Empfindungen beseelt.

Anders Johanna, die Mitleid empfindet und als einzige der Personen des Stücks der »Guten« und der mitleidlosen Ausnutzung ihrer Machtposition Widerstand leisten kann. Zwar ist Johanna kein unabhängiger Mensch mit selbständiger Entscheidungsfreiheit, aber sie verfügt über eine Überlegenheit, deretwegen »die Gute« sie haßt und quält: ihren unverkrüppelten gesunden Körper. Zwar ist auch Johanna Machtobjekt der »Guten«; aber »die Gute« ist durch ihre Verkrüppelung von Johanna, der Gesunden, abhängig. Zwischen ihr und Johanna besteht daher ein gegenseitiges Abhängigkeitsverhältnis.

Johanna steht, von ihrem Bewußtsein her gesehen, zwischen der Position der »Guten«, die befähigt ist, die Sinnlosigkeit des menschlichen Daseins zu durchschauen (was sie auch tut) und der verkrüppelten Masse aller anderen, die ohne jedes Bewußtsein dahinvegetiert. Verkörperung solcher, des Menschen unwürdiger, Form der Existenz ist Boris: ein beinloser Krüppel, dessen kaum noch menschlich zu nennende Restexistenz nur aus Essen und Schlafen besteht. »Die Gute« hat Boris gekauft. Er dient ihr als Bestätigungsobjekt für den unaufhaltsamen Verfall des Menschen. Boris ist nicht mehr als ein hilfloses, aber lebendiges Stück Fleisch, das sich schließlich zu Tode frißt oder nach einer anderen Version zu Tode trommelt. Die übrigen beinlosen Krüppel können — im Unterschied zu Boris — wenigstens sprechen. Allerdings ist das, was sie sagen, fast durchweg ohne Sinn und in Anbetracht der Situation grotesk. So etwa ihre Forderung nach 1,80 m langen Betten, obwohl keiner von ihnen kaum 1,20 m groß ist. Diese Forderung wie ihr Verhalten insgesamt charakterisiert ihr verkümmertes Bewußtsein. In ihrer Unfähigkeit, die wahren Zustände und Verhältnisse zu durchschauen und wirklichkeitsgerecht zu beurteilen, sind sie von der Güte der »Guten« überzeugt und immer bereit, sich mit grotesken Scheinproblemen zu beschäftigen.

Wenn man sich bereitfindet, in der »Welt« der Krüppel um »die Gute« und Boris ein Demonstrationsmodell für den Zustand und das Tun der gegenwärtigen menschlichen Gesellschaft zu sehen, stehen das Verhalten der Mitglieder dieser kleinen »Welt« und ihr Verhältnis zueinander für die Unfähigkeit der Zeitgenossen, die tatsächlichen Abhängigkeiten und Vorgänge innerhalb der heutigen Gesellschaft zu erkennen und für die zunehmende Abstumpfung des Bewußtseins der Masse bei gleichzeitigen immer sinnloser werdenden Forderungen an den Konsum. Dieses Verhalten der Zeitgenossen muß einem Außenstehenden ebenso grotesk vorkommen wie die Forderung der beinlosen Krüppel nach Betten von 1,80 m Länge. Es bedarf in diesem Zusammenhang kaum der Erinnerung an Bernhards Feststellung: »... es ist alles lächerlich, wenn man an den Tod denkt«, um zu erhärten, daß es nicht abwegig ist, die Welt in dem Drama »Ein Fest für Boris« als Modell der heutigen Menschheit, ihres Zustandes und Verhaltens sowie der in ihr herrschenden Verhältnisse aufzufassen.

Das Drama demonstriert den Zustand und den fortschreitenden Verfallsprozeß der Menschheit einschließlich der derzeitigen Gesellschaft und ihrer Verhältnisse. Es zieht aber aus dem So-Sein von Zustand, Verhältnissen und Verfall keinerlei politische oder weltanschauliche Lehre oder Belehrung, die andere Autoren zur Formulierung von Aufrufen zu politischer Aktivität dieser oder jener Art und Richtung veranlaßt. Für Bernhard sind Zustände und Widersprüche innerhalb der Menschheit wie spezifischer Gesellschaftsordnungen Tatsachen, die man nicht verändern oder aufheben kann. Sie sind Bestandteile unserer absurden Existenz in einer absurden Welt. Vor allem der Masse mangelt es an Bewußtsein, die Absurdität der Welt und der in ihr herrschenden Zustände zu erkennen, geschweige denn zu durchschauen: »Die Masse sieht nichts, die Masse ist auch nicht unglücklich, die Masse ist glücklich.«

Innerhalb der »Welt« des Bernhardschen Dramas erscheint jede Tätigkeit von vornherein als sinnlos. Auch die gesunde Johanna kann an ihr und an ihrem Zustand trotz ihres guten Willens nichts ändern.

Sie kann das hilflose Existieren dem einen oder anderen gelegentlich momentan erleichtern, so etwa, wenn sie Boris heimlich den von ihm heißersehnten Apfel zusteckt.

Die Zersetzung greift tief bis zu den Wurzeln der Existenz der Bewohner dieser »Welt«. Über allem und allen liegt der Schatten des unaufhaltsamen Verfalls zum Tod, ein Schatten, der auch die Aktivität des Gesunden zum Erlahmen bringt. Die weiteren Stufen des Lähmungsprozesses heißen Phlegma und Apathie, Sichabfinden mit diesem sinnentleerten Dasein. Die Szene demonstriert das Ergebnis auch optisch: Auch Johanna sitzt schließlich im Rollstuhl.

Die einzige Person, die den absurden Zustand der Welt — und das heißt der Menschen — durchschaut, ist »die Gute«. Zum Ergebnis ihrer Erkenntnis gehört aber auch das Begreifen ihrer eigenen fatalen Beschränktheit als Krüppel. Ihr Lachen am Schluß des Spielgeschehens drückt ihr Wissen um ihren Zustand und ihre furchtbare Zukunft in schneidender Bitterkeit aus: Wie die übrigen Krüppel wird sie in ihrer elenden Hilflosigkeit weiter existieren.

Bernhards Theaterstück zeigt kaum noch Elemente des traditionellen Dramas. Die Personen sind fast ausnahmslos Wesen ohne personale Identität. Eine Handlung im Sinne einer Entwicklung findet nicht statt. Die Situation ist am Schluß des Stücks von der gleichen Sinnlosigkeit wie zu Anfang. Sein Ende ist willkürlich gesetzt; die Motivierung durch Boris' Tod ist rein äußerlich. Das Ganze ist Ausschnitt aus einer gleichbleibenden Wirklichkeit, in der es keine Veränderung und keine Möglichkeit zur Veränderung gibt. Das gilt auch für die Monologe der »Guten« und ihr Verhältnis zu Johanna. Sie haben keinen Sinn, führen zu keinem Ergebnis, finden keinen Abschluß. Die sinnlose Welt bietet keinen Anhaltspunkt für Ideologien. Der Dialog hat in einer als absurd interpretierten Welt keine Funktion, weder als Mittel zwischenmenschlicher Kommunikation, geschweige denn als Grundlage und Antrieb einer dramatischen Handlung. Er wird zum Monolog eines vereinsamten, hilflosen und gefühllosen Ich, das sich durch Machtausübung über seine Situation vorübergehend zu täuschen versucht. (Vgl. die beherrschende Rolle des Monologs in *Bernhards* Prosa. Im Roman »*Verstörung*« nimmt der Monolog des Fürsten Saurau den überwiegenden Teil des Textes ein. Er vergegenwärtigt wie die Monologe der »Guten« Einsamkeit, Verlorenheit, Aushöhlung und Zerstörung.)

Sprache dient zur Entlarvung der Sinnlosigkeit der Welt und des fortschreitenden menschlichen Verfalls. Dabei wird Sprache ihrerseits zunehmend wirkungsloser und entleerter, verschleißt sich in ständiger Wiederholung der gleichen Wörter, Satzfragmente oder Floskeln. Ihre Funktion, Inhalte, Denkergebnisse, Vorstellungen, Wünsche, Hoffnungen auszudrücken, zu vermitteln oder zu erklären, ist ebenso geschwunden wie die, Menschen untereinander zu Mitmenschen zu machen. Sie wird monologisch. Das Ich spricht ohne Resonanz durch ein Du oder eine Gruppe. Gerade im Verfall der Sprache und ihrer Funktionen werden Verfall und heillose Vereinsamung des Menschen in *Bernhards* Werk in ihrer ganzen Ausweglosigkeit klar.

»*Ein Fest für Boris*« verwirklicht die Absurdität der Welt und der menschlichen Existenz. Seine geistige Nähe zu *Antonin Artaud* und dessen Auffassung vom absurden Theater läßt sich deutlich erkennen. Ob man befugt ist, einen Bühnentext, der praktisch kein Element des Dramas enthält bzw. anwendet, noch als solches zu bezeichnen, muß dahingestellt bleiben.

»*Ein Fest für Boris*« kann als Umkehrung des Dramas in seine Negativform verstanden werden, in der vom zugrundeliegenden Welt- und Menschenbild bis zur sprachlichen und szenenbildenden Verwirklichung alles das *nicht ist* bzw. *nicht geschieht,* was den Begriff »Drama« ausmacht.

In *Bernhards* Romanen und Erzählungen finden sich mehrfach Bezugnahmen auf das Theater. Dabei handelt es sich zumeist um die Darstellung von Todessituationen oder Zerstörungsvorgängen, die im Theaterraum stattfinden oder mit dem Theater als Ort des bewußten Rollenspiels verknüpft sind, so etwa in der Erzählung »*Der Italiener*«,[3] in der die für diesen Abend vorgesehene Aufführung eines Stückes (nach Familientradition wird in jedem Jahr ein von einem der Kinder geschriebenes Stück nur einmal, am letzten Augustabend, gespielt) nicht stattfinden kann, weil der Vater, der sich am Abend vorher das Leben genommen hat, im Lusthaus aufgebahrt ist. Der Sohn zeigt dem Trauergast, einem Italiener, die in einem Schuppen liegenden kostbaren Kostüme und Instrumente. Er reflektiert dabei für sich den Unterschied zwischen einem »Sommerlustspielbesucher« und einem »Sommertotenbesucher«. Der tote Vater nannte das »Lusthaus« auch »Schlachthaus«, nachdem in ihm gegen Kriegsende zwei Dutzend Polen erschossen worden waren.

Auseinandersetzung mit dem Theater ist auch das Drama von *Bernhards* Erzählung »*Ist es eine Komödie? Ist es eine Tragödie?*«. Der das Theater verachtende Student, der sich trotzdem für diesen Abend eine Theaterkarte gekauft hat, beschließt auf dem Wege zur Vorstellung, eine Studie unter dem Titel »Theater — Theater?« zu schreiben. Er setzt sich auf eine Parkbank und genießt es, die Theaterkarte zwischen Daumen und Zeigefinger zu zerreiben, mit ihr gewissermaßen das Theater zu zerreiben, als ihm ein Mann, der ihn vorher nach der Uhrzeit gefragt hat, sagt: »Das Merkwürdige an den Menschen ist, daß sie sich selbst andauernd mit anderen Menschen verwechseln.«

In *Bernhards* Weltbild scheinen Theater und Tod aufeinander bezogen. Verglichen mit der Auffassung *Artauds* unterscheidet sich Bernhards Konzeption doch in einem entscheidenden Punkt grundsätzlich von dieser. Sieht *Artaud* in der Krankheit wie im Theater einen mächtigen »Anruf von Kräften, die den Geist durch das Exempel wieder an den Ursprung seiner eigenen Konflikte zurückführen«, so stellt das Theater *Bernhards* die menschliche Existenz auf ihren Endzustand reduziert dar, dessen Schmerzen, Leiden und Hilflosigkeit nur im Tod aufgehoben werden können. Das Geburtstagsfest für Boris ist sein Todesfest. Der Tod beendet die makabre Inszenierung wie die Rolle der »Guten«, durch die sie ihre Verkrüppelung zu überwinden sucht. Die Krüppel kündigen das »Fest für Boris« singend an: »Jetzt kommt die Düsternis, jetzt kommt die Finsternis.«

Literatur

Thomas Bernhard

Dramen:

Der Berg. In: Literatur und Kritik, 5. Jg., H. 46, Salzburg 1970.
Ein Fest für Boris, Frankfurt a. M. 1970.
Der Ignorant und der Wahnsinnige, Frankfurt a. M. 1972.
Die Jagdgesellschaft, Frankfurt a. M. 1974.
Die Macht der Gewohnheit, Frankfurt a. M. 1974.
Der Präsident, Frankfurt a. M. 1975.
Die Berühmten, Frankfurt a. M. 1976.

Literatur zu Thomas Bernhard:

Botond, Anneliese (Hrsg.), Über Thomas Bernhard, Frankfurt a. M. 1970.
Gamper, Herbert, Thomas Bernhard, München 1976 (Reihe: Dramatiker des Welttheaters).
Thomas Bernhard. In: Text und Kritik, H. 43, Juli 1974.

Plebejer und Heimkehrer

Martin Walser — Günter Grass

Kaum zu einer der Tendenzen des »Neuen Dramas« lassen sich Theaterstücke wie *Martin Walsers »Eiche und Angora«*[1] (1962) und *»Die Plebejer proben den Aufstand«*[2] von *Günter Grass* (1965) zählen. Sie verbinden Elemente des um »Bewältigung der Vergangenheit« bemühten Dramas mit denen des Dokumentarstücks. Ihr Gegenstand ist zu erheblichen Teilen historisch. In beiden wirkt, wenn auch auf verschiedene Weise, ein gut Stück Groteske.

Walsers »Eiche und Angora« scheint vornehmlich das Drama eines verkrüppelten Heimkehrers zu sein. Es ist aber zugleich von diesem ungewolltes Demaskierungsspiel der mit seiner zwangsweise veränderten Persönlichkeit und Verhaltensweise konfrontierten Mitbürger. Der »Held« Alois Grübel erinnert an *Tollers* Helden Hinkemann. Auch Alois Grübel ist entmannt heimgekehrt, aber eben mit dem Unterschied, daß *Tollers* Hinkemann seine Männlichkeit durch eine Verwundung im Feld verlor, während Grübel im KZ als medizinisches Versuchsobjekt entmannt wurde.

Walser nennt sein Stück im Untertitel »Deutsche Chronik«. Diese für das deutsche Drama ungewöhnliche Bezeichnung hat vor ihm *Brecht* für sein Stück *»Mutter Courage und ihre Kinder«* verwendet. Diesem Beispiel dürfte *Walser* gefolgt sein. *Brecht* verstand die »Chronik« im Sinne der Bedeutung »History«, die das elisabethanische Theater, bestimmte Stücke charakterisierend, benutzte: »Nötig ist freilich, daß Chroniken Tatsächliches enthalten, das heißt realistisch sind.«[3]

Die »Chronik«, die das Drama dem Zuschauer vorstellt, setzt zur Zeit der Besetzung Deutschlands durch die alliierten Truppen im Frühjahr 1945 unmittelbar vor der Kapitulation ein. Sie holt in Rückblenden, vor allem durch Alois' freimütiges Erzählen vermittelt, die Vergangenheit in das gegenwärtige Geschehen hinein und beleuchtet dann sozusagen »typisches« Bürger- und Kleinbürgerleben der Nachkriegsgegenwart, das überdeutlich demonstriert, was *Franz Werfel* am Verhalten der Menschen von 1922 erschreckt erkannte: »Entsetzenswort: Es hat sich nichts geändert!«

Chronikcharakter hat *Walsers* Stück allerdings auch in der Art seiner sprachlichen und szenischen Anlage und Gestaltung. Es läuft ohne

Dramatik ab, zu der auch die Spannung gehört. Zwar gibt es immer wieder Konflikte. Sie betreffen aber nur einzelne Personen und deren gegeneinanderstehende Privatinteressen. Außer einem vor Angst schlotternden, praktisch über keine Macht mehr verfügenden Kreisleiter der NSDAP tritt im Verlauf des Geschehens kein Repräsentant von momentan politischer oder auf längere Sicht hin historischer Bedeutung auf. Das die Gesamtsituation bestimmende Ereignis liegt zu Beginn des Stücks bereits in der Vergangenheit: Es ist Grübels KZ-Haft und seine ihm dort widerfahrene Behandlung, mit der man nicht nur seinen Willen gebrochen, sondern ihn auch verstümmelt hat.

Seither muß Alois in seinem Verhalten nach der Konzeption seines Verfassers als Zentralfigur des Dramas unterschiedliche, ja in sich widersprüchliche Rollen in sich vereinen und dennoch im je geforderten Moment sich — im Sinne der ihm zugemuteten Funktionen — »richtig« verhalten.

Alois, das erfährt man, war vor der Naziherrschaft »ein Roter«. Als solcher kam er ins KZ, wo man ihn so lange und so intensiv umschulte, bis er begriffen hatte, wie man sich als »Volksgenosse« zu verhalten hat. *Walsers* Versuch, Groteske ins Spiel zu bringen, deutet sich erstmals an, als Alois — im Sinne einer Belobigung — die Erlaubnis erhält, den ihm eingebleuten Rassegedanken in einer eigenen Zucht von Angorakaninchen zu praktizieren.

Der entmannte Alois wirkt auf seine Umwelt als froher Mensch, der mit seinem Dasein zufrieden ist. Jeder Befehl gilt ihm als selbstverständlich und richtig, selbst wenn es der Befehl ist, ihn zu erhängen. Daß für dieses Verhalten der brave Soldat Schweijk von *Hašek*, direkt oder durch *Brechts* Stück über dieses Modell gestanden hat, ist deutlich. Wie jener tschechische Soldat, der es fertigbringt, gerade durch sein stetiges Ja-Sagen zu überleben, gibt sich Alois immer willfährig, immer bereit zuzustimmen, weil er alles andere als dumm ist. Alles, was er tut, ist Reaktion auf das Verhalten der anderen. Mit seiner ebenso gewandten wie windigen Erklärung, zu welchem Zweck er die weißen Angorafelle verkauft hat, gelingt es ihm bei seinem ersten »Rückfall«, den Kopf aus der Schlinge zu ziehen.

Bei seinem zweiten »Rückfall« reagiert er im Grunde genauso wie beim ersten. Eine Tafel ernennt ihn im Nachhinein zum Volkshelden. In seiner dadurch veranlaßten Rede feiert er Hitlers Geburtstag und gedenkt jenes SS-Unterscharführers, dessen Aufgabe es war, seinen Willen zu brechen. Die Empörung seiner Mitbürger um das Jahr 1950 entlarvt ihre scheinheilige Doppelmoral, während er sich als Objekt der »Gehirnwäsche« im KZ absolut »richtig« verhält. Eben durch dieses für seine Person richtige Reagieren reißt er den »ehrenwerten Bürgern« die Maske vom Gesicht.

Walsers Stück ist als Drama nicht gelungen. Es zeigt bereits an der Oberfläche Brüche und Widersprüche, die dazu angetan sind, die

Glaubwürdigkeit des Ganzen in Frage zu stellen. Alois' Wille ist durch die KZ-Behandlung gebrochen. Nach dem Scheitern seines Versuches, seine Bürgerehre als Mitglied des Männergesangvereins (mit Kastratenstimme) bestätigt zu sehen, verlangt er — was nur als Folge persönlicher Willensentscheidung verstanden werden kann — in eine Anstalt gebracht zu werden. Kurze Zeit vorher schon hat er durch das spontane Anheften des Angorafells an die Sängervereinsfahne das Funktionieren seines Willens demonstriert. Angesichts dieser Inkonsequenzen in Alois' Verhalten stellt sich die Frage, ob das Objekt der NS-Umerziehung durch Christentum und Geschäftsdenken seiner Umwelt inzwischen ein zweites Mal umerzogen wurde und sich jetzt als Produkt dieser neuerlichen Umerziehung verhält. Das Stück gibt auf diese und ähnliche Fragen keine Antwort.

Die Schwierigkeit, das »Dritte Reich« mit den Mitteln des Dramas als historische Realität vor Menschen darzustellen, die es selbst erlebt haben, ist ebenso groß wie die, es jüngeren Menschen so zu zeigen, wie es wirklich war. Was *Hochhuth* oder *Weiss* durch Transposition in eine gebundene Sprache in den Griff zu bekommen versuchten, wird von *Walser* durch die Montage von Schlagworten und Klischees der Hitler-Ära wie der Gegenwart angegangen. Er vertraut dabei auf das Funktionieren der Assoziationsmechanismen der Zuschauer. Die ersten Worte des Stücks lauten: »Unsere Heimat.« Und das Nationalgefühl schwärmt vom »schönen deutschen Wald«. In der Bemerkung »Mischwald« klingt dann bereits die NS-Rassenlehre an, um so mehr, wenn Alois sofort erklärt: »Beim Wald ist das nicht so schlimm«, wobei die Betonung durch die Voranstellung des Wortes »Wald« ja klarlegt, daß das auf den Menschen nicht zutrifft. Die Frau des Kreisleiters wird sicher einen »Sohn« bekommen — dies soll die Assoziation »für den Führer« auslösen. Weitere Beispiele wären anzuführen. Die Frage ist freilich, ob *Walser* bei der Anwendung einer derartigen Assoziationsprovokation den Zuschauer nicht doch erheblich überfordert. Es ist zugleich die Frage, ob es — rein vom Unterschied der Wirkung auf den Rezipienten gesehen — vertretbar ist, die hochintellektuelle Zitatbefähigung und Kombinationsgabe des Romanautors *Walser* auf die ganz anders geartete dramatische Ebene zu transponieren. Was im Roman durchaus angebracht sein und die erwarteten Wirkungen beim Leser auslösen kann, läßt sich offensichtlich nicht ohne weiteres zur sprachlichen Verwirklichung eines Dramas verwenden. Der Vorwurf der Kritik, *Walser* habe aus den Unmenschlichkeiten des Regimes einen »Schwank« gemacht, ist sicher nicht zutreffend. Er erklärt sich aber aus der Verwendung undramatischer bis antidramatischer Mittel in einem Drama, das den Zuschauer durch seinen an sich schon für die momentane Zeitlage ohnehin prekären Gegenstand skeptisch reagieren läßt.

Nicht erst seit *Brechts* in den zwanziger Jahren mit Erfolg praktizierter verändernder »Bearbeitung« klassischer oder doch dem Theaterpublikum bekannter Dramen gibt es derartige »Neubearbeitungen« älterer Dramen von der Antike bis in unser Jahrhundert. *Brechts* erster Versuch war (1924) die Bearbeitung von *Christopher Marlowes* »*Edward II.*«: Das nicht mehr Marlowesche, sondern nunmehr Brechtsche Drama »*Leben Eduards des Zweiten von England*«, dessen Uraufführung die Münchner Kammerspiele im März 1924 (unter *Brechts* Regie) brachten. *Brecht* hat in seiner Tätigkeit als »Stückeschreiber« immer wieder bekannte und publikumswirksame Dramen unter den für ihn entscheidend wichtigen Wirkungsabsichten »bearbeitet«, d. h. verändernd noch einmal geschrieben. Die »Bearbeitung« von *John Gays* »*The Beggars Opera*« mit der Vertonung der Songs durch *Kurt Weill* wurde zu Brechts größtem Publikumserfolg überhaupt: Erwähnt sei für alle anderen noch die Bearbeitung des Dramas »*Der Hofmeister*« von *Reinhold Lenz*.

Was *Brecht* getan hat, gilt den jüngeren Autoren als Legalisierung für vergleichbares Tun. Und — was *Brecht* recht war, ist ihnen auf jeden Fall billig. Verändernde Neubearbeitungen klassischer Dramen gehören daher sozusagen zum guten Ton, wenn es darum geht, Theater und Publikum mit »neuen« Stücken zu beliefern.

Im Zusammenhang mit diesem relativ jungen Brauch nimmt das Theaterstück »*Die Plebejer proben den Aufstand*« von *Günter Grass* eine besondere Stellung ein. Nicht nur ist *Shakespeares* »*Coriolanus*« das Drama, mit dessen veränderter Fassung der »Chef« und seine Schauspieler gerade befaßt sind; am Tag des Spielgeschehens haben die Arbeiter in Ostberlin und anderen Städten der »Republik der Arbeiter und Bauern« sich gegen Unterdrückung und Ausbeutung erhoben. In Proben gespielter Aufstand der Plebejer in *Shakespeares* Drama und kurz vor seiner blutigen Niederschlagung stehender Aufstand der Berliner Arbeiter: zwischen beiden der »Chef«, dessen Zustimmung und Hilfe zu erreichen Delegationen der aufständischen Arbeiter in seinem Theater erscheinen. Das Manifest, von dem sie glauben, daß es, mit seiner Unterschrift versehen, Erfolg und Sieg ermöglichen könnte, wird in immer erneuten Probeszenen beredet und zerredet. Das Argument des »Chefs«, der organisierte Aufstand sei noch nicht genug geprobt, um den Erfolg zu sichern, ist doppelbödig. Es vertritt den Lehrstandpunkt der marxistischen Revolutionstheorie. Es dient aber zugleich als durchsichtige Begründung dafür, daß die Persönlichkeit, auf deren Unterstützung und Hilfe die delegierten aufständischen Arbeiter sich verlassen haben und um die sie bitten, sie im Stich läßt.

Das Spielgeschehen wird mehrfach gebrochen durch die Überlagerung der historischen Fakten, die *Shakespeare* für die Bühne eingerichtet und spielbar gemacht hat, durch die Veränderungsabsichten des »Chefs«

und das momentane Geschehen außerhalb des Theaters. Ein Blick auf den Wortlaut der 1. Szene vermittelt verständnisöffnende Aspekte: Podulla fragt: »Warum ändern wir Shakespeare?« Antwort des Litthener: »Der Chef sagt, weil wir ihn ändern können.« Und nach Zweifel ausdrückenden Argumenten Podullas Litthener: »Der Chef will zeigen, daß Coriolan zu ersetzen ist.« Podulla kurz darauf: »Ich kenne seine These: Nicht wirre Revoluzzer, bewußte Revolutionäre will er sehen. Schaffen wir es?«

Die Delegierten der Berliner Arbeiter werden in die Bühnenproben für eine erfolgreiche Revolution hineingenommen. Der Chef hält sie hin, lenkt ab, will sie zu bewußten Revolutionären machen. Während der Aufstand auf den Straßen Berlins unter den von einzelnen Arbeitern angegriffenen sowjetischen Panzern zusammenbricht und die Mitglieder des Ensembles versuchen, die Arbeiterdelegierten so aus dem Haus zu bringen, daß sie von den Schergen nicht erkannt werden, begreift der Chef: »...daß wir den Shakespeare nicht ändern können, solange wir uns nicht ändern«. Er setzt das veränderte Stück ab. Gegenstand der Schlußszenen ist der berühmt-berüchtigte Brief des »Stückeschreibers« an den Ersten Sekretär des Zentralkomitees nach dem Zusammenbruch des Aufstands der Arbeiter am 17. Juni 1953. Volumnia, die den vierten Entwurf überfliegt, spricht ihr sachliches Urteil:

»In drei Absätzen hast du dich kurzgefaßt. Die beiden ersten geben sich kritisch und bezeichnen die Maßnahmen der Regierung und also der Partei als voreilig. Und im letzten ist es dir ein Bedürfnis, Verbundenheit mit allem zuvor Kritisierten auszudrücken ... die kritischen Absätze wird man dir streichen, nur die Verbundenheit wird man ausposaunen und dich bis Ultimo beschämen.« Und nach kurzer Unterbrechung: »...um dich werden Legenden sich bilden. Eigentlich war er dagegen. Vielmehr dafür, eigentlich. Gesprochen hat er so, aber sein Herz war — wo eigentlich? Beliebig wird man dich deuten: ein zynischer Opportunist, ein Idealist üblicher Machart; er dachte nur ans Theater; er schrieb und dachte fürs Volk. Für welches? ... Sei nicht kindisch. Ich weiß, du rechnest mit Strichen.« Erwin bestätigt: »Ja, selbst ungekürzt liest sich das dürftig. Bist wirklich du der Verfasser? Dürftig und peinlich zugleich.«

Auch ohne Nennung seines Namens ist die dramatische Gestalt des »Chefs« mit der Persönlichkeit *Brechts* identisch. Sein Verhalten in den zum Teil heiklen Situationen des Stücks, sein Leben in der gespielten Wirklichkeit des Theaters einerseits, wie sein rigoroses Festhalten an der Grundthese der marxistischen Revolutionslehre, daß nicht wirre Revoluzzer, sondern nur bewußte Revolutionäre eine Revolution zum Sieg führen können andererseits, und seine Bereitschaft — im Sinn des Verhaltens seines Herrn Keuner —, gegebenenfalls den Rücken zu beugen, statt sich das Rückgrat brechen zu lassen, bestätigen neben manchen weiteren im Zusammenhang des Stücks gezeigten typisch Brechtschen Verhaltensweisen die unausgesprochen bleibende Identität von *Brecht* und dem »Chef« des am 17. Juni 1953 eine abgeänderte Fassung von *Shakespeares* ›Coriolan‹ probenden »Berliner Ensembles«.

Der Zuschauer der Bühne wie der Leser des von *Grass* als »Theaterstück« bezeichneten Dramas steht vor der Frage: »Wozu, und was soll's?«

Auf diese berechtigte Frage gibt es nicht nur eine, sondern mehrere Antworten, von denen jede gute Gründe für sich hat. Die erste wäre, daß *Grass* versucht hat, in dramatischer Form — und damit in der direkten Möglichkeit, das öffentliche Interesse anzusprechen — *Brechts* nach wie vor fragwürdig wirkendes Verhalten am 17. Juni 1953 verständlich darzulegen. Verhalten der Hauptpersonen und Ablauf der Handlung berechtigen aber auch zu der Interpretation, daß *Brecht* in *Grass'* Auffassung ausschließlich um des Fortbestehens seines Theaters willen die Delegierten der aufständischen Arbeiter mit Theatertricks so lange hinhält, bis das von ihnen geforderte Eingreifen im Sinn des Aufstands nicht mehr möglich ist. Aber auch eine von den oben angedeuteten unterschiedliche Interpretation des Grass'schen Stücks über den Plebejeraufstand ist nicht von vornherein auszuschließen. Sie liefe darauf hinaus, zu verhindern, daß des Stückeschreibers und genialen Theaterpraktikers aller Wahrscheinlichkeit nach von der ostzonalen Zensur tatsächlich sinnverändernd zusammengestrichener Brief an das Zentralkomitee als Argument gegen ihn benutzt werden könnte.

Interpretationen — auch von Dramen — können schon von ihren Voraussetzungen her nicht den Anspruch erheben, objektiv zu sein. Das nicht nur objektiv-wissenschaftlich, sondern bewußt oder unbewußt gefühlsbedingt beobachtende und urteilende Subjekt des Interpreten wirkt bei jeder Aussage über den interpretierten Gegenstand mit. In Anbetracht dieser Tatsache kann man in Interpretationen des Stückes nur mehr oder weniger subjektive Erkenntnisse erwarten. Die in *Shakespeares* Drama die Rollen der den Aufstand wollenden Plebejer spielenden Akteure sind bei *Grass'* Drama über den Stückeschreiber und sein eigenartiges Verhalten zugleich mitbetroffene und mitgemeinte Träger und Erleider des Systems, gegen das sich der Aufstand richtet. Die Sachlage ist von dieser Tatsache her gesehen in dem Stück von *Grass* von der der Plebejer in *Shakespeares* Drama grundsätzlich äußerlich verschieden und dennoch sinngemäß gleich. Übrig bleiben den Zuschauern in Brechtscher Effekt-Technik vor dem in sich fragwürdigen Schluß des Ganzen die abschließenden einhämmernden Worte des »Chefs«:

»Fortan dahinleben mit Stimmen im Ohr: Du. Du. Ich sag dir, du. Weißt du, was du bist? Du bist, du bist . . . Unwissende. Ihr Unwissenden! Schuldbewußt klage ich euch an.«

Literatur

Martin Walser

Erstausgaben:

Der Abstecher. Die Zimmerschlacht, Frankfurt a. M. 1967.
Eiche und Angora. Eine deutsche Chronik, Frankfurt a. M. 1962.
Überlebensgroß Herr Krott. Requiem für einen Unsterblichen, Frankfurt a. M. 1964.
Der schwarze Schwan, Frankfurt a. M. 1964.
Ein Kinderspiel. Stück in 2 Akten, Frankfurt a. M. 1970.

Sammelausgaben:

Gesammelte Stücke, Frankfurt a. M. 1971.

Bibliographie:

Sauereßig, Heinz, und Beckermann, Thomas, Martin Walser, Bibliographie 1952—1970, Biberach 1970. Auch in: Beckermann, Thomas, Über Martin Walser, Frankfurt a. M. 1970, S. 312 ff.

Literatur zu den Dramen Martin Walsers:

Beckermann, Thomas (Hrsg.), Über Martin Walser, Frankfurt a. M. 1970.
Greif, Hans-Jürgen, Zum modernen Drama. Martin Walser, Wolfgang Bauer, Rainer Werner Fassbinder, Siegfried Lenz, Wolfgang Hildesheimer, Bonn 1973 (Studien zur Germanistik, Anglistik und Komparatistik 25).
Kantz, Ernst Günter, Ideologiekritik und Grundlagen der dramaturgischen Gestaltung in Martin Walsers Stücken »Der Abstecher« und »Eiche und Angora«. In: Wissenschaftliche Zeitschrift der Humboldt-Universität Berlin (Ost) 1969, S. 93 ff.
Preuß, Joachim Werner, Martin Walser, Berlin 1972 (Köpfe des 20. Jahrhunderts, Bd. 69).
Reich-Ranicki, Marcel, War es ein Mord? Martin Walsers »Die Zimmerschlacht«. In: Reich-Ranicki, Marcel, Lauter Verrisse, Frankfurt/Berlin/Wien 1973, S. 123 ff.
Schwarz, Wilhelm J., Der Erzähler Martin Walser. Mit einem Beitrag »Der Dramatiker Martin Walser« von Karasek, Hellmuth, Bern/München 1971.

Günter Grass

Dramen:

Noch zehn Minuten bis Buffalo. Ein Spiel in einem Akt. In: Akzente, 5, Heft 1, Februar 1958, S. 5 ff.; ferner in: Walter Höllerer u. a. (Hrsg.), Spiele in einem Akt: 35 exemplarische Stücke, Frankfurt a. M. 1961, S. 533 ff.
Beritten hin und zurück: Ein Vorspiel auf dem Theater. In: Akzente, 5, Heft 3, Oktober 1958, S. 399 ff.
Hochwasser. Ein Stück in zwei Akten. In: Akzente, 7, Heft 6, Dezember 1960, S. 498 ff. Ferner in: edition suhrkamp, Frankfurt a. M. 1963.
Die bösen Köche. Ein Drama in fünf Akten. In: Paul Pörtner (Hrsg.), Modernes deutsches Theater, Bd. 1, Neuwied und Berlin 1961, S. 5 ff.

Poum oder die Vergangenheit fliegt mit. Ein Spiel in einem Akt. In: Der Monat, 6, 1965. Desgl. in: Hans Werner Richter (Hrsg.), Plädoyer für eine neue Regierung oder keine Alternative, Hamburg 1965, S. 96 ff.

Onkel, Onkel. Ein Spiel in vier Akten; mit Zeichnungen. Quarthefte, H. 4, Berlin 1965.

Die Plebejer proben den Aufstand. Ein deutsches Trauerspiel, Neuwied und Berlin 1966. Auch als Fischer Tb Bd. 7011, Frankfurt a. M. 1972.

Davor. Drama. In: Theater heute, 4, Berlin 1969, S. 41 ff.

Theaterspiele (Hochwasser — Onkel, Onkel — Noch zehn Minuten bis Buffalo — Die bösen Köche — Die Plebejer proben den Aufstand — Davor), Neuwied und Darmstadt 1970.

Auch als Taschenbuch: Theaterspiele (Hochwasser — Onkel, Onkel — Noch zehn Minuten bis Buffalo — Die bösen Köche — Die Plebejer proben den Aufstand — Davor), rororo 1857, Reinbek b. Hamburg 1975.

Literatur zu den Dramen von Günter Grass:

Arnold, Heinz Ludwig (Hrsg.), Günter Grass. In: Text und Kritik. Zeitschrift für Literatur, Hefte 1, 1a, München 1965, 1971.

Brown, Thomas K., Die Plebejer and Brecht: An Interview with Günter Grass. In: Monatshefte für den deutschen Unterricht (MDU) 65, 1, 1973, S. 5 ff.

Cepl-Kaufmann, Gertrude, Günter Grass. Eine Analyse des Gesamtwerkes unter dem Aspekt von Literatur und Politik (Skripten Literaturwissenschaft 18), Kronberg/Ts. 1975.

Cuncliff, Gordon W., Aspects of the absurd in Günter Grass. In: Wisconsin Studies in Contemporary Literature, VII, 3, Wisconsin 1966, S. 311 ff.

Dixon, Christa K., Ernst Barlach ›Die Sündflut‹ und Günter Grass ›Hochwasser‹. Ein Beitrag zum Vergleich. In: The German Quarterly, Jg. XLIV, 1971, S. 360 ff.

Hamm, Peter, Vergeblicher Versuch, einen Chef zu entmündigen. In: Frankfurter Hefte, 3, 1966, S. 206 ff.

Jurgensen, Manfred, Über Günter Grass. Untersuchungen zur sprachlichen Rollenfunktion, Bern, München 1974.

Kahl, Kurt, Nicht Brecht ist der Chef. In: Theater heute, 7, 1966, S. 35 ff.

Kesting, Marianne, Günter Grass: Absurde Szenerie I. In: Panorama des zeitgenössischen Theaters. 50 literarische Portraits, München 1963.

Kurz, Paul Konrad, Das verunsicherte Wappentier. Zu ›Davor‹ und ›Örtlich betäubt‹ von Günter Grass. In: Stimmen der Zeit, 94, Bd. 194, 1969, S. 347 ff.

Loschütz, Gert (Hrsg.), Von Buch zu Buch. Günter Grass in der Kritik, Neuwied, Berlin 1968.

Reich-Ranicki, Marcel, Günter Grass: Die Plebejer proben den Aufstand. In: M. Reich-Ranicki, Literatur der kleinen Schritte. Deutsche Schriftsteller heute, München 1967.

Rischbieter, Henning, Grass probt den Aufstand. Günter Grass' ›Die Plebejer proben den Aufstand‹ in Berlin. Theater heute, 2, 1966, S. 13 ff.

Spycher, Peter, Die bösen Köche von Günter Grass — ein absurdes Drama? In: Germanisch-romanische Monatsschrift XVI, 2, 1966, S. 161 ff.

Schwab-Felisch, Hans, Günter Grass und der 17. Juni. In: Merkur, 20, 1966, S. 291 ff.

Triesch, Manfred, Günter Grass: Die Plebejer proben den Aufstand. In: Books Abroad, 1966, S. 285 ff.

Das Fragwürdigwerden der Identität

Max Frisch

Mit dem Wort aus dem Alten Testament »Du sollst dir kein Bildnis machen« überschreibt *Max Frisch* eine Eintragung in seinem *»Tagebuch 1946—49«*. Sie besagt in aller Eindeutigkeit, daß Sünde und Verrat am Du dort beginnen, wo man sich »ein Bildnis« von ihm macht und das Du damit rücksichts- und erbarmungslos auf die Züge und Eigenschaften dieses »Bildnisses« festlegt:

»›Du bist nicht‹, sagt der Enttäuschte oder die Enttäuschte, ›wofür ich dich gehalten habe.‹ Und wofür hat man sich denn gehalten?
Für ein Geheimnis, das der Mensch ja immerhin ist, ein erregendes Rätsel, das auszuhalten wir müde geworden sind. Man macht sich ein Bildnis. Das ist das Lieblose, der Verrat... In gewissem Grad sind wir wirklich das Wesen, das die anderen in uns hineinsehen, Freunde wie Feinde. Und umgekehrt! Auch wir sind die Verfasser der andern; wir sind auf eine heimliche und unentrinnbare Weise verantwortlich für das Gesicht, das sie uns zeigen, verantwortlich nicht für ihre Anlage, aber für die Ausschöpfung dieser Anlage. Wir sind es, die dem Freunde, dessen Erstarrtsein uns bemüht, im Wege stehen, und zwar dadurch, daß unsere Meinung, er sei erstarrt, ein weiteres Glied in jener Kette ist, die ihn fesselt und langsam erwürgt... Wir halten uns für den Spiegel und ahnen nur selten, wie sehr der andere seinerseits eben der Spiegel unseres erstarrten Menschenbildes ist, unser Erzeugnis, unser Opfer.«[1]

In *Max Frischs* literarischem Werk spielen das Tagebuch und tagebuchähnliche Erzählformen bis zu seinem bisher letzten Buch *»Montauk«*[2] eine beherrschende Rolle. Das erste *»Tagebuch 1946—1949«* enthält nicht nur die zitierte Warnung »Du sollst Dir kein Bildnis machen«, sondern auch bereits durchdachte Skizzen für seine später ausgeführten Dramen *»Graf Öderland«, »Als der Krieg zu Ende war«, »Andorra«* und *»Biedermann und die Brandstifter«*. Fast alle seine Romane entsprechen in ihrer Struktur dem Tagebuch.

»Eine Grenzlinie zwischen Tagebuch und Werk läßt sich kaum noch ziehen... so kehrt das Werk immer wieder in die Stoffe, Erfahrungen und Formen des Tagebuchs zurück. Aus dem Tagebuch des menschlichen Lebens entbindet sich die Dichtung. Sie erscheint als fortwährendes Spiel mit der Biographie, als ein dichterisches Spiel mit der unabänderlichen Tatsache, daß jede menschliche Existenz, weil sie der Zeit unterworfen ist, sich als Lebensgeschichte entfaltet.«[3]

Das menschliche Leben als in der Zeit verlaufendes Ich-Schicksal enthüllt seine Probleme, seine Hoffnungen und Enttäuschungen in dem Augenblick, in dem es sich ihrer bewußt wird. Das ist der Moment des Tagebucheintrags oder doch der Möglichkeit eines solchen. Auf seine Vorliebe für das Tagebuch befragt, antwortete *Frisch*, daß die Tagebuchform doch wohl eigentümlich für den Verfasser seines Namens sei.[4] In dieser Formulierung deutet sich die bestimmende Grundlage seines dramatischen (und erzählenden) Werks an:

».. . vielleicht muß man schon Schriftsteller sein, um zu wissen, daß jedes Ich, das sich ausspricht, eine Rolle ist. Auch in diesem Augenblick.«[5]

Leben ist demnach Spiel einer Rolle. Eben in dieser Überzeugung liegen die Ursachen und Möglichkeiten für das »Drama des Ich«, das *Frisch* zu schreiben vermocht hat. Aber: Sobald ein Ich im Drama von *Frisch* weiß, daß es in jedem Verhalten und in jeder Aussage eine Rolle spielt bzw. verkörpert, ist ihm die Möglichkeit versagt, die jeweilige Rolle noch in Freiheit zu wählen oder abzulegen. Jede einmal angenommene Rolle wird von den Mitmenschen zum »Bildnis« gemacht, zu jenem Bildnis, das Mißverständnis, Unglück und Verzweiflung zur Folge hat.

In *Frischs* weitaus bekanntestem Drama *»Andorra«*[6] haben sich die Menschen, mit denen Andri zu tun hat, veranlaßt durch die Lüge seines Vaters, ein »Bildnis« von Andri gemacht: das Bildnis von einem Juden. Das ihn unerbittlich in quälender Wiederholung als Juden bezeichnende und behandelnde Verhalten der Menschen seiner Umwelt bringt ihn nach und nach dazu, sich mit der Rolle, in die er immer wieder gezwungen wird, zu identifizieren. Er fügt sich sozusagen in das »Bildnis«, das sich die anderen leichtgläubig und leichtfertig von ihm gemacht haben. Er leidet und stirbt als ihr Opfer, und als Opfer ihres einmal ohne Nachdenken aufgrund eines flüchtigen Eindrucks gemachten Bildes. Die an den Schluß einzelner Szenen unter der Überschrift »Vordergrund« gefügten »Zeugenaussagen« der an Andris Leidensweg und Tod beteiligt gewesenen Andorraner erweisen das Schuldigsein jedes einzelnen von ihnen und ihre Weigerung, sich zu ihrer Schuld zu bekennen. *Frisch* verwendet in Anlage und Inhalt dieser verlogenen »Bekenntnisse« ein nicht gerade neues Muster. In zeitlich anderer Anordnung innerhalb des Handlungszusammenhangs findet es sich etwa in *George Bernard Shaws »Heiliger Johanna«*.

Die im *»Tagebuch 1946—1949«* aufgezeichnete Prosaskizze *»Der andorranische Jude«*[7] spricht in aller Deutlichkeit von einem bereits fertigen »Bildnis«, das ihn überall erwartet, das alle Andorraner von ihm haben. Ihr Vorurteil zwingt ihn dazu, die ihm zugewiesenen Mängel und Schwächen nach und nach tatsächlich an sich wahrzunehmen.

»Es gelang ihm nicht, zu sein wie alle andern, und nachdem er es umsonst versucht hatte, nicht aufzufallen, trug er sein Anderssein sogar mit einer Art von Trotz, von Stolz und lauernder Feindschaft dahinter, die er, da sie ihm selber nicht gemütlich war, hinwiederum mit einer geschäftigen Höflichkeit überzuckerte ...«

Sein Tod war »so grausam und ekelhaft, daß sich auch jene Andorraner entsetzten, die es nicht berührt hatte, daß schon das ganze Leben grausam war ... Man redete lange davon. Bis es sich eines Tages zeigt, was er selber nicht hat wissen können, der Verstorbene: Daß er ein Findelkind gewesen, dessen Eltern man später entdeckt hat, ein Andorraner wie unsereiner. Man redete nicht mehr davon. Die Andorraner aber, sooft sie in den Spiegel blickten, sahen mit Entsetzen, daß sie selber die Züge des Judas tragen, jeder von ihnen. Du sollst Dir kein Bildnis machen, heißt es von Gott ... Es ist eine Versündigung, die wir, so wie sie an uns begangen wird, fast ohne Unterlaß wieder begehen —

Ausgenommen, wenn wir lieben.«

Das ausgeführte Drama verändert gerade die Haltung der Andorraner zur Schuld an Andris Leidensweg und seiner Ermordung erheblich. Während sie in der knappen Prosaskizze des *»Tagebuches«* erkennen, »daß sie selber die Züge des Judas tragen, jeder von ihnen«, also durchaus im Bewußtsein ihrer Schuld leben, leugnen sie im Drama bis auf den Pater jede schuldhafte Beteiligung an Andris Verfemung und Ermordung wie am Tod von Andris Mutter durch den Steinwurf des Wirtes und am Leid der in der Schlußszene das Pflaster weiß streichenden Barblin. Das geschieht in den acht kurzen, als »Vordergrund« (= Bühnenrampe) bezeichneten Szenen, in denen der Wirt, der Tischler, der Geselle, der Soldat, der Jemand, der Doktor, zwei Soldaten mit Maschinenpistolen (ohne zu sprechen) und der Pater auftreten. Während dieser seine Schuld bekennt, laufen die Aussagen aller anderen auf die Beteuerung ihrer Unschuld hinaus: »Ich bin nicht schuld, daß es so gekommen ist später.«

Die Anklage, die das Drama allen Schuldigen vorhält, wird gerade durch die Leugnungsversuche der betreffenden Andorraner zum berechtigten und unumgänglichen vernichtenden Urteilsspruch über sie.

Frisch hat in dem *»Werkstattgespräch«* mit *Horst Bienek*[8] auf den Zusammenhang zwischen *»Andorra«* und *»Biedermann und die Brandstifter«* hingewiesen. Er bezeichnete das Biedermanndrama als »Fingerübung« und »Einübung« für *»Andorra«*. Zwischen den beiden Stücken lassen sich gewichtige Zusammenhänge erkennen: In seinem von Dummheit und Angst gleichermaßen bestimmten Verhalten gibt sich Biedermann in die Gewalt der sich in seinem Haus einrichtenden Brandstifter. Ihr Tun erscheint moralisch gerechtfertigt als Rache für das Vergehen Biedermanns an Knechtling. Vergleichbar mit der Blindheit Biedermanns verhalten sich die Andorraner, wenn sie die Gefahr, die ihnen von den zur Okkupation entschlossenen »Schwarzen« droht, nicht sehen wollen oder mit patriotischen Phrasen wegzureden versuchen. Schon zu Beginn der Handlung gibt es den deutlichen Hinweis auf die von den »Schwarzen« drohende Gefahr für Andorra. Aber derartige Hinweise werden durch beruhigende Phrasen überdeckt, so etwa, wenn der Pater in schöner Rhetorik fragt: »Warum sollen sie uns überfallen?« Er bezeichnet Andorra als ein zwar schönes, aber armes Land, »ein friedliches Land, ein schwaches Land — ein frommes Land, so wie wir Gott fürchten, und das tun wir, mein Kind, nicht wahr?«[9] Er gibt auf Barblins Frage »Und wenn sie trotzdem kommen?« keine Antwort und fährt lautlos mit seinem Fahrrad davon, während Barblin ihre Frage wiederholt: »Und wenn sie trotzdem kommen, Hochwürden?« Ohne bemerkt zu haben, daß der Pater längst weggefahren ist, spricht Barblin weiter:

»Ist's wahr, Hochwürden, was die Leut sagen? Sie sagen: Wenn die Schwarzen kommen, dann wird jeder, der Jud ist, auf der Stelle geholt. Man bindet ihn an einen Pfahl, sagen sie, man schießt ihn ins Genick. Ist das wahr, oder ist das ein Gerücht? Und wenn er eine Braut hat, die wird geschoren, sagen sie, wie ein räudiger Hund.«

Was Barblin im ersten Bild des Dramas ängstlich als das erwähnt, »was die Leut sagen«, wird sich an Andri Zug um Zug ereignen. Wie Biedermann verschließen die Andorraner ihre Augen vor dem bevorstehenden Unheil und reden sich mit Phrasen von ihrem Mut (so der Soldat Peider) oder von ihrer Unschuld (so der Doktor) über ihre zunehmende Angst hinweg. Während sie sich großsprecherisch als Volk »ohne Schuld« bezeichnen, sind sie Andri gegenüber bereits schuldig geworden. Die Besetzung Andorras durch die »Schwarzen« (im 10. Bild) könnte als Strafe für ihr Verhalten verstanden werden wie das durch die Brandstifter über Biedermann kommende Verderben als Strafe für seine Schuld an Knechtlings Tod. Aber auch mit zeitlich weiter zurückliegenden Dramen *Frischs* zeigt »Andorra« Ähnlichkeiten. Sieht man einmal von allen sonstigen vergleichbaren Einzelheiten ab, bleibt als zentrales und beherrschendes Thema das dem Ich aufgezwungene Rollenspiel, das *Frisch* von Werk zu Werk mehr oder weniger variiert gestaltet.

Im Zusammenhang des »*Werkstattgesprächs*« mit *Horst Bienek* erwähnte *Frisch* die »Entdeckung«, daß »jedes Ich, auch das Ich, das wir leben und sterben, eine Erfindung ist«.[10] Andri wird als Ich, das er lebt und stirbt, von den Andorranern in die Rolle des Juden hineingezwungen. Im qualvollen Prozeß des Bewußtwerdens seiner Identität erlahmt nach und nach sein Widerstand gegen diesen Zwang. Er nimmt seine Rolle an. Er ist von nun an nicht mehr bereit, diese Rolle aufzugeben, auch nachdem ihm durch seinen Vater und den Pater klargemacht worden ist, daß er kein Jude ist. Des Paters Botschaft (im 9. Bild): »Ich bin gekommen, um dich zu erlösen«, vermag Andri, nachdem er Barblins Liebe als die letzte und stärkste Kraft zum Überleben verloren hat, nicht mehr aus seiner angenommenen Identität zu lösen. Er verbleibt in ihr bis zu seiner Ermordung durch die »Schwarzen« als Jude, der er nicht ist. Im Tod sucht er die endgültige Verwirklichung seiner ihm aufgezwungenen Rolle:

»... die Wahrheit reicht aus. Ich erschrecke, so oft ich noch hoffe... Meine Trauer erhebt mich über euch alle, und so werde ich stürzen. Meine Augen sind groß von Schwermut, mein Blut weiß alles, und ich möchte tot sein.« (9. Bild)

Sieht man in »Andorra« ein Drama, das den Antisemitismus in Deutschland und als sein Ergebnis die Vernichtung von Millionen jüdischer Mitmenschen vergegenwärtigen soll, dann erscheinen die z. T. sehr scharf ablehnenden Urteile der Kritik als durchaus berechtigt, wenn sie die Unangemessenheit des Spiels um die Annahme einer von den Mitbürgern einer Einzelperson aufgezwungenen Rolle als Jude mit der tatsächlichen Judenverfolgung und dem technisierten Massenmord herausstellen. Allerdings wird dabei als selbstverständlich vorausgesetzt, daß Frisch mit »Andorra« ein Drama über den Antisemitismus schreiben wollte bzw. geschrieben hat. Beachtet man Frischs Feststellung, er habe mit seinem Stück weder den wirklichen Kleinstaat Andorra noch einen anderen realen Kleinstaat gemeint, »Andorra ist der Name für ein Modell«, dann ist es kaum vertretbar, sein Drama in die Reihe unzulänglicher Versuche der sogenannten Vergangenheitsbewältigung mit verfehlten Mitteln zu stellen. Als Modell verstanden, an dem in einer konsequenten Abfolge von in sich selbst abgeschlossenen »Bildern« aufgezeigt wird, wie bedenkenlos der Mensch bereit ist, Vorurteile zu übernehmen und überzeugt zu vertreten, sich ein »Bildnis« von einem Mitmenschen zu machen und diesen skrupellos bis zur psychischen und physischen Vernichtung diesem »Bildnis« anzupassen, leistet das Drama dagegen ein Äußerstes in der Demaskierung jener Mischung aus Verlogenheit, Feigheit und Dummheit, die der moderne Mensch in überwiegender Mehrheit verkörpert.

Als so verstandenes Modell eröffnet das Drama einen eindrucksvollen und zum Nachdenken veranlassenden Einblick in die Entstehung von Vorurteilen — »Bildnissen« — und deren zerstörerische Folgen. Es ist eine dramatisch gestaltete Studie über Ursachen, Entstehung und Wirkungen des Antisemitismus und die psychischen Abläufe, die an seiner Herausbildung wie an den von ihm bestimmten Verhaltensweisen beteiligt sind. Und als dramatisch gestaltetes Modell demonstriert Frisch in »Andorra« an einem vorgestellten Einzelfall die bis auf den heutigen Tag praktizierte, bereits im Alten Testament verzeichnete Bereitschaft des Menschen, die eigenen Schwächen, amoralischen Neigungen und Sünden auf einen »Sündenbock« zu übertragen.

In der dramatischen Form des Andorra-Modells wird die Frage danach, ob ein Ich über die Möglichkeit verfügt, sich innerhalb der

Gesellschaft in seiner persönlichen Eigenart zu verwirklichen, verneint. Das geschieht in der Durchleuchtung des Funktionierens der Vorurteilsmechanismen bei den Repräsentanten verschiedener sozialer Schichten der vorgestellten Bürger von Andorra. Die Möglichkeit dazu findet *Frisch* in der Erfüllung der Forderungen, die er an das Theater stellt:

»Ich bin dazu gekommen, weil die Parabel eine der Möglichkeiten ist, das illusionistische Theater zu vermeiden. Es wird nicht vorgegeben, das passiere jetzt, sondern es wird ein Modell gezeigt, ein Experiment.«[11]

Die Verwendung der Parabel wie die Vorwegnahme des Ausgangs in den Zeugenaussagen der »Vordergrund«-Szenen erinnert deutlich an die Technik des Dramas bei *Brecht*. Dennoch kann von einer Übernahme des Brechtschen »Verfremdungseffektes« in »*Andorra*« keine Rede sein. Die Personen in seinem Drama geben sich nicht als kritische Demonstranten sozialer Mißstände. Auch liegt es ihnen fern, ihr eigenes Verhalten im Spiel zu erklären. Ihre individuelle Rolle ergibt sich unmittelbar aus der Situation und dem das Ganze bestimmenden Geschehen. Das gilt auch für die »Vordergrund«-Szenen. In ihnen steht der »Zeuge« von heute in Konfrontation mit seinem damaligen, d. h. von heute aus gesehen historischen Tatort.

Das Drama ist als Ganzes eine in zeitlicher und sachlicher Aufeinanderfolge ablaufende Reihe von zwölf als in sich abgeschlossene »Bilder« gefaßter Dialoge mit relativ wenig dramatischer Handlung. Die Dialoge erzeugen bis auf wenige Ausnahmen (etwa zu Anfang des 12. Bildes, wo es um Andris Tod geht) kaum dramatische Spannung. Sie verlaufen im Ton der Erörterung von gegebenen Problemen. Die Ereignisse, die das Geschehen um Andri bewegen — die Vergewaltigung der Barblin, die Ermordung der Senora, der Einmarsch der Schwarzen —, werden nicht auf der Bühne dargestellt. Der Zuschauer wird über sie unterrichtet oder pantomimisch ins Bild gesetzt. So etwa zu Beginn des 8. Bildes, zu dem es in der Regieanweisung heißt: »Barblin will schreien, aber der Mund wird ihr zugehalten« als Anweisung für die pantomimisch-gestische Andeutung ihrer Vergewaltigung oder im 9. Bild die den Zuschauer informierende Aussage des Lehrers über die Ermordung der Senora: »Sie ist tot... — ein Stein.«

Auch darin zeigt sich *Frischs* Absicht, die Erzeugung eines illusionären »Wirklichkeitseffektes« beim Zuschauer zu vermeiden und einen objektiv beurteilbaren Modellfall vorzuführen. Aus diesem Bemühen erklären sich ferner die auffällig spärlich gehaltenen Hinweise für das Bühnenbild in den Regieanweisungen. Sie beschränken sich auf ausschließlich funktionsgebundene Kulissen und Requisiten. Im ersten Bild (wie im letzten) etwa Barblins Farbeimer und Pinsel; im vierten das Köfferchen und der Hut des Arztes. Zugleich aber übernehmen bestimmte Gegenstände eine auf tiefere und übergreifende Zusammenhänge verweisende Funktion, so insbesondere das Orchestrion, das nur Andri spielen läßt und dessen immer wieder gleiche Melodie das ganze Geschehen begleitet. Es ist jene Melodie, in der Andri auch am Schluß des Ganzen noch gegenwärtig bleibt.

»Die Bühne soll so leer wie möglich sein. Ein Prospekt im Hintergrund deutet an, wie man sich Andorra vorzustellen hat ... auf der Spielfläche steht nur, was die Schauspieler brauchen ... kein Vorhang zwischen den Szenen. Nur Verlegung des Lichts auf den Vordergrund ... der Zuschauer soll daran erinnert bleiben, daß ein Modell gezeigt wird, wie auf dem Theater eigentlich immer.«[12]

So heißt es in den Regieanweisungen meist nur: »Der Platz von Andorra« (für das 1., 5., 8., 10., 12. Bild). Auch die sonstigen Ortsangaben verzichten auf jede Vorschrift für Details. Sie lauten etwa: »Vor der Kammer der Barblin«, »Stube beim Lehrer« oder »Sakristei«. Die beabsichtigte Wirkung erzielt *Frisch* durch den starken Kontrast zwischen Wort und Bild. Besonders eindrucksvoll kontrastieren die »Zeugenaussagen« der »Vordergrund«-Monologe gegen die soeben im »Bild« sinnlich miterlebte Wahrheit.

Die »Vordergrund«-Szenen, die bereits bei den Anfangs-»Bildern« das Ende der Handlung im Rückblick auf Vergangenes voraussetzen, bestätigen den von *Frisch* auch sonst vertretenen Zeitbegriff. Im »*Tagebuch*« beschreibt er ihn folgendermaßen:

»Die Zeit verwandelt uns nicht. Sie entfaltet uns nur ... Sie wäre damit nur ein Zaubermittel, das unser Wesen auseinanderzieht und sichtbar macht, indem sie das Leben, das eine Allgegenwart des Möglichen ist, in ein Nacheinander zerlegt.«[13]

Die »Allgegenwart des Möglichen« als zeitliches Ineinander von Vergangenheit, Gegenwart und Zukunft bestimmt auch die Zeitstruktur in »*Andorra*«. Allein schon in der Konfrontation der Andorraner der Gegenwart mit ihrer Vergangenheit in den »Vordergrund«-Szenen, in der sich erweist, daß sie aus der Katastrophe, an der sie schuldhaft beteiligt waren, nichts »gelernt« haben, sondern sich (mit Ausnahme des Paters) für unschuldig halten, spricht sich die skeptische Haltung *Frischs* der Zukunft gegenüber aus. Sie zeigt u. a., daß er das Leitprinzip *Brechts*, daß die heutige Welt — und das heißt die momentane Gesellschaftsordnung — als »veränderliche Welt« anzusehen sei, nicht bejaht oder gar für seine Dramen übernommen hat. Sein »*Andorra*« demonstriert im Gegensatz zu *Brecht*, daß sich weder an den Ansichten noch den Verhältnissen etwas geändert hat oder in Zukunft ändern wird.

Die Zeitdimension der fiktiven Gerichtsverhandlung erweist sich als permanent. Sie umklammert Vergangenheit, Gegenwart und Zukunft. Während das Geständnis der Senora (im 8. Bild) »weil ich feig war, als das Kind kam. Weil ich Angst hatte vor meinen Leuten« und ihre Anklage »weil auch du feig warst, als du wieder nach Hause kamst. Weil auch du Angst hattest vor deinen Leuten« auf den in der Vergangenheit liegenden Ursprung und Anlaß dessen zurückblicken, das jetzt — in der Gegenwart — geschieht, demonstriert das stumme Patrouillieren der beiden Soldaten der »Schwarzen« die Situation der Zukunft, in der trotz aller verlogenen Rechtfertigungsversuche der Zeugen die nackte Gewalt herrschen wird, die es nicht für nötig hält, sich mit Worten zu rechtfertigen.

Dem zeitunabhängigen Modellcharakter von »*Andorra*« entspricht die szenische Kreisstruktur. Anfang und Ende zeigen äußerlich die gleiche Szene: Barblin weißelte im ersten Bild, und sie weißelt im letzten Bild. Gewiß, in der inzwischen vergangenen Zeit hat sich Wesentliches verändert. Das wird aber nur von den wenigen gesehen, die es wahrhaben wollen. Für die anderen bleibt alles beim alten. Barblin: »Wenn ihr nicht seht, was ich sehe, dann seht ihr: ich weißle.« Der Zuschauer aber begreift den Unterschied: Im ersten Bild weißelt Barblin »bei vollem Verstande« ohne tiefere Einsicht das Haus ihres Vaters, »auf daß wir ein weißes Andorra haben«. Jetzt, im letzten Bild, weißelt sie das Pflaster und die Tische des Wirtes im Wissen darum, daß der Mord verschwiegen wird, als sei er nicht geschehen: »Ich weißle, ich weißle, auf daß wir ein weißes Andorra haben, ihr Mörder, ein schneeweißes Andorra, ich weißle euch alle — alle.« Das blutbefleckte Andorra wird wieder weiß. Das Geschehene kann von neuem beginnen.

Während von den Personen des Dramas Andri, der Lehrer, die Mutter, Barblin und die Senora eine häusliche verwandtschaftliche Gruppe bilden, vertreten alle anderen die andorranische Gesellschaft. Sie sind nicht als Charaktere, sondern als Typen gestaltet. Im Personenverzeichnis tragen sie keine Namen, sondern nur ihre Berufsbezeichnung: der Wirt, der Soldat, der Tischler, der Geselle, der Doktor usw. Wenn ihre Namen im Zusammenhang des Dialogs, etwa als Anrede, genannt werden, sind sie gebräuchliche Bestandteile der Unterhaltung ohne charakterisierende Funktion. Die Andorraner machen, mit Ausnahme des Paters, keine Entwicklung durch. Ihrem Wesen nach unselbständig, in ihrem Verhalten undramatisch bis passiv, ist ihre Ausdrucksweise stereotyp. Selbst die Angst vor dem Überfall durch die »Schwarzen« veranlaßt sie nicht zu aktivem Handeln. Sie versuchen, sich mit verlogenen Phrasen und dem Nachplappern inhaltloser Redewendungen Mut zu machen, so wie sie in ihrem Alltag ohne Bedenken Vorurteile übernehmen und weitergeben.

Die Personen der verwandtschaftlich-privaten Gruppe stehen in schwieriger Mehrfachbeziehung zu Andri: Die fremde Senora ist seine natürliche Mutter, die »Mutter« ist nicht mit ihm verwandt, Barblin ist in Wirklichkeit seine Schwester, für ihn ist sie als Pflegeschwester, für die er sie halten muß, seine Geliebte; der Lehrer Can, dessen Sohn Andri ist, hat sich durch seine Lüge zum Adoptivvater Andris gemacht, der in ihm seinen künftigen Schwiegervater sieht und später nur noch den Mann, dem er sein Leben verdankt (6. Bild): Doppelrollen und Identitätsprobleme als Folgen der Lüge am Anfang komplizieren die Beziehungen Andris zu den ihm nächststehenden Menschen und führen zu Leid, Verzweiflung, Mord und Selbstmord. (Umkehrungen heilsgeschichtlicher Beziehungen und Transpositionen mythischer Bilder deuten sich an: der Vater in der Judasrolle seinem Sohn gegenüber, der geopferte Sohn des Mordes an der Mutter beschuldigt, die leibliche Schwester als Geliebte.)

Die Personen dieser Gruppe sind keine Typen, sondern Charaktere. Ihre je nach ihrem Wesen und Temperament differenzierte Sprache drückt ihr momentanes Denken und Fühlen in der jeweiligen Situation aus. So entspricht etwa der Wutausbruch des ohnehin cholerischen Lehrers seinem zunehmend gereizten Zustand, wie sein häufiges Schweigen, wo er reden sollte, seinem Schuldbewußtsein. Seine Sprache bestimmt sich durch Emotionen. Sie ist lebendiger Ausdruck eines gerade in seinen Schwächen menschlich wirkenden Charakters.

Deutlich hebt die nuancenreiche, äußerst differenzierte Sprache Andris sich vom Ausdruck aller anderen Personen des Stücks ab. Sie spiegelt in ihrer Spannweite seine Empfindungen, Hoffnungen und Wünsche, seine Liebe und Verzweiflung, seine Urteilsfähigkeit und sein Ringen um Anerkennung seines Rechts auf Leben und Wärme; sie artikuliert seinen jungenhaften Frohsinn und seine Lebensfreude wie schließlich sein Wissen um die Vergeblichkeit seines Mühens, seine Trauer und Bereitschaft zum Tod. Gegen ihn wirken die anderen Personen wie Marionetten.

In Andri wird »Andorra« zu einem Charakterdrama, in dem der Verlauf eines menschlichen Entwicklungsganges und Schicksals dargestellt wird. Die Zwangsläufigkeit des Geschehens, durch Lüge ausgelöst und durch unüberwindbare Vorurteile in der Kausalität der Entwicklung innerhalb der aufeinanderfolgenden Bilder in ständiger Steigerung sich auf das Ende zubewegend, demonstriert die erdrückende Macht des Zusammenspiels von Dummheit und Vorurteil in einer geistig erstarrten Gesellschaft.

Die dramatische Darstellung dieser Macht kann nicht durch das Auftreten sie verkörpernder Protagonisten geschehen. Das Vorurteil ist nicht die geistige Besonderheit eines einzelnen, sondern eignet allen Mitgliedern der Masse gleichermaßen. Diesem Darstellungsproblem begegnet Frisch in der Gestaltung von in sich abgeschlossenen Szenen (»Bilder«), von denen jede außer in der Konsequenz des Geschehensablaufs auch als solche aus sich selbst wirkt. Jede Szene ist als Episode angelegt und durchgeführt, in der sich je einzelne typische Bürger Andorras als solche profilieren und damit zugleich ihre Gruppe oder Schicht repräsentieren.

Zwar sagte *Frisch* von »*Andorra*« selbst, es sei ihm »zu durchsichtig —
es wären noch eine ganze Reihe anderer Sachen dazu zu sagen —;
aber dann wäre es vielleicht nicht mehr in dem Sinne wirkungsvoll,
wie wir es vorher sagten: Als Anfängerkurs in der Beschäftigung mit
dem Phänomen Vorurteil.«[14] Das Experiment, das darin bestand, eine
fatale Neigung des zeitgenössischen Menschen insgesamt und nicht ihre
Verkörperung in einer Einzelperson als dramatisch-tragisches Thema
zu gestalten und seine Wirkungen für den vom Vorurteil Betroffenen
darzustellen, ist *Frisch* gelungen, zugleich aber auch die Demonstration der deprimierenden Gewißheit, daß der Mensch sich nicht ändert
und trotz aller Schulderfahrung weiterhin aus Vorurteilen Mitmenschen vernichten wird.

Es stellt sich die Frage, ob damit nicht die absolute Wirkungslosigkeit
des Dramas (und des Theaters) als »moralische Anstalt« im weitesten
Begriffsinn dokumentiert ist. Daß weder Mitleid noch Furcht, wie
Lessing sie verstand, den Menschen bessern, noch die mit dem »Verfremdungseffekt« *Brechts* angeblich erreichbare kritische Auseinandersetzung des Zuschauers mit erkannten Mißständen der Gesellschaft
ihn zu deren Änderung veranlaßt.

Trotz der großen Aufführungserfolge von »*Andorra*« vor allem an
den führenden deutschen Theatern — es gilt als *Frischs* berühmtestes
Stück — hat der Dichter sechs Jahre lang kein neues Drama geschrieben. Während die »*Andorra*« positiv bewertenden Kritiker diesen Zeitraum als ein Ausruhen, als eine »schöpferische Pause« des
Autors nach Erreichen eines bedeutenden Höhepunkts in seinem dramatischen Schaffen interpretierten,[15] sahen ihre von dem Drama enttäuschten Kollegen in dem jahrelangen Verzicht auf neue Bühnen-
werke die Folge der Erkenntnis *Frischs*, mit diesem Stück das Ende
des möglichen Weges der von ihm praktizierten Dramenform erreicht
zu haben.[16] Wird diese Auffassung von *Frisch* insofern bestätigt, als
er sich im Zusammenhang mit seinem bisher letzten Drama »*Biografie*« dahingehend äußerte, daß die »Dramaturgie der Fügung« ihm
nicht mehr vertretbar erscheine und er sich für die »Dramaturgie des
Zufalls« entschieden habe, so erheben sich dessen ungeachtet Bedenken gegen die etwa von *Manfred Durzak* (vorsichtshalber in Frageform gefaßte) Annahme, *Frisch* habe in den sechs Jahren zwischen
»*Andorra*« und »*Biografie*« eine völlig neue Dramaturgie und als
eine ihrer Folgen ein völlig neues Drama gefunden und entwickelt.[17]
Man übersieht allzu leicht, daß es auch vor der »*Biografie*« kein
Drama aus der Feder des Autors gibt, das den dargestellten Geschehensverlauf als den einzig möglichen festlegt. Sie begründen ihre
charakteristischen Problemsituationen gerade aus der Möglichkeit, daß
alles auch ganz anders gehen könnte oder, anders gesagt, aus der
Fragwürdigkeit des in dieser Weise dargestellten Geschehens. Ihre
Spannung ist im Grunde die Spannung zwischen dem gezeigten und

einem oder mehreren möglichen Abläufen der Handlung in anderer Richtung und zu anderen Schlüssen. Jede eingehendere Analyse der früheren Dramen *Frischs* wird diese Behauptung als Tatsache bestätigen.

Es ist daher unzutreffend, zwischen »*Andorra*« (1961) und »*Biografie*« (1967) einen Wandel oder gar einen Bruch in des Autors Auffassung vom Drama und in seinem dramatischen Werk zu sehen. Der Versuch, eine der Wirklichkeit entsprechendere Form und Struktur dramatischer Darstellung als die des klassischen Dramas und des »epischen Stücks« zu finden und zu verwirklichen, ist als *Frischs* Zielvorstellung bereits in seinen frühesten Stücken und seither durchgehend zu erkennen. »*Biografie*« ist deshalb nicht der Versuch in einer grundsätzlich neuen, die bisherigen Leitgedanken seines dramatischen Werkes in Frage stellenden Dramaturgie, sondern das Ergebnis der konsequenten Weiterentwicklung der in ihm von Anfang an enthaltenen Möglichkeiten.

Die Biographie beschreibt den Lebenslauf eines Menschen in der Retrospektive. Das Tagebuch hält Momente und Geschehnisse fest, die für den Lebenslauf seines Verfassers wichtig oder entscheidend waren. Beide sind Bericht über das Leben, Lebensgeschichte also in mehr oder weniger voneinander verschiedener äußerer Form. Dichtung aber ist Spiel mit den das Leben bestimmenden Begebenheiten, mit der Biographie. Dichtung verfügt aber zugleich über die Freiheit, den Menschen in allen seinen Möglichkeiten spielerisch zu vergegenwärtigen. Sie vermag Zeit und Geschichte im Spiel mit dem Leben als der zeitlosen Allgegenwart des Möglichen aufzuheben.

»Im Spiel mit dem Lebenslauf begegnen sich Zeitlosigkeit und Zeit, Sein und Geschichte, Ineinander und Nacheinander, Anfang und Ende. Eine solche Dichtung, die sich als magischer Spiel-Raum des Traums, der Ahnung und Erinnerung begreift, entwirft immer schon eine Bühne, einen Spielraum für das doppelgängerische Ich und Du, für das Ineinander und Gegeneinander von Lebenslauf und gespieltem Leben, Wirklichkeit und Traum...«[18]

Frisch selbst beschreibt im »*Tagebuch*« das Wesen des Theatralischen als »Wahrnehmung und Imagination. Ihr Bezug zueinander, das Spannungsfeld, das sich zwischen ihnen ergibt, das ist es, was man, wie mir scheint, als das Theatralische bezeichnen könnte«.[19] In eben diesem »*Tagebuch*« steht der Satz: »Schreiben heißt: sich selber lesen.«[20]

Die intensivste Möglichkeit dazu ist das Tagebuch. In erzählender Form verwirklicht sie sich im Ich-Roman, theatralisch dagegen im »Drama des Zufalls«. Beide sind Synthese von Wahrnehmung und Imagination, denn beider Charakter ist bei *Frisch* theatralisch. Darin begründet sich die Tatsache, daß sein Roman »*Mein Name sei Gantenbein*« und sein Drama »*Biografie. Ein Spiel*« gleichermaßen seinen Grundsatz bestätigen: »Das Fremdeste, was man erleben kann, ist das Eigene, einmal von außen gesehen.«[21] In beiden Werken steht das Ich auf der Bühne. Denn die jeden neuen Abschnitt des Gantenbein-Romans einleitenden Worte »Ich stelle mir vor:« öffnen den Vorhang einer imaginierten Bühne, wie das letzte Wort der jeweiligen Regieanweisung im Drama. »Spielplatz ist immer die menschliche Seele. Ihren Gesetzen ist alles unterworfen.«[22] Gantenbein als vorgestelltes Ich im Roman und Kürmann als Person im »Spiel« sind Zentralfiguren einer theatralischen, d. h. einer vorgestellten, gespielten Wirklichkeit.

Frisch selbst hat »*Mein Name sei Gantenbein*«[23] als »Theaterroman« bezeichnet. Nach der Andeutung des Todes eines Partymitglieds heißt es im Roman zum erstenmal:

> »Ich stelle mir vor:
> so könnte das Ende von Enderlin sein.
> Oder von Gantenbein?
> Eher von Enderlin.«[24]

Und dann, nach einer Reihe von sozusagen »probeweisen Vorstellungen«, jene, die dem ganzen weiteren Roman (der nichts anderes sein will als die Fiktion von einem vorgestellten Menschen, der bestimmte Erfahrungen macht und sich in die in ihnen enthaltenen möglichen Geschichten versetzt) die theatralische Exposition gibt:

> »Ein anderes Leben —?
> Ich stelle mir vor:
> Ein Mann hat einen Unfall, beispielsweise Verkehrsunfall, Schnittwunden im Gesicht, es besteht keine Lebensgefahr, nur die Gefahr, daß er sein Augenlicht verliert. Er weiß das. Er liegt im Hospital mit verbundenen Augen lange Zeit. Er kann sprechen. Er kann hören: Vögel im Park vor dem offenen Fenster, manchmal Flugzeuge, dann Stimmen im Zimmer, Nachtstille, Regen im Morgengrauen. Er kann riechen: Apfelmus, Blumen, Hygiene. Er kann denken, was er will, und er denkt ... Eines Morgens wird der Verband gelöst, und er sieht, daß er sieht, aber schweigt; er sagt es nicht, niemand und nie.
> Ich stelle mir vor:
> Sein Leben fortan, indem er den Blinden spielt, auch unter vier Augen, sein Umgang mit Menschen, die nicht wissen, daß er sie sieht, seine gesellschaftlichen Möglichkeiten, seine beruflichen Möglichkeiten dadurch, daß er nie sagt, was er sieht, *ein Leben als Spiel* [Hervorhebung vom Verfasser], seine Freiheit kraft eines Geheimnisses usw.
> Sein Name sei Gantenbein.«[25]

Mit dem nun folgenden, im Druckbild deutlich gegen den oben zitierten wie gegen den nachfolgenden Text abgehobenen Satz: »Ich probiere Geschichten an wie Kleider!« ist im Roman »*Mein Name sei Gantenbein*« der Raum für eine im Grunde unbegrenzte Vielfalt und Vielzahl möglicher »Ich stelle mir vor:«-Szenen bzw. -Geschichten eröffnet. Und in dem »Ich probiere Geschichten an« wird zugleich auf die vom Autor im Zusammenhang mit dem Stück »*Biografie*« so hoch bewerteten Möglichkeiten der »Probe« (als Bühnenprobe verstanden) angespielt.

Denn für seine »*Biografie. Ein Spiel*«[26] ist die Probe als alle Möglichkeiten offenhaltende Situation nach *Frischs* eigenen Aussagen die Voraussetzung für sein »neues« Verständnis von Drama, Bühne und Theater.

In diesem »Spiel« nun geht es um nichts anderes als das *Frisch*-Problem schlechthin: um die Frage nach dem Ich und seinen Möglichkeiten, in Identität mit sich selbst die Geschichte (oder Geschichten) seines ihm vorgegebenen Lebens zu verwirklichen. Dabei gilt *Frischs* Feststellung »Schreiben heißt: sich selber lesen«.

Im Spiel »*Biografie*« ist das sein Leben nach den Erfahrungen eines bereits gelebten Lebens noch einmal in der »Probensituation« »in Freiheit« wiederholende Ich in zwei Figuren vorgestellt, die das Spiel gemeinsam in Szene setzen: in dem Professor für Verhaltensforschung Kürmann und dem Registrator. Die Spielsituation ist in Kürmanns Überzeugung ausgedrückt, die der Registrator zitiert: »Sie haben gesagt: Wenn Sie noch einmal anfangen könnten in Ihrem Leben, dann wüßten Sie genau, was Sie anders machen würden —.«[27] Der Registrator, der über das Dossier über Kürmanns bisheriges Leben verfügt, ja es im Wortsinn »in Händen hält«, sieht in Kürmanns Aussage einen Wunsch, den er erfüllt. Er läßt Kürmann noch einmal wählen bzw. entscheiden. Aus dem Dossier seines bereits gelebten Lebens liest er ihm den die jetzt erneut zu lebende Situation betreffenden Abschnitt vor. Im dann eingeschalteten »Spiellicht« kann Kürmann das betreffende Stück seines Lebens im Wissen um das falsche Verhalten, das damals Unglück, Leid und Tod veranlaßte, noch einmal »als Spiel« erleben. Der Registrator fungiert dabei, wenn immer nötig, als Souffleur, Regisseur, Korrekteur und Arrangeur. Von ihm sagt *Frisch* in den dem Text angefügten »Anmerkungen«,[28] daß er keine »metaphysische Instanz« vertritt. »Er spricht aus, was Kürmann selber weiß oder wissen könnte. Kein Conférencier; er wendet sich nie ans Publikum, sondern assistiert Kürmann, indem er ihn objektiviert.« Der Registrator vertritt die Instanz des Theaters, wie *Frisch* es versteht: Das Theater gestattet, »was die Wirklichkeit nicht gestattet: zu wiederholen, zu probieren, zu ändern«. Zum Dossier, das der Registrator benutzt, sagt der Autor in den »Anmerkungen«, es sei nicht ein einmal von Kürmann geschriebenes Tagebuch und auch kein Dossier, wie Behörden es anlegen; »dieses Dossier gibt es, ob geschrieben oder nicht, im Bewußtsein von Kürmann: die Summe dessen, was Geschichte geworden ist, seine Geschichte, die er nicht als die einzig mögliche anerkennt.« Auch der vorgestellte Herr Gantenbein des Romans hält seine auf das »Ich stelle mir vor« folgenden Geschichten nicht für die einzig möglichen. Er stellt sich mögliche Varianten vor, durchprobt erzählend die in ihnen vorstellbaren Geschehensabläufe, schlüpft in ein anderes Ich, etwa das von Enderlin oder Swoboda, um immer wieder zu erfahren, was ihm beim Kauf neuer Kleidung als unabänderliche Tatsache klar wird:

»Schon wenn der Verkäufer sie in die Umkleidekoje bringt und dann taktvoll verschwindet, damit ich probiere, weiß ich, wie alles aussehen wird in einem Vierteljahr ... Ob billig oder teuer, englisch oder italienisch oder einheimisch, bleibt einerlei; immer entstehen die gleichen Falten am gleichen Ort, ich weiß es.«[29]

In der »Biografie«, einem Stück, das nach Frisch »immer Probe« bleibt (»Anmerkungen«), kann Kürmann mögliche Varianten zur Realität seines bereits Geschichte gewordenen Lebens probieren. Und dabei erweist sich die von Gantenbein beim Kleiderkauf realisierte Wahrheit auch für ihn: »Immer entstehen die gleichen Falten am gleichen Ort.« Keine Szene paßt Kürmann so, »daß sie nicht auch anders sein könnte. Nur er kann nicht anders sein« (»Anmerkungen«). Seine Ansätze, die Möglichkeiten, die er damals nicht erkannte oder versäumte, in der jetzt noch einmal gegebenen gleichen Situation zu nutzen, kommen halb oder gar nicht zur Ausführung. Sie ergeben Szenen im Stadium der Proben eines »Ich-Dramas«, das zwar jede Möglichkeit von Varianten des Spiels enthält, ohne das Ich verändern zu können. Das Spiel »Biografie« lebt aus der gerade durch das andere Ich des Registrators ermöglichten Polarität zwischen Kürmanns Möglichkeiten und seinem tatsächlichen Verhalten. Die Bühne als »Spiel-Raum« (wie als vorgestellter Raum »erzählter Geschichten« im »Gantenbein«) wird zum »Raum der Dichtung«,[30] als Raum wenigstens in Probensituationen erlebbarer Freiheit des Ich, andere als die bereits festgelegten Situationen eines Lebens als vorstellbare Möglichkeiten zu verwirklichen. Die Bühne kann nichts Reales »abbilden«, nicht die Welt und nicht ein Ich, so wie Dichtung das nicht vermag. Aber sie kann vorstellbare Möglichkeiten eines Ich, einer Gesellschaft, einer Welt in »Probeszenen« andeutend vergegenwärtigen:

»Wie immer das Theater sich gibt, ist es Kunst: Spiel als Antwort auf die Unabbildbarkeit der Welt. Was abbildbar wird, ist Poesie.«[31] Das »Spiel, verstanden als Antwort auf die Unabbildbarkeit der Welt, ändert diese Welt noch nicht, aber unser Verhältnis zu ihr ... allein dadurch, daß wir ein Stück Leben in ein Theaterstück umzubauen versuchen, kommt Veränderbares zum Vorschein, Veränderbares auch in der geschichtlichen Welt, die unser Material ist.«[32]

»Welt« aber ist für Frisch »ein zusammenfassendes Bewußtsein«[33] in der Situation von heute, die der moderne Mensch als Chaos aus Krieg, Massenmord und Zerstörung erfährt und allenfalls als ein auseinanderfallendes, nur noch Teilbereiche und Fragmente umspannendes Bewußtsein. Das Spiel auf der vorgestellten oder realen Bühne kann kein neues Weltbild vermitteln, nachdem der Mensch seine durchaus lebbare und lebenszugeneigte Welt fast restlos zerstört hat. In einer ihrem Untergang entgegengehenden Welt versucht *Frisch* die Bühne zum Projektionsraum des in unserem Ich-Bewußtsein vor sich gehenden Geschehens zu machen. Auf der Bühne kann die unabbildbare Welt auf die möglichen Erfahrungen des Ich bezogen werden:

»Nur die Erfahrung ändert alles, weil sie nicht ein Ergebnis der Geschichte ist, sondern ein Einfall, der die Geschichte ändern muß, um sie auszudrücken. Die Erfahrung dichtet, und die Dichtung ändert die Welt, wenn auch nicht im vordergründigen Sinn.«[34]

Das poetische Spiel mit den Möglichkeiten der Biographie enthält auch das Spiel vom Lauf der Weltgeschichte und die Möglichkeit ihrer Aufhebung um des Menschen willen. Denn nur eine »Erfahrung« kann das Selbst-Bewußtsein des Menschen verändern und nur ein verändertes Selbst-Bewußtsein das Bewußtsein der Welt.

Alle Dramen *Frischs*, einschließlich der *»Biografie. Ein Spiel«*, führen ihre »Geschichte« (oder Fabel) auf diese oder jene Weise ad absurdum. Und der Herr Gantenbein im Roman zerstört Leben, Liebe, Glück und Existenz, als er das »Bildnis« des Blinden, das alle ihn kennenden Menschen einschließlich der ihn liebenden Lila sich von ihm gemacht haben, als »gespielte« unwahre Rolle zu erkennen gibt. Ein neuer Anfang als Möglichkeit aber scheint sich gerade in der Aufhebung der »Geschichte« im *»Gantenbein«* wie in der *»Biografie«* anzudeuten. Er könnte sich in dem Menschen verwirklichen, der sich nicht mehr als Objekt einer Geschichte begreift, sondern sich die Freiheit bewahrt, seine ihm gemäße Geschichte zu wählen. Er wäre dann auch frei von jenem vernichtenden Zwang des »Bildnisses«, das seine Mitmenschen sich von ihm machen. Aber von Professor Kürmann der *»Biografie«* heißt es im letzten Satz der dem Drama angefügten »Anmerkungen«: »... keine Szene paßt ihm so, daß sie nicht auch anders sein könnte. *Nur er kann nicht anders sein.*« — [Hervorhebung vom Verfasser].

Das Bild, das das zeitgenössische deutsche Drama vom Menschen unserer Tage entwirft, erscheint allgemein bestimmt von Pessimismus und Hoffnungslosigkeit. Der tiefer angelegte und ernster gefaßte Pessimismus in den Dramen von *Frisch* ist weder in sozialer Ungerechtigkeit noch in weltanschaulichen Veränderungstendenzen begründet, sondern in der Abwesenheit der Liebe. Das Leid des Ich ist die Folge davon, daß Liebe nicht mehr geschenkt und erfahren wird. Um die Abwesenheit der Liebe geht es letztlich in allen seinen Dramen. Indem er diese Abwesenheit erkennbar macht, versucht er Raum zu schaffen, in dem Liebe erneut gelebt werden kann. Dichtung hat dann trotz ihrer Ohnmacht »etwas von einem letzten Alarm, der ihr möglich ist —«. Es ist ihr verzweifelter Ruf nach Liebe um der Rettung der Menschheit willen.[35] *Frischs* Gantenbein macht sich klar:

»Es ist nicht die Zeit für Ich-Geschichten. Und doch vollzieht sich das menschliche Leben oder verfehlt sich am einzelnen Ich, nirgends sonst.«[36]

Im Spiel »*Biografie*« stellt er in Kürmann das einzelne Ich auf die Probe. Auf die Probe gestellt ist aber auch der Zuschauer vor dem Spiel, das seine Proben- und Erprobungssituation mit Kürmanns Frage eröffnet: »Können wir nochmals anfangen?« Denn das, was im »Spiellicht« der Szenen erprobt und vollzogen oder verfehlt wird, ist das Drama jedes einzelnen, und es konfrontiert das jeweilige Ich mit sich selbst und Kürmanns Frage.

»Als Stückeschreiber hielte ich meine Aufgabe für durchaus erfüllt, wenn es einem Stück jemals gelänge, eine Frage dermaßen zu stellen, daß die Zuschauer von dieser Stunde an ohne eine Antwort nicht mehr leben können — ohne ihre Antwort, ihre eigene, die sie nur mit dem Leben selber geben können.«[37]

Literatur

Max Frisch

Erstausgaben:

Nun singen sie wieder. Versuch eines Requiems, Basel 1946 (Sammlung Klosterberg, Schweizerische Reihe. Hrsg. von Walter Muschg).
Santa Cruz. Eine Romanze, Basel 1947 (Sammlung Klosterberg).
Die Chinesische Mauer. Eine Farce, Basel 1947 (Sammlung Klosterberg).
2. Fassung: Die Chinesische Mauer. Eine Farce, Frankfurt a. M. 1955.
3. Fassung: (unpubliziert).
4. Fassung: Die Chinesische Mauer. Eine Farce (Version für Paris), Frankfurt a. M. 1972 (edition suhrkamp 65).
Als der Krieg zu Ende war. Schauspiel, Basel 1949 (Sammlung Klosterberg).
2. Fassung in: Stücke Bd. I, Frankfurt a. M. 1962, S. 247 ff.
Graf Öderland. Ein Spiel in zehn Bildern, Frankfurt a. M. 1951.
Don Juan oder die Liebe zur Geometrie. Komödie in fünf Akten, Frankfurt a. M. 1953.
2. Fassung in: Stücke Bd. II, Frankfurt a. M. 1962, S. 7 ff.
Herr Biedermann und die Brandstifter. Hörspiel, Hamburg 1955. In: Hörwerke der Zeit 2.
Biedermann und die Brandstifter. Ein Lehrstück ohne Lehre. Mit einem Nachspiel, Frankfurt a. M. 1958.
Andorra. Stück in zwölf Bildern, Frankfurt a. M. 1961.
Biografie. Ein Spiel, Frankfurt a. M. 1967.
2., überarbeitete Auflage 1968.

Sammelausgaben:

Stücke Bd. I u. II, Frankfurt a. M. 1962. (Bd. I: Santa Cruz — Nun singen sie wieder — Die Chinesische Mauer — Als der Krieg zu Ende war — Graf Öderland. Bd. II: Don Juan oder Die Liebe zur Geometrie — Biedermann und die Brandstifter — Die große Wut des Philipp Hotz — Andorra.)

Stücke Bd. 1 u. 2, Frankfurt a. M. 1972/73 (suhrkamp taschenbuch 70 u. 81).
(Bd. 1: Santa Cruz — Nun singen sie wieder — Die Chinesische Mauer
[Version für Paris, 1972] — Als der Krieg zu Ende war — Graf Öderland.
Bd. 2: Don Juan oder Die Liebe zur Geometrie — Biedermann und die
Brandstifter — Die große Wut des Philipp Hotz — Andorra — Biografie.
Ein Spiel.)
Gesammelte Werke in zeitlicher Folge. 6 Bde., hrsg. von Hans Mayer unter
Mitw. von Walter Schmitz, Frankfurt a. M. 1976.
(Textidentisch: Werkausgabe edition suhrkamp in 12 Bänden. Frankfurt a. M.
1976.)

Literatur zu Max Frisch:

Bänzinger, Hans, Frisch und Dürrenmatt, Bern und München [6]1971.
Bänzinger, Hans, Zwischen Protest und Traditionsbewußtsein. Arbeiten zum
Werk und zur gesellschaftlichen Stellung Max Frischs, Bern und München
1975.
Beckermann, Thomas (Hrsg.), Über Max Frisch, Frankfurt a. M. 1971.
Bibliographie (umfassend) von: Walter Schmitz. In: Über Max Frisch II,
hrsg. von Walter Schmitz, Frankfurt a. M. 1976, S. 453 ff.
Biedermann, Marianne, Das politische Theater von Max Frisch, Lampertheim
1974 (Theater unserer Zeit 13).
Durzak, Manfred, Spielmodelle des Ichs und der Wirklichkeit. Die Dramen
von Max Frisch. In: Durzak, M., Dürrenmatt/Frisch/Weiss. Deutsches
Drama der Gegenwart zwischen Kritik und Utopie, Stuttgart 1972, S. 145 ff.
Frisch, Max, Text und Kritik. In: Zeitschrift für Literatur (Sonderheft Max
Frisch). Hrsg. von Heinz Ludwig Arnold, 47/48, München 1975.
Geisser, Heinrich, Die Entstehung von Max Frischs Dramaturgie der Permu-
tation, Bern und Stuttgart 1973 (Sprache und Dichtung N. F., Bd. 21).
Jurgensen, Manfred, Max Frisch. Die Dramen. 2., durchgesehene Auflage,
Bern und München 1976.
Karasek, Hellmuth, Max Frisch, Velber [5]1975.
Springmann, Ingo (Hrsg), Max Frisch. Biedermann und die Brandstifter (Er-
läuterungen und Dokumente), Stuttgart 1975.
Schau, Albrecht (Hrsg.), Max Frisch — Beiträge zur Wirkungsgeschichte, Frei-
burg i. B. 1971 (Materialien zur Deutschen Literatur 2).
Schmitz, Walter, Über Max Frisch II, Frankfurt a. M. 1976.
Schnetzler-Suter, Annemarie, Max Frisch. Dramaturgische Fragen, Bern,
Frankfurt a. M. 1974 (Europäische Hochschulschriften R. I., Bd. 100).
Schröder, Jürgen, Spiel mit dem Lebenslauf. Das Drama Max Frischs. In:
Gerhard Neumann, Jürgen Schröder, Manfred Karnick: Dürrenmatt, Frisch,
Weiss. Drei Entwürfe zum Drama der Gegenwart, München 1969, S. 61 ff.
Stäuble, Eduard, Max Frisch. Gesamtdarstellung seines Werkes, St. Gallen
[4]1971.
Weise, Adelheid, Untersuchungen zur Thematik und Struktur der Dramen
von Max Frisch, Göppingen 1969 (Göppinger Arbeiten zur Germanistik 7).

Tragikomik und Groteske im zeitgenössischen Drama

Friedrich Dürrenmatt

Da sich ein tragisches Verhältnis des Menschen zur Welt und zum eigenen Ich in der Anerkennung einer gültigen Weltordnung und in der Freiheit zu individueller Entscheidung im Bewußtsein persönlicher Verantwortung gründet, erscheint die Tragödie angesichts des heutigen Weltzustandes wie der Situation des zeitgenössischen Menschen als nicht mehr geeignet zu dramatischer Darstellung seiner Existenz und der sie bestimmenden Gesetze, Antriebe, Entscheidungen und Handlungen. Ursache und Zusammenhänge der sein In-der-Welt-Sein bestimmenden Mächte, in deren Wirkungen der moderne Mensch sich eingefügt findet, erscheinen ihm nur zum Teil oder gar nicht durchschaubar.

Der moderne Dramatiker sieht sich dazu einer absurden Welt und Wirklichkeit gegenüber, die ihn zu Versuchen veranlaßt, Weltzustand und menschliche Existenz als absurd oder als grotesk darzustellen. Der Gebrauch der Terminologie zeigt bis heute Unschärfen in der Abgrenzung des Absurden vom Grotesken.[1] Die Voraussetzungen für das zeitgenössische Drama des Absurden und für die Wirkungen des Grotesken sind verschiedener Art. Sie seien in aller gebotenen Kürze angedeutet.

Es geht dem modernen Dramatiker des Absurden darum, jene Bedingungen sichtbar zu machen, die in der jeweiligen momentanen Situation zusammenwirken. Er versucht, von den Phänomenen Kräften, Figuren, Stimmungszuständen und Erwartungen, in deren Kraftfeldern das menschliche Ich sich befindet, eine Vorstellung zu geben. Dabei kann je nach dem gewählten Aspekt und nach seinem Zusammenspiel mit den übrigen Gegebenheiten das gleiche sinnvoll oder sinnlos erscheinen.

Während sich dem modernen Menschen die Wirklichkeit zur Gewohnheit abnutzt, verstärkt sich zugleich seine Imaginationsfähigkeit. Auf dieser Erfahrung beruhen Versuche moderner Dramatiker, Gestalten der dramatis personae in ihrem Verhalten und Handeln als von abwesenden Personen und dem, was diese in der Vorstellung solcher Gestalten verkörpern, abhängig erscheinen zu lassen. Ähnliche Wirkungen können auch durch unaufgeklärte oder nur vermutete Vorgänge auf das Verhalten einer Bühnenfigur ausgeübt werden. Die agierende und sich und ihr Tun durch den Wortlaut des Dramas artikulierende Figur rechnet mit nicht anwesenden unbekannten Größen und ungewissen Aktionen sowie Reaktionen derselben. Fragen, an den oder die Abwesenden gestellt, muß ein so konzipiertes Ich auf der Bühne selbst beantworten. Es knüpft Erwartungen an eine Person, die es kaum oder gar nicht kennt. Ja, es wartet vielleicht mit wachsender Spannung und nervöser Beunruhigung auf diese abwesende Person, während diese möglicherweise unerkannt längst anwesend ist. *Samuel Beckett* hat gerade für diese Problemsituation in seinen Dramen vorbildhafte Beispiele gegeben (*»Warten auf Godot«, »Endspiel«, »Glückliche Tage«*).

Im modernen Drama des Absurden kommt es zwischen Vermutungen und Wahrnehmungen zu Wechselwirkungen, die dazu führen, daß ursprünglich Vermutetes zur Ursache und Auslösung von dann tatsächlich Geschehendem wird. Das Ich als im Drama handelnde und leidende Person ist dabei nicht nur von außen kommenden Einwirkungen ausgesetzt, sondern vor allem inneren Trieben, Leidenschaften, Affekten und Verwirrungen, deren es sich selbst meist wenig bewußt ist, dies um so mehr, als jede Veränderung des Ich und seines Zustandes zugleich seine Welt und seine Umweltwirklichkeit verändert. Voraussagen über Richtung und Ablaufweise derartiger Veränderungen sind nicht möglich, da nicht *eine* sich verändernde Größe einer gleichbleibenden Gegebenheit gegenübersteht, sondern alle Größen und Kräfte variabel sind und alle für alle anderen gleichzeitigen Funktionscharakter haben. Dieses komplizierte Zusammenspiel des sich ständig verändernden Menschen mit einer sich ebenso ständig verändernden Wirklichkeit muß das zeitgenössische Drama »in perspektivischer Verkürzung« als seinen Darstellungsgegenstand erfassen und dem Zuschauer auf im Geschehensverlauf unmittelbar verständliche Weise vorführen.[2]

Friedrich Dürrenmatt wählt aus solcher »Wirklichkeit« für seine Dramen mit Vorliebe mögliche »Sonderfälle« mit deren Abweichungen vom gewohnten »normalen« menschlichen Verhalten in einer nach gewissen für selbstverständlich geltenden Verhaltensweisen urteilenden und lebenden Gesellschaft. Solche »Abweichungen« können sich als Über- oder Untertreibung der Norm darstellen. Als sein Vorbild für die Demonstration derartiger Abweichungen und ihrer Auswirkungen benennt *Dürrenmatt Jonathan Swifts »Gullivers Reisen«*:

»So sind die grotesken Reisen des Gulliver gleich einer Retorte, in der durch vier verschiedene Experimente die Schwächen und die Grenzen des Menschen aufgezeigt werden. Das Groteske — (als eine so verstandene Abweichung von der erfahrbaren Stimmigkeit, als eine Kopplung des Unvereinbaren) — ist eine der großen Möglichkeiten, genau zu sein.«[3]

Dürrenmatt ist kein Theoretiker, sondern Experimentator. Seine
Äußerungen zum Drama und zum Theater in seinen Reden und
Schriften sind zumeist gerafft formulierte, kurz zuvor aus Experimenten gewonnene Erkenntnisse oder Antworten auf Kritiken an
seinen Stücken. Daraus erklärt sich u. a., daß seine Aussagen zu den
Problemen und Möglichkeiten seines Metiers nicht auf einer sich
konsequent weiterentwickelnden Linie liegen, und daß er mehrfach
von ihm vertretene Grundforderungen und Prinzipien schon kurze
Zeit nach ihrer Veröffentlichung abgeändert oder sogar wieder ganz
zurückgenommen hat.

Wichtig für das Verständnis der dramatischen und dramaturgischen
Ideen und Forderungen *Dürrenmatts* ist die von *Gerhard Neumann*
erwähnte Tatsache, daß sich manche von ihnen in seinen Prosawerken
deutlicher abzeichnen als in seinen Dramen.[4] Nun hat sich *Dürrenmatt*
nie ernsthaft um formale oder sonstige Differenzen zwischen den
literarischen Gattungen gekümmert. Seinen Roman *»Grieche sucht
Griechin«* bezeichnet er im Untertitel als eine »Prosakomödie«. Das
Filmdrehbuch *»Das Versprechen«* wurde in der Überarbeitung zu
einem Roman. Die Kurzgeschichte *»Die Panne«* lieferte Geschehens-
situation und Textgrundlage für ein Hörspiel und ein Bühnen-
werk.

Gerade dieses als Erzählung, Hörspiel und Drama unter Verwendung
ihrer je spezifischen Ausdruckselemente gestaltete Werk erscheint geeignet, *Dürrenmatts* grundlegende Gedankengänge wie auch Struktur
und Wirkung seiner Vergegenwärtigung mehr oder weniger grotesker
Wirklichkeit und Existenzbedingung des Bewohners der heutigen
modernen und vorzüglich technisch ausgerüsteten Welt aufzuhellen.
Der Vorgang als solcher ist bis auf den unterschiedlichen Schluß in
den drei Fassungen gleich. Der Titel verkündet deutlich den Anlaß
für alles weiter Geschehende: *»Die Panne«.* Es ist ein technischer
Defekt am Wagen des Handlungsreisenden Alfredo Traps. Vom
ausgebuchten Dorfgasthaus wird er zur Villa eines pensionierten
Richters weitergeschickt; dieser solle gelegentlich gern bereit sein,
einen Gast für eine Nacht zu beherbergen. In der Villa findet Traps
eine Tafelrunde pensionierter Greise vor, ehemalige Richter, Staats-
anwälte, Verteidiger und Henker, wie sich später herausstellt.
Bedingung für die Beherbergung ist, daß Traps sich bereitfindet, in
dem Gerichtsspiel, das die vier Greise »inszenieren« möchten, die Rolle
des Angeklagten zu übernehmen. Traps willigt ein. Im Rahmen
einer Orgie von Essen und Trinken, in der auf erschreckende Art
kulinarisches Genießen und sabberndes Fressen zahlloser Greise in-
einandergreifen, gesteht Traps unter der zunehmenden Wirkung des
Alkohols erst zögernd und dann immer bereitwilliger sein aus einer
Reihe kleinerer und größerer Gemeinheiten bestehendes Vergehen:
Mit ihm trieb er seinen Chef in den Tod, um dessen Stelle ein-

zunehmen. Das Gerichtsspiel endet in fröhlicher Stimmung. Der Greis, der einst Henker war, geleitet Traps zu Bett. Als der Staatsanwalt einige Zeit darauf Traps das inzwischen juristisch formulierte Todesurteil überbringen will, findet er ihn erhängt am Fensterkreuz seines Zimmers. Auf diese Weise endet die Prosafassung (nicht so die dramatische; in ihr fährt Traps am nächsten Morgen mit seinem inzwischen reparierten Wagen weiter).

Dürrenmatt nutzt als Szene für sein Drama (wie für seine Erzählung) mit der Gerichtsverhandlung eines der ältesten Modelle des Dialogs in der Geschichte des Dramas. Aber er nutzt sie — einschließlich des Urteils — auf seine ebenso neue wie ihren ursprünglichen Sinn und Verlauf verändernde Weise. Gericht und Urteil als zentrale Szene des dramatischen Geschehens zeigen in ihrer langen Tradition die Verhandlung zwischen dem einzelnen und den Hütern der Ordnung wegen eines wie immer gearteten Verstoßes gegen unausweichlich Gültiges und über die Sühne dieses Verstoßes. In *Dürrenmatts* Auffassung und szenischer (wie erzählter) Realisierung aber sind Gerichtsverhandlung und Urteil nur Folgen des Zusammentreffens einer Reihe von Zufällen. Sie beginnt mit der Autopanne und der Tatsache, daß gerade an diesem Abend die Versammlung des Kleintierzüchtervereins das einzige Gasthaus am Ort restlos beansprucht. Zufall wohl auch der übermäßige Essens- und Trinkgenuß der am »Gerichtsspiel« Beteiligten, und Zufall schließlich die ›Panne‹ im übertragenen Sinn, daß Traps Selbstmord begeht, statt sich ins Bett zu legen und seinen Rausch auszuschlafen. Unerwartet aber auch die Deutung und Bewertung dieses letzten, folgenschweren Zufalls durch einen der Beteiligten: Er nimmt weder das makabre Gerichtsspiel noch das Urteil nach seinem Ende ernst auf. Der Freitod von Traps ist in den Augen der greisen Freß- und Saufkumpane nur eine lästige Störung, wörtlich bezeichnet als »die Verteufelung des schönsten Herrenabends«. Es gelingt *Dürrenmatt,* das klassische Modell der Gerichtsverhandlung als Teil tragischen Handlungsverlaufes in die veränderte Wirklichkeit der (unter Umständen tragischen) Komödie umzulenken und in sie zu integrieren.

Beim Lesen dieser Behauptung müßte der Kenner des deutschen Lustspiels und seiner Geschichte protestieren, und zwar mit dem Hinweis darauf, daß alle zentralen Szenen eines der vollkommensten und vom ersten bis zum letzten Wort des Dialogs unvergleichlich musterhaft gestalteten Lustspiele sich als Teile einer Gerichtsverhandlung geben: in *Heinrich von Kleists »Zerbrochenem Krug«.* Diesem zunächst berechtigt scheinenden Protest ist entgegenzuhalten: Der Zuschauer der Szenenfolge des seinem Wesen nach analytischen Lustspiels *Kleists* ist spätestens gegen Ende der 2. Szene »im Bilde«. Er hat die komische Konstellation (»Der Bock als Gärtner«) bereits durchschaut und kann über die ungeschickt-tölpelhaften Versuche des

Dorfrichters Adam in seiner um die wirklichen Verhältnisse wissenden Überlegenheit herzlich und über den trotzdem versöhnlichen Ausgang des Ganzen zustimmend lachen.

Bei *Dürrenmatts* Konzeption und ihrer (erzählenden und dramatischen) Verwirklichung wissen Leser und Zuschauer bis zuletzt nichts über das Endergebnis der ihnen zur Kenntnis gebrachten Vorgänge. Mit seiner Kunst, den Zuschauer (oder Leser) mögliche Lösungen vermuten zu lassen, ohne eine von ihnen durch den Verlauf des Geschehens festzulegen, gewinnt *Dürrenmatt* freien Spielraum für den Zufall. Er tritt bei *Dürrenmatt* an die Stelle der vielberufenen »ehernen Notwendigkeit«. In dem Modellstück »*Die Panne*« (wie auch in anderen Dramen) nimmt der Zufall, wie *Dürrenmatt* ihn versteht, die Funktion ein, die das Weltgesetz oder die sittliche Norm im Drama der Klassik innehatten. Zufall in den verschiedenen Fassungen des Themas »*Die Panne*« ist es dann auch, ob der nach einem nicht unbedingt unglücklichen Abend vom Rollenträger des Henkers zu Bett geleitete Traps Selbstmord begeht oder am nächsten Morgen mit inzwischen repariertem Wagen seine Geschäftsreise fortsetzt.

Die sogenannte »höhere Gerechtigkeit«, wie sie die Klassik versteht, ist trotzdem in diesem wie in allen anderen Dramen *Dürrenmatts* nicht negiert oder ausgeschaltet. Für den Rezipienten, sei er nun Leser, Rundfunkhörer oder Theaterbesucher, läßt der Autor es ganz bewußt im Ungewissen, welcher von beiden Schlüssen in der »*Panne*« und als der von beiden Schlimmere, ja als der Schlimmstmögliche aufzufassen ist: das Ende Traps durch Selbstmord oder seine unbekümmerte Weiterreise. Mit diesem geschickten Offenhalten des »Sowohl-als-auch« kommt der Zuschauer in die Lage, dem Zufall jenes Gewicht zuzugestehen, das — unvorhersehbar — über Leben und Tod entscheidet. Das Ganze aber wird nach *Dürrenmatts* eigener Aussage erst in der widersprüchlichen Verbindung der tödlichen wie der harmlosen Möglichkeiten des dramatischen bzw. erzählten Geschehens überhaupt »noch möglich«.

Zur dramatischen Vergegenwärtigung des Widerspruchs von »tragischem« Verlauf und »komischem« Zufall, von Schicksal und alltäglicher Panne, von nur unterhaltendem Gesellschaftsspiel und Wiederherstellung verletzter Gerechtigkeit nutzt *Dürrenmatt* die Groteske als das altbewährte Mittel der Zusammenfügung des an sich Unvereinbaren. Die Groteske wird von ihm (zusätzlich) optisch verdeutlicht: Gleichzeitig mit dem »Gerichtsspiel« begehen die Greise ihre widerliche Freßorgie. Aber eben diese schmatzenden überalten Männer verkörpern das über Leben und Tod des Angeklagten urteilende Gericht. Er aber, der Angeklagte in diesem Spiel, ist keiner der großen Verbrecher oder moralisch Schuldigen, wie wir sie aus der klassischen Tragödie kennen, sondern ein höchst durchschnittlicher,

»vom Unkorrekten angesäuerter« und sich seiner Taten selbst kaum bewußter kleiner schmieriger Täter.

Schon an seiner Figur erweist sich, daß Schuld, Gerechtigkeit und Sühne für *Dürrenmatts* Dramenfiguren nicht mehr in aller Eindeutigkeit erkennbar und erfaßbar sind. Auch haben sie nicht mehr jene lebens- und schicksalsbestimmenden Wirkungen, die ihnen das Drama früherer Epochen selbstverständlich und unbestritten zugestand. Über die erzählte Fassung der *»Panne«* sagte *Dürrenmatt* u. a.:

»Das Schicksal hat die Bühne verlassen, auf der gespielt wird, um hinter den Kulissen zu lauern; außerhalb der gültigen Dramaturgie, im Vordergrund wird alles zum Unfall, die Krankheiten, die Krisen. Selbst der Krieg wird davon abhängig, ob die Elektronenhirne sein Rentieren voraussagen, doch wird dies nie der Fall sein ... wehe nur, wenn Fälschungen stattfinden, verbotene Eingriffe in die künstlichen Hirne, doch auch dies weniger peinlich als die Möglichkeit, daß eine Schraube sich lockert, eine Spule in Unordnung gerät, ein Taster falsch reagiert, Weltuntergang aus technischem Kurzschluß, Fehlschaltung. So droht kein Gott mehr, keine Gerechtigkeit, kein Fatum wie in der fünften Symphonie, sondern Verkehrsunfälle, Deichbrüche infolge Fehlkonstruktion, Explosion einer Atombombenfabrik, hervorgerufen durch einen zerstreuten Laboranten, falsch eingestellte Brutmaschinen. In diese Welt der Pannen führt unser Weg, an dessen staubigem Rande nebst Reklamewänden für Ballyschuhe, Studebaker, Ice-crème und den Gedenksteinen der Verunfallten sich noch einige mögliche Geschichten ergeben, indem aus einem Dutzendgesicht die Menschheit blickt, Pech sich ohne Absicht ins Allgemeine weitet, Gericht und Gerechtigkeit sichtbar werden, vielleicht auch Gnade, zufällig aufgefangen, widergespiegelt vom Monokel eines Betrunkenen.«[5]

Was *Dürrenmatt* hier speziell auf *»Die Panne«* bezieht, beschreibt weitgehend auch die Wesensmerkmale seiner Dramen insgesamt: Die heutige Welt ist eine Welt der Pannen. Anstelle der einstigen Mächte Gott, Gericht, Gerechtigkeit und Gnade entscheiden Pannen, Zufälle über Leben und Tod, Glück oder Verderben des einzelnen oder vieler. Nicht Schicksal als Unergründliches geschieht, sondern Mißgeschick (wie eben eine Panne) löst Folgen von existenzentscheidender Tragweite aus. Die einstigen Wertvorstellungen sind an den Rand der Wirklichkeit gedrängt: Gericht als makabres Spiel seniler Greise; Gerechtigkeit und Gnade nur noch momentan und zufällig im Monokel des betrunkenen Staatsanwalts als »der immer mächtigere Morgen« gespiegelt vor der am Fensterkreuz hängenden Leiche des Menschen, der durch seine Panne zufällig Angeklagter und Verurteilter des Gerichtsspiels wurde.

Eben diese Spiegelung eines noch gewußten Wertbegriffs, eines Welt- und Lebenssinns etwa im Monokel eines Betrunkenen mitten in einer Pannenwelt als sinnloser Realität, macht jenes von *Dürrenmatt* stets in starker szenischer Wirkung vergegenwärtigte Zusammentreffen von Widersprüchen ihrem Wesen nach unvereinbarlicher Kräfte, Bewegungsrichtungen und Motivationen zur grundlegenden Struktur seiner Dramen. Es ist die Struktur des Grotesken. Durch die groteske Konstellation des Gegen- und Ineinanderspiels von für sinnvoll gehaltenem Weltzustand und Einbruch des Sinnlosen in diesen wird der tatsächliche Zustand unserer Welt erkennbar und im matten verzerrten Spiegelbild unter Umständen für einen Moment ihr vielleicht doch noch vorhandener, aber unerkannt bleibender Sinn.

Vor allem seine früheren Stücke verwenden die Möglichkeit der Groteske, in der Sinn und Sinnlosigkeit, Ordnung und Chaos durch Zufall oder Panne aufeinanderstoßen, um sich in einer Szenenfolge auseinanderzusetzen, ohne zu einer Lösung oder Auflösung zu gelangen. Ich halte Meinungen der Kritik, die darin eine Schwäche der Dramen *Dürrenmatts,* eine innere Widersprüchlichkeit und Inkonsequenz sehen, für unzutreffend.[6] Gerade in den kritisierten Widersprüchen oder »Inkonsequenzen« erscheinen die von ihm gesehenen und konsequent in die Wirklichkeit des Bühnengeschehens umgesetzten tatsächlichen Widersprüche und Inkonsequenzen unseres heutigen Welt-, Gesellschafts- und Ichzustandes und des Menschen, der sie zu bestehen versucht, ebenso zutreffend wie bestürzend vergegenwärtigt. Es erscheint von diesem Aspekt her nicht angängig, den Dramatiker auf eine einmal von ihm erfolgreich gestaltete Auffassung des Zufalls oder der Panne dahingehend festzulegen, daß er diese bei allen seinen weiteren Dramen beizubehalten habe. Man übersieht dabei, daß die Abänderung noch vor kurzem vertretener weltanschaulicher Positionen heute zu den Selbstverständlichkeiten im Verhalten des Menschen gehört. Warum sollte dem Künstler versagt sein, was für die Zeitgenossen, die er in ihrem Verhalten darstellt, selbstverständlich ist? Man übersieht aber vor allem, daß *Dürrenmatt* kein Theoretiker des Dramas und des Theaters ist, sondern Experimentator. Mit jedem auch nur zu Teilen erfolgreichen Experiment wird der jeweilige Erkenntnisstand der betreffenden Wissenschaft verändert. Das gilt in übertragenem Sinn auch für den Künstler. Aus dem Experimentcharakter seiner Stücke erklärt sich übrigens, daß ihre Personen und Situationen manchmal um der zu demonstrierenden Widersprüchlichkeiten willen ein wenig zurechtgestutzt wirken.

In die breit dargestellte, nach bestimmten Normen funktionierende Ordnungswelt läßt *Dürrenmatt* die weder vorhersehbaren noch erklärbaren Zufälle einbrechen. So etwa brechen die Wiedertäufer mit ihrer fanatisch vertretenen Lehre in die bis dahin von außen her gesehen harmonische, von der katholischen Kirche geregelte Ordnungswelt ein in *»Es steht geschrieben«.* Oder die Germanen in die Hühnerhofwelt des römischen Kaisers Romulus, der seinerseits in seinem ausschließlich der Hühnerzucht gewidmeten Interesse als Außenseiter, als Abweichung von der Norm, auftritt. Ähnlich ist der Einbruch des Zufälligen auch in anderen Dramen *Dürrenmatts* angelegt, so im plötzlichen unerwarteten Auftauchen der Claire Zachanassian in ihrer Heimatstadt Güllen im *»Besuch der alten Dame«*. Wie hier hat der Einbruch eines Unerwarteten zur Folge, daß die bis dahin herrschenden Ordnungen und Zustände sich als verlogen, verrottet und unhaltbar erweisen. Sie zeigen sich aber gerade in diesem Drama auch im Prozeß ihrer Entlarvung nicht etwa als überwunden, sondern bei lediglich anderer Motivation als ihrem Wesen nach auch weiterhin maßgeblich für das Denken und Verhalten der Bürger von Güllen.

Die Umkehrbarkeit der ihrem Wesen nach grotesken Situation demonstriert dagegen das Erscheinen und Wirken von Fanatikern der Ordnung, die darangehen, die in ihren Augen gestörte »Ordnung« wiederherzustellen durch ins Gigantische ausgreifende Verbrechen, wie der »Held« in *»Die Ehe des Herrn Mississippi«*, der »die Welt von Grund aus durch das Gesetz Mosis . . . restaurieren« will; oder wie — aus anderen Voraussetzungen heraus — der Newton in *»Die Physiker«* gesteht, daß er nur »aus Ordnungsliebe« Physiker geworden sei, weil er die Unordnung nicht ertragen könne und sich vorgenommen habe, durch seine Wissenschaft »die scheinbare Unordnung in der Natur auf eine höhere Ordnung zurückzuführen«. In eben diesem Drama geschieht der von den Physikern (wie vom Zuschauer) unerwartete Einbruch der selbst wahnsinnigen Irrenärztin, Frau Dr. von Zahnd, in die von den Wissenschaftlern in ihrem Sanatorium gespielte Welt angeblichen Irreseins.

In weiterem Sinn gefaßt ist auch das Wiedererwachen des für seine Umgebung bereits toten Schwitter in *»Der Meteor«* ein Einbrechen des Unerwarteten in die Welt der Lebenden. Mit dem Geschehen um Schwitter, der nicht sterben kann in einer Welt von Sterblichen, greift *Dürrenmatt* im Grunde das Thema der »Panne« wieder auf. Bei beiden Themen geht es um etwas Unerwartetes, das eine bis dahin bestehende »Ordnungswelt« erschüttert und ihre Verlogenheit und Fragwürdigkeit entlarvt: dort durch die des Vertreters Traps, hier durch die des Großschriftstellers und Nobelpreisträgers Schwitter. Offensichtlich sind die Ordnungen und Normen der Welt in *Dürrenmatts* Auffassung außerordentlich anfällig für die Folgen unerwarteter Pannen. Dabei zeigen sich die Hüter der Ordnung als ebenso fragwürdige Figuren wie jene, die den unerwarteten Einbruch, die Panne verkörpern: kleine Mörder im Gehabe des ehrsamen Biedermannes, Verbrecher, Dichter, Wiedertäufer, Irre spielende Intellektuelle und Irrenärzte.

Irgendwann schlägt das Erscheinen eines Unerwarteten in die Ordnungswelt ein wie ein Meteor: erschreckend, entlarvend, infragestellend. Daß das schließliche Resultat solchen Geschehens keineswegs eindeutig festliegen muß, erweist nicht nur der unterschiedliche Schluß der *»Panne«* in Erzählung und Hörspielfassung, sondern auch die

Umarbeitung des 1946 unter dem Titel *Es steht geschrieben* erschienenen Wiedertäuferdramas, die der Autor 1967 als *Die Wiedertäufer* veröffentlichte. Die Fassung des Dramas von 1967 vermeidet das nach *Dürrenmatts* Auffassung heute nicht mehr überzeugend gestaltbare tragische Problem. Er ersetzt es durch den Konflikt, der nicht nur eine tragische, sondern auch die gegenteilige, letztlich komische Lösung als Möglichkeit nicht ausschließt: Die Wiedertäufer werden im Spielverlauf der zweiten Fassung zu Komödianten umstilisiert. Bockelson war früher Schauspieler. Diese seine einstige Komödiantenexistenz wird jetzt entscheidendes Motiv für die Wendung des Geschehens ins Versöhnliche. Nach der Niederlage der Wiedertäufer hält Bockelson eine Rede an die Sieger, die mit den Versen schließt:

»... Doch ich, der das Spiel euch schuf, der kühne Denker,
ich erwarte einen Lorbeerkranz und nicht den Henker.«

Die anwesenden geistlichen und weltlichen hohen Herren applaudieren. Der Kardinal begnadigt den Komödianten und engagiert ihn als Schauspieler für seinen Hof. Die Folgerung ist unverkennbar. Sie demonstriert nicht die historischen Tatsachen, sondern eine vorstellbare Möglichkeit des Konfliktausgangs: Hätte der geistliche Fürst den Bockelson schon früher für seine Komödiantengruppe engagiert, wäre aus ihm sicher kein »Schwarmgeist« und Wiedertäufer geworden. Zum Aufstand der Wiedertäufer mit seinem furchtbaren Blutvergießen und unmenschlichen Grausamkeiten wäre es dann nicht gekommen. Was geschah, war die Folge einer Panne, die durchaus vermeidbar gewesen wäre.

Ein Vergleich der Unterschiede beider Fassungen des Wiedertäuferdramas eröffnet interessante Einblicke in zwischen 1946 und 1967 erfolgte Veränderungen des Verhältnisses *Dürrenmatts* zu den Stoffen und Themen seiner Dramen und zu den durch ihre sprachlich-dramatische Verwirklichung dem Zuschauer zu vermittelnden Erkenntnissen.

In der ersten Fassung (*»Es steht geschrieben«*) hielt der Verfasser sich noch an die historischen Vorgänge und Personen des geschichtlichen Geschehens. Er schrieb ein »Geschichtsdrama«. Mit der zweiten Fassung (*»Die Wiedertäufer«*), in der die fanatisierten Schwärmer sich als Komödianten entpuppen, löst *Dürrenmatt* Personen und Geschehnisse seines Dramas aus dem Zwang der historischen Fakten. Der historisch-tragische Vorgang kann nun Züge des Komischen annehmen. Damit wird der Einbruch der Wiedertäufer in die bestehende Ordnung zu einem komödiantischen »Einfall«, den die bildschaffende Vorstellungskraft des Autors zu einem entsprechenden szenischen Geschehen gestaltet, zu einem »Bühneneinfall«, der nun in fast völliger Unabhängigkeit von den tatsächlichen historischen Geschehnissen als solcher konsequent zu Ende gedacht und zu

Ende durchgespielt werden kann: zu seinem »schlimmstmöglichen Ende« in *Dürrenmatts* Formulierung.

1917 äußerte *Georg Kaiser* die in Arbeiten zum Drama des Expressionismus seither immer wieder zitierte Überzeugung: »Ein Drama schreiben, heißt einen Gedanken zu Ende denken.« Bei aller Ähnlichkeit der Formulierung darf der grundlegende Unterschied des Aussagesinns nicht übersehen werden: Für *Kaiser* bewegt sich das geforderte Zuendedenken auch in seinen expressionistischen Dramen noch in den durch das traditionelle Drama klassischer Kunstform bestimmten Bahnen. Und ihm selbst geht es dabei um die bis zu Ende gedachte und mit den Darstellungsmitteln von Drama und Bühne verwirklichbare Bildhaftmachung des Erlösungsgedankens, verkörpert in der im Hier und Heute wiederkehrenden Gestalt Christi oder des erhofften Messias. Ziel, zu dessen Verwirklichung das Drama beitragen soll, ist für *Kaiser* eine durch die Erlösertaten seiner Christus-Messias-Gestalten ermöglichte neue Menschheit in Reinheit, Güte und Schönheit.

Ganz anders dagegen das konsequente Zuendedenken eines »Bühneneinfalls« bei *Dürrenmatt*. In seiner Konzeption wie in ihrer Umsetzung in szenisches Geschehen gibt es keinen erwarteten und ersehnten »Neuen Menschen«. Und was er in seinen Stücken realisiert, ist alles andere eher als ein »symbolischer Fall«. Im Gegenteil: Für ihn ist der »Sonderfall« bedeutsam, der lächerliche, läppische, von einem Zufall, in dem kein Sinn erkennbar ist, ausgelöste Fall, die Panne, die eine Reihe grotesker Vorgänge auslöst, in denen sich ein irgendwie gearteter Sinn und Sinnzusammenhang nicht erkennen läßt, es sei denn für einen kaum registrierbaren Moment als Spiegelung im Monokel eines Betrunkenen.

Dürrenmatt hat sich damit aus der bis zur Gegenwart gültigen Bindung an eine logische Gedankenkonsequenz wie an die Forderung nach Wahrscheinlichkeit im Handlungszusammenhang des Dramas gelöst. An ihre Stelle tritt bei ihm der Zufall als Transport des nach menschlichem Ermessen Unerwarteten und Unberechenbaren.

War der ursprüngliche und bleibende Sinn des Dramas Deutung und Darlegung des Weltsinns und -zustandes und der Rolle des Menschen in der je der Zeitlage entsprechenden Weise, dann erfüllt *Dürrenmatts* Drama diesen Sinn heute weitaus zutreffender und wirklichkeitsgemäßer als die meisten seiner dramenschreibenden Altersgenossen durch die unnachahmlich wirksame Verwendung der Spiegelungsmöglichkeiten einer in sich selbst widersprüchlichen und sinnlosen Wirklichkeit durch die Groteske.

Dürrenmatt hat einige seiner für seine Dramen grundlegenden Gedankengänge in seinen *»Theaterproblemen«* formuliert und in ihnen seine Auffassung vom Drama und seinen Möglichkeiten und Grenzen in der Welt unserer Gegenwart dargelegt. Er sagt u. a.:

169

»Die Tragödie setzt Schuld, Not, Maß, Übersicht, Verantwortung voraus. In der Wurstelei unseres Jahrhunderts, diesem Kehraus der weißen Rasse, gibt es keinen Schuldigen und auch keine Verantwortlichen mehr.«[7]

Daß diese Auffassung keineswegs Allgemeingut der Dramatiker deutscher Sprache ist (mit Einschluß der jüngeren von ihnen), erweist ein Blick auf die Stücke von *Hochhuth* oder *Weiss*. In *»Der Stellvertreter«* ist das die Taten und Opfergänge der beiden Hauptgestalten wie des ganzen Stücks begründende und rechtfertigende Argument, daß nicht nur der gerade amtierende Bischof von Rom als Stellvertreter Christi auf Erden mit aller seinen Aufgaben entsprechenden Verantwortung zu verstehen ist, sondern daß auch jeder Mensch in je seinem Lebens- und Wirkungskreis »Stellvertreter« (Gottes) mit der Verantwortung für seinen Mitbruder ist, die niemand ihm abnehmen kann, und mit der Last der Schuld, die die Verletzung dieser Verantwortung zur Folge hat.

Es scheint mir, als habe *Dürrenmatt* als der erheblich Ältere den moralisch-rigoristischen Standpunkt der jüngeren Dramatiker längst als unzuständig erkannt und durch eine wirklichkeitsnähere Position ersetzt, während jene noch immer an einer Modifikation des »klassischen« Vorbilds herumbasteln, ohne eine auch nur einigermaßen klare Vorstellung von einem »zeitgemäßen« Drama zu haben.

Dürrenmatt sagt in seinen *»Theaterproblemen«* weiterhin:

»Schuld gibt es nur noch als persönliche Leistung, als religiöse Tat. Uns kommt nur noch die Komödie bei. Unsere Welt hat ebenso zur Groteske geführt wie zur Atombombe ... Doch das Groteske ist nur ein sinnlicher Ausdruck, ein sinnliches Paradox, die Gestalt nämlich einer Ungestalt, das Gesicht einer gesichtslosen Welt, und genauso wie unser Denken ohne den Begriff des Paradoxen nicht mehr auszukommen scheint, so auch die Kunst ...«[8]

Daß sich *Dürrenmatt* im Zusammenhang mit diesen und ähnlichen Auffassungen auf *Ionesco* und *Beckett* wie auf beider Vorgänger *Thornton Wilder* beruft, bedarf kaum besonderer Erwähnung. Aber er findet sogar noch in *Aristoteles* eine Bestätigung dafür, daß es wahrscheinlich ist, daß vieles gerade gegen die Wahrscheinlichkeit geschieht. In der *»Ehe des Herrn Mississippi«* sagt Graf Übelohe vom Unsinn: »Der einzige Sinn, der uns noch geblieben ist.«

Die Komödie, wie *Dürrenmatt* sie auffaßt und schreibt, kann zwar weder »Welt« wiedergeben noch »Welt« deuten. Sie kann aber sehr wohl »mögliche Welten« auf der Bühne darstellen: »Welten« als Projektionen von Einfällen, die zu Ende gedacht und zu Ende gespielt werden können. Die »Helden« solcher gespielten Weltmöglichkeiten reagieren auf die Panne, auf den Zufall. Sie verfügen über kein klares und konsequent verfolgtes Rezept für ihr Handeln. Was sie in der Zufalls- und Pannensituation tun, bleibt in jedem weiteren Sinn folgenlos. Wenn sie im Zusammenhang ihrer Reaktion auf die Panne sterben, ist ihr Tod sinnlos, da er am Zustand der Welt nichts ändert.

Durch das ihnen zustoßende Mißgeschick und ihre Reaktion darauf wirken sie komisch.

Die Freiheit, einen Bühneneinfall zu Ende zu denken und zu spielen, umschließt für *Dürrenmatt* auch die Möglichkeit, historische Ereignisse und Personen in Situationen zu stellen, die mit den überlieferten historischen Vorgängen nur noch den Namen gemeinsam haben. Wie er dabei verfährt, wurde bereits an seinen *»Wiedertäufern«* dargelegt. Er hat seine Vorstellungen von derartigen Möglichkeiten am Beispiel der Person des Südpolforschers Robert Falcon Scott selbst skizziert: Nach Überlegungen, wie etwa *Shakespeare* Schicksal und Tod des unglücklichen Forschers als Charaktertragödie gestaltet hätte, wie *Brecht* ihn aus wirtschaftlichen Gründen und am Klassendenken seiner Zeitgenossen hätte scheitern lassen und wie *Beckett* das ganze Geschehen auf das Ende Scotts als Endspiel, als »letzte Konfrontation konzentriert hätte, schon in einen Eisblock verwandelt säße Scott anderen Eisblöcken gegenüber, vor sich hinredend, ohne Antwort von seinen Kameraden zu erhalten, ohne Gewißheit, von ihnen auch nur gehört zu werden«,[9] folgt der »Einfall« *Dürrenmatts* in Andeutung: Scott wurde beim Einkaufen der für die Expedition benötigten Lebensmittel aus Versehen (Zufall!) in einen Kühlraum eingeschlossen und mußte in ihm elend erfrieren:

»Scott, gefangen in den endlosen Gletschern der Antarktis, entfernt durch unüberwindliche Distanzen von jeder Hilfe, wie gestrandet auf einem anderen Planeten, stirbt tragisch, Scott, eingeschlossen in den Kühlraum durch ein läppisches Mißgeschick, mitten in einer Großstadt, nur wenige Meter von einer belebten Straße entfernt, zuerst beinahe höflich an die Kühlraumtüre klopfend, rufend, wartend ... dieser Scott nimmt noch ein viel schrecklicheres Ende, und dennoch ist Robert Falcon Scott im Kühlraum erfrierend ein ein anderer als Robert Falcon Scott erfrierend in der Antarktis, wir spüren es, dialektisch gesehen ein anderer, aus einer tragischen Gestalt ist eine komische geworden, komisch nicht wie einer, der stottert, oder wie einer, der vom Geiz oder von der Eifersucht überwältigt worden ist, eine Gestalt, komisch allein durch ihr Geschick: Die schlimmst mögliche Wendung, die eine Geschichte nehmen kann, ist die Wendung in die Komödie.«[10]

Wenn *Dürrenmatt* wie bei diesem von ihm entwickelten Modellfall oder wie in seinen *»Wiedertäufern«* historische Geschehnisse, Zusammenhänge und Namen in der Historie nicht entsprechenden komischen Situationen und Verhaltensweisen als immerhin vorstellbare Möglichkeiten erscheinen läßt, entsteht aus der Diskrepanz zwischen dem Wissen um die tatsächlichen historischen Fakten und der auf der Bühne gespielten »möglichen Wirklichkeit« beim Zuschauer außer den spielimmanenten komischen Wirkungen ein zusätzlicher Effekt, auch er geeignet zum Nachdenken über die Fragwürdigkeit menschlicher Größe, Verdienste und Würden.

Dürrenmatts »Der Meteor«[11] konzentriert die meisten für seine grotesken Dramen charakteristischen Eigenschaften auf einen Konflikt: auf das vergebliche Bemühen eines berühmten Menschen zu sterben. Abgesehen davon, daß in *Dürrenmatts* Werken der am Himmel erscheinende und die Menschen erschreckende Meteor mehrfach auftaucht und irgendwie »einfällt« (so schon in *»Es steht geschrieben«*, wenn Bockelson der ihn aufstöbernden Wache sagt: »Es ist mir wenig Zeit gegeben. Ich werde als ein leuchtendes Meteor durch eure Nächte stürzen«[12], und in mehr oder weniger deutlicher Bezeichnung immer wieder), signalisiert der Meteor mit seinem Erscheinen die schlimmstmögliche Wendung (die zur Komödie). Keines der in seinen Dramen auffällig häufig genannten Sternbilder ist für den Geschehensablauf von so entscheidender Bedeutung wie der Meteor. Im Drama dieses Titels geht es nach *Dürrenmatts* Aussage um einen »Menschen, der wie ein Meteor stirbt.« Er sagt, er habe diesen Menschen, der mit verheerender Kraft stirbt, mit dem Menschen verbunden, der aufersteht. Es ist einfach die Geschichte vom Lazarus heute, und zwar vom Lazarus, der nicht glaubt, daß er auferstanden ist.[13]

Diese Selbstinterpretation des Dramas durch den Autor scheint nicht ohne weiteres überzeugend zu sein. Was man auf der Bühne sieht oder sich bei der Lektüre des Dramas vorstellt, ist das Ringen eines Menschen, der innerlich bereits gestorben ist, den Tod herbeizuzwingen. In diesem Ringen entfaltet der Dichter und Nobelpreisträger Schwitter eine ungeheure Kraft, die ihn für seine Mitmenschen zum Meteor werden läßt. In seinem Verglühen, das ihn in seiner nur als rasend zu bezeichnenden Todessehnsucht erschreckende Energien entwickeln läßt (»Sterben ist toll!«), durchleuchtet und entlarvt er die Menschen seiner Umgebung und reißt diejenigen von ihnen, die sich der Faszination seines qualvollen Verglühens nicht zu entziehen vermögen, in den Tod, der ihm als dem einzigen, der sterben will, versagt bleibt. Man könnte sagen, daß in dieser Situation der Meteor zum Meteorit wird, der durch seinen Aufschlag (bzw. »Einfall«) die Menschen, die sich (zufällig) in der Nähe des Geschehenden befindet, vernichtet. Schwitters immer wieder versuchtes, erwartetes und sich kurze Zeit später als nicht geschehen erweisendes Sterben verursacht den Tod einiger Menschen seiner Umgebung, die keineswegs sterben, sondern leben wollen.

Die »Komödie in zwei Akten« ist auf raffinierte Weise »einfach« gestaltet, eben dadurch aber von um so intensiverer Wirkung. Für die »Handlung«, deren Zeit auf einige Stunden eines Sommernachmittags konzentriert ist, benötigt sie nur einen Raum, Schwitters einstiges Atelier. Er erscheint dort, während der Maler Nyffenschwander gerade dabei ist, ein weiteres Aktbild seiner Frau zu malen. Störend, verwirrend, beherrschend und an seinem Nichtsterben-Können und dem Bewußtsein grenzenloser Vereinsamung leidend, wird er diesen Raum nicht mehr verlassen bis zu den unter Posaunenton anklingenden Versen des vom Chor der Heilsarmee gesungenen Chorals »Morgenglanz der Ewigkeit«, in die hinein der sich in seinem Bett aufrichtende Schwitter brüllt: »Wann krepiere ich denn endlich!«

Zwischen Schwitters Erscheinen im Atelier (er erscheint unrasiert, trotz der Hitze in einem kostbaren Pelz, die Taschen voller Manuskripte, zwei prall gefüllte Koffer schleppend, mit zwei »mächtigen Kerzen«, die er unter den linken Arm geklemmt hat) und der Schlußszene verkörpert er in seinem alles überwältigenden Verglühensprozeß das ebenso magnetische wie zerstörende Energiezentrum des Geschehens. Nicht im eigentlichen Sinn handelnd (es sei denn, man hielte das eher passive sexuelle Befriedigtwerden Schwitters durch Auguste für dramatische Handlung) ist Schwitter — selbst passiv, statisch, an seinem Nichtsterbenkönnen leidend — so etwas wie das seiner selbst bereits vielfach überdrüssige, trotzdem funktionierende Kommandozentrum für das Tun und Lassen der mit ihm konfrontierten Menschen. Von relativ unbedeutenden Momenten der Handlung abgesehen, könnte man Schwitter als eine »statische Figur« in einer als solcher durchaus dramatischen Wirklichkeit bezeichnen, vergleichbar dem Oskar im Roman *»Die Blechtrommel« von Günter Grass* als »statischem Helden«, Zentralfigur und Erzähler in einer Person.

Während Schwitter sich einerseits vergeblich zu sterben bemüht, andererseits aber eben jetzt noch »ganz im Augenblick zu leben« entschlossen ist, bewegt sich um ihn und auf ihn und sein Sterben konzentriert die tatsächlich makabre Gesellschaft unserer Tage: vom Verleger und Starkritiker, millionenschwerem Unternehmer und berühmten Chirurgen über den Pfarrer und den talentlosen Kunstmaler bis zum Polizeiinspektor, Heilsarmeemajor, zum Hauswart und zur Clofrau. Über sie alle und ihr Leben oder Sterben verfügt der Mensch, der sterben will, aber gegen seinen Willen zum Weiterleben gezwungen wird.

Der Sterbenwollende im Bett und im Raum seiner ärmlichen Anfänge, den Pfarrer wie den Maler wie den »großen Muheim« erledigend und die Clofrau Nomsen, seine ihm bis zu diesem Augenblick unbekannte Schwiegermutter, überlebend, nicht ohne vorher von ihr zu erfahren, daß Olga, ihre Tochter und seine Frau, sich das Leben genommen hat, demaskiert eine Gesellschaft, in der selbst der Tod nicht mehr ohne zudringliche »Öffentlichkeit« erfolgen kann. Schwitter weiß: »Meine Krankheit ist weltberühmt, mein Sterben eine öffentliche Angelegenheit.« Die Groteske ist vollkommen. In einer Gesellschaft, für die auch der Tod kalkulierbar und werbetechnisch nutzbar ist, produziert Schwitter als Sterbenwollender Leben und veranlaßt das Sterben Lebenwollender. In seiner Lebensbeichte gegenüber der Abortfrau Wilhelmine Nomsen, seiner Schwiegermutter, die ihm soeben vom Selbstmord seiner Frau berichtet hat, beurteilt Schwitter sein Leben, sein Geschäft mit der Literatur und seinen öffentlichen Ruhm sachlich-sarkastisch:

»Endlich kann ich mit jemandem reden. Sie sind mir ungemein sympathisch. Sie verkauften Fleisch für Geld, ein ehrliches Geschäft. Ich beneide Sie. Sie gaben sich mit Hurerei ab, ich bloß mit Literatur. Gewiß, ich gab mir Mühe, anständig zu bleiben. Ich schrieb nur, um Geld zu verdienen. Ich ließ keine Moralien und Lebensweisheiten von mir. Ich erfand Geschichten und nichts weiter. Ich . . . hatte dafür das Recht zu kassieren, und kassierte. Mit einem gewissen Stolz, Frau Nomsen, darf ich nachträglich sogar feststellen: Ich war Ihnen geschäftlich und moralisch nicht ganz unebenbürtig.«

Und nach einer kurzen Unterbrechung:

»Doch zur Sache. Die Kleine ist tot. Ich will mich weder rechtfertigen noch beschuldigen, derartige Geschmacklosigkeiten erwarten Sie nicht von mir. Schuld, Sühne, Gerechtigkeit, Freiheit, Gnade, Liebe, ich verzichte auf die erhabenen Ausreden und Begründungen, die der Mensch für seine Ordnungen und Raubzüge braucht. Das Leben ist grausam, blind und vergänglich. Es hängt vom Zufall ab. Eine Unpäßlichkeit zur rechten Zeit, und ich wäre Olga nie begegnet. Wir hatten Pech miteinander, das ist alles —«

Und als Frau Nomsen dazu schweigt, die Selbsterkenntnis Schwitters:

»Ich hielt mich nicht einmal selber aus. Ich dachte beim Essen einem Auftritt nach und beim Beischlaf einem Abgang. Vor der ungeheuerlichen Unordnung der Dinge kerkerte ich mich in ein Hirngespinst aus Vernunft und Logik ein. Ich umstellte mich mit erfundenen Geschöpfen, weil ich mich mit wirklichen nicht abgeben konnte, denn die Wirklichkeit ist nicht am Schreibtisch faßbar, Frau Nomsen . . . Mein Leben war nicht wert, daß ich es lebte.«[14]

Alles das und einiges mehr sagt Schwitter, der nicht Sterbenkönnende, zu der inzwischen gestorbenen Frau Nomsen. Das zeitgenössische deutsche Drama hat ähnlich dichte Vergegenwärtigungen des Sinnlosen und wirksamere Verwendungen des Grotesken nicht aufzuweisen.

Der Nobelpreisträger Schwitter verkörpert die Fragwürdigkeit einer überaus erfolgreichen Schriftstellerexistenz der Gegenwart, einer Existenz, die fern von der harten Alltagswirklichkeit eine Welt fiktiver Geschöpfe aufbaut und die Illusion, in und mit einer solchen Welt leben zu können. Schwitters Leistung stand nicht im Dienst der Wahrheit, sondern einer verantwortungslosen Phantasie. Sein Verleger und seine Leserschaft erwarteten von ihm Phantasieerzeugnisse. Er schrieb sie und konnte kassieren, wobei er sich nicht weniger prostituierte als Frau Nomsen, die in ihren jüngeren Jahren Hure war und ihre Tochter zur Hure heranbildete: Fleisch gegen Geld bei ihr, Phantasiegeschichten gegen Tantiemen bei ihm. Die Geschäfte waren gleichen Charakters.

Solange Frau Nomson spricht, konfrontiert sie Schwitter mit der harten Wahrheit, so etwa, wenn sie sagt: »Gefühle hat man nicht zu haben, die hat man zu machen!« Mit ihrem von Schwitter zunächst nicht wahrgenommenen Tod gelingt *Dürrenmatt* die dramatisch hoch-wirksame Konfrontation seines nicht sterbenkönnenden Helden (und des Zuschauers) mit dem entsetzlichen Stummsein des Todes. Was *Thomas Bernhard* lediglich behauptet: »Vor dem Tod wird alles lächerlich!«, ist im »*Meteor*« als beklemmend unmittelbarer szenischer Vorgang verwirklicht. Und was an *Bernhards* »Ein Fest für Boris« so quälend wirkt, ist hier sprühende, mit unerwarteten »Zufällen« in Spannung haltende und interessierende Dramatik. Sie geht den Zuschauer ohne billige Effekte mit der Frage an, wie das Leben und das ihm eingeschriebene Sterben menschenmöglich und -würdig zu bestehen sind. Der »Theatereinfall«, sie gerade an einer Bühnenfigur zu vergegenwärtigen, deren »Ruhm« so groß ist, daß er sie am er-sehnten Sterben hindert, bringt die charakteristischen Züge des grotesken Dramas *Dürrenmatts* voll zur Wirkung.

In seinem »*Besuch der alten Dame*« erscheinen die von *Dürrenmatt* bevorzugten Geschehensauslösungen »Panne« und »Zufall« in ihren Konsequenzen zu ans Mythische grenzenden Dimensionen gesteigert. Mit dem unerwarteten Eintreffen Claire Zachanassians in Güllen fallen bis dahin wenigstens dem äußeren Schein nach gültige gesellschaftliche »Ordnungen« in sich zusammen (auch das, wie Claires »Eintreffen« eine Variante des Dürrenmattschen »Einfalls«?). Die Bewohner der kleinen Stadt werden nach und nach zu willigen Mitspielern im vor-geplanten und konsequent durchgeführten Rachevollzug der »alten Dame«. Dabei geht es weniger um ihre Person und ihr Verhalten als vielmehr um die Bürger des Städtchens. Grotesk ist das Ganze in Anlage, Szene und Wortlaut der Dialoge: Schon die Person der »alten Dame« als Erscheinung mit ihren verschiedenen Prothesen und wie sie nun die vor vierzig Jahren ihr inzwischen überwundenes Unglück auslösende »Liebe« mit dem inzwischen gealterten und fett gewor-denen, einstigen Liebhaber nachspielt. Grotesk ist die Art, wie die Einwohner des Städtchens hinter lauthals geäußerter moralischer Ent-rüstung ihre zunehmende Mordbereitschaft zu verbergen suchen. Grotesk, wie Claire ihre Rache wie einen für sie äußerst unterhalt-samen Luxus betreibt, den sie sich mit ihrem Milliardenvermögen leisten kann, wie sie den wirtschaftlichen Bankrott einer ganzen Stadt ins Werk setzt, um ihre private Racheaktion zu erzwingen. Alles bewegt sich auf die Demaskierung der Scheinmoral der Mitbürger Ills zu. Alle werden schuldig an seiner Ermordung, die nicht als ethische oder moralische Notwendigkeit vollzogen wird, sondern um des Geldes willen.

Aber: Moralische Demaskierung und Mord begründen den wirt-schaftlichen Aufschwung und Wohlstand der Einwohner einer zur Zeit des Geschehens praktisch bankrotten Stadt und restituieren die ge-störte Ordnung. Alles ist Folge von Zufällen, solchen freilich, die *Dürrenmatt* mit sicherem Wissen um ihre Art und ihren richtigen

Geschehensmoment, um ihre handlungsauslösenden Eigenschaften wie um ihren Effekt beim Zuschauer arrangiert. Es sind »bestochene Zufälle«,[15] wie sie dem trivialen Liebesroman und dem Kriminalroman eigentümlich sind. Seine Vorliebe für beide hat *Dürrenmatt* selbst bestätigt. Er ist Verfasser von drei Kriminalromanen und einem Liebesroman. Es wäre völlig verfehlt, in dieser Tatsache etwas Negatives zu sehen. Der komische Dichter, schon nach *Schillers* Auffassung der mit dem Tragödienautor verglichen größere Künstler, benötigt die Trivialitäten des menschlichen Lebens und Zusammenlebens, um die dem Menschen eigenen Schwächen und mehr oder weniger gewichtigen Gemeinheiten ins Licht der Rampe zu stellen. Galt diese Erkenntnis bereits im späteren 18. Jahrhundert, so hat sie für die heutige »Wurstelei unseres Jahrhunderts, in diesem Kehraus der weißen Rasse«[16] um so größere Zuständigkeit. Die Komödie ist vom historischen Tatbestand des verwendeten Stoffs ebenso frei wie von der Demonstration des Vollzugs eines »ehernen Schicksals«. Ihr Autor kann die Konstellation und den Gang der Dinge genau so arrangieren wie der Verfasser trivialer Liebes- oder Kriminalgeschichten. Ja, seine Komödie wird um so gekonnter und überzeugender wirken, je enger er sich ihr Arrangement »bestochener Zufälle« zunutze macht. In ihr wird Leben oder Schicksal bewußt gespielt als ein »Als ob«. Was sie dem Zuschauer vor-stellt, ist nicht getreues Abbild der Wirklichkeit, es ist gespielte Möglichkeit als Gleichnisspiel zur Demonstration von erdachten »Tendenzen der Wirklichkeit«,[17] d. h. daß auch der Weltuntergang als eine mögliche Tendenz der Wirklichkeit inszeniert und dem Zuschauer vor-gestellt wird. In diesem Spiel des »Als ob« ist nach Dürrenmatt der Zufall der wissenschaftliche Bruder der Freiheit. Alles in allem heißt das: »Alles ist nur Theater!«

Aber eine solche Feststellung besagt bei *Dürrenmatt* nicht etwa die Wiederaufnahme der Vorstellung der Barockzeit vom Weltgeschehen als »theatrum mundi«. *Dürrenmatts* »Alles ist nur Theater« meint die totale Umkehrung der Idee des barocken Welttheaters in sein von Pannen und Zufällen bestimmtes, in sich selbst sinnloses und chaotisch wirkendes Gegenteil. Das Theater des Barock versuchte die Welt in ihrer von Gott vorgesehenen Ordnung zu zeigen und das Gott wohlgefällige Verhalten des Menschen in ihr. »Alles ist nur Theater!« enthält davon nichts. Es besagt, auf sehr viel nähere und handgreiflichere Realitäten bezogen: Alles wird gespielt, gespielt als vorstellbare Möglichkeit von Schicksal, Zufall, Konsequenzen. Alles meint dann auch die Bühne mit Kulissen, Prospekt und gespielten Rollen. Alles ist nur Theater, Theater aber nicht als Deutung der Welt und ihres Sinnes, sondern als durch Spiel erlebbar vermittelte Möglichkeiten von Welt, Gesellschaft und Mensch untereinander und gegeneinander. Wenn es in solchen gespielten Möglichkeiten Wendungen gibt, so ist die schlimmstmögliche die zur Komödie. Der Bischof in den *»Wiedertäufern«* kann zutreffend sagen:

»Das Possenspiel unseres Lebens /
Das mühsame Herumstolpern auf der Flucht vor der Wahrheit und auf der Suche nach ihr /
Wird auf den Brettern leicht, ein Tanz, ein Gelächter, ein wohliger Schauer /
Mitspieler in Wirklichkeit, verstrickt in Schuld, Mitwisser von Verbrechen /
Brauchen wir die Täuschung loser Stunden Zuschauer nur zu sein.«[18]

Neben den grotesken Komödien *Dürrenmatts* verzeichnet die deutschsprachige Dramatik, auch die der Gegenwart, kaum groteske Theaterstücke von Rang.

Versuche in dieser äußerst anspruchsvollen Spezies bleiben bisher entweder im bedeutungslosen und aussagelosen Nonsensspiel stecken oder produzieren auf schwerfällige Art den Eindruck nicht recht in den Griff gekommener Absurdität.

Als Beispiel für einige ähnliche Versuche des ersten Typs seien *»Die bösen Köche«* von *Günter Grass* genannt. Abgesehen von seinem bedauerlichen grundsätzlichen Irrtum, als hochtalentierter Erzähler auch exzellente Dramen schreiben zu können, erweist sich gerade an seinen *»Bösen Köchen«*, daß im ironisch angelegten Erzählablauf durchaus überzeugend wirkende sprachliche Gestaltungseigenheiten im Drama als an falscher Stelle eingesetzte Elemente den beabsichtigten Effekt nicht auslösen und nur langweilig wirken. Nicht viel anders ist es um die Einakter von *Grass* bestellt. Der ihnen gemäße Ort theatralischer Verwirklichung ist nicht die Bühne des Theaters, sondern die Kleinkunstbühne des Kabaretts mit all ihren Möglichkeiten, kritische bis böse Bezüge zwischen gespielter »Handlung« und Zeitzuständen herzustellen.[19]

Literatur

Friedrich Dürrenmatt

Dramen:

Es steht geschrieben, Basel 1947; Zürich ³1965.
Neufassung unter dem Titel, Die Wiedertäufer. Eine Komödie in 2 Teilen, Zürich 1967.
Der Blinde, Zürich 1960, ²1965.
Die Ehe des Herrn Mississippi, Zürich 1952.
Neufassung, Zürich 1957; Hamburger Fassung, Zürich 1972.
Ein Engel kommt nach Babylon, Zürich 1954 (Neufassung 1957), Zürich ⁶1970.
Grieche sucht Griechin. Prosa-Komödie, Zürich 1955, Zürich ⁸1970.
Romulus der Große, Basel 1956; überarbeitet 1958; neue Fassung 1964; Basel ⁹1970.

Der Besuch der alten Dame (ursprünglich: Komödie der Hochkonjunktur), Zürich 1956, Zürich ¹⁸1971.
Frank der Fünfte. Oper einer Privatbank (Musik: Paul Burkhard), Zürich 1960.
Die Physiker, Zürich 1962; ¹⁴1971.
Herkules und der Stall des Augias (1954 Hörspiel, als Drama umgearbeitet), Zürich 1963, Neuauflage Zürich 1974.
Der Meteor, Zürich 1966, Zürich ³1970.
König Johann (nach Shakespeare), Zürich 1968.
Play Strindberg (nach A. Strindberg, »Totentanz«), Zürich 1969.
Titus Andronicus (nach Shakespeare), Zürich 1970.
Portrait eines Planeten, Zürich 1971.
Der Mitmacher, Zürich 1973.

Hörspiele:

Stranitzky und der Nationalheld (1952); 1959 als Drama, Zürich ²1968.
Das Unternehmen der Wega 1955; erweitert 1969; neu gestaltet, Zürich 1974.
Die Panne. Eine noch mögliche Geschichte, 1956; Neuauflage Zürich 1975.
Nächtliches Gespräch mit einem verachteten Menschen. Ein Kurs für Zeitgenossen, 1957, Zürich ⁵1967.
Herr Korbes empfängt, Zürich 1957.
Der Prozeß um des Esels Schatten, Veränderte Neuausgabe, Zürich 1975.
Abendstunde im Spätherbst, Zürich ³1970.
Der Doppelgänger, Zürich 1960, Zürich ²1968.

Theatertheoretische Schriften:

Theater-Schriften und -Reden Bd. 1, Zürich 1966, ³1970;
  Bd. 2, Dramatisches und Kritisches, Zürich 1972.
Theaterprobleme, Zürich 1955, Zürich ⁷1974.
Bekenntnisse eines Plagiators (1952). In: Dt. Literaturkritik der Gegenwart, 1971, Bd. IV, 1, S. 426 ff.
Monstervortrag über Gerechtigkeit und Recht — nebst einem helvetischen Zwischenspiel. Eine kleine Dramaturgie der Politik, Zürich 1969, ²1972.

Sammelbände:

Komödien I, Zürich 1957, Zürich ⁹1970.
Komödien II und frühe Stücke, Zürich 1970.
Komödien III, Zürich 1971.
Gesammelte Hörspiele, Neuauflage Zürich 1970; ⁵1971.

Literatur zu Friedrich Dürrenmatt:

Allemann, Beda, Friedrich Dürrenmatt. »Es steht geschrieben«. In: Das deutsche Drama vom Barock bis zur Gegenwart, Interpretationen, Bd. 2. Hrsg. von Benno von Wiese, Düsseldorf 1962.
Allemann, Beda, Die Struktur der Komödie bei Frisch und Dürrenmatt. In: Das deutsche Lustspiel, T. 2. Hrsg. von Hans Steffen, Göttingen 1969.
Angermeyer, Hans Christoph, Zuschauer im Drama. Brecht — Dürrenmatt — Handke, Frankfurt a. M. 1971.
Arnold, Armin, Friedrich Dürrenmatt, Berlin 1969.

Bänzinger, Hans, Frisch und Dürrenmatt. Sechste, neu bearb. Auflage, Bern, München 1971.

Brock-Sulzer, Elisabeth, Friedrich Dürrenmatt. Stationen seines Werkes, vierte ergänzte Auflage, Zürich 1973.

Durzak, Manfred, Dürrenmatt/Frisch/Weiss. Deutsches Drama der Gegenwart zwischen Kritik und Utopie, Stuttgart 1972.

Hansel, Johannes, Friedrich-Dürrenmatt-Bibliographie, Bad Homburg/Berlin/ Zürich 1968.

Heuer, Fritz, Das Groteske als poetische Kategorie. Überlegungen zu Dürren- matts Dramaturgie des modernen Theaters. In: Dt. Vjschr. 47, 1973, S. 730 ff.

Jauslin, Christian M., Friedrich Dürrenmatt. Zur Struktur seiner Dramen, Zürich 1969.

Jenny, Urs, Friedrich Dürrenmatt, Velber b. Hannover, ⁴1970.

Knapp, Gerhard P. (Hrsg.), Friedrich Dürrenmatt. Studien zu seinem Werk, Heidelberg 1976.

Knopf, Jan, Friedrich Dürrenmatt (Reihe Autorenbücher, Bd. 3), München 1976.

Neumann, Gerhard, Friedrich Dürrenmatt. In: Neumann, G., Schröder, J., Karnick, M.: Dürrenmatt — Frisch — Weiss. Drei Entwürfe zum Drama der Gegenwart, München 1969, S. 27 ff.

Poser, Therese, Friedrich Dürrenmatt. In: Zur Interpretation des modernen Dramas. Brecht — Dürrenmatt — Frisch. Hrsg. von Rolf Geissler, Frank- furt a. M. 1969.

Profitlich, Ulrich, Friedrich Dürrenmatt. Komödienbegriff und Komödien- struktur, Stuttgart 1973.

Völker, Klaus, Das Phänomen des Grotesken im neuen deutschen Drama. In: Sinn oder Unsinn? Das Groteske im deutschen Drama. Fünf Essays..., Basel 1962 (Theater unserer Zeit, Bd. 3), S. 9 ff.

Der unbequeme Dürrenmatt. Mit Beiträgen von Gottfried Benn, Elisabeth Brock-Sulzer, Fritz Buri, Reinhold Grimm, Hans Mayer und Werner Oberle, Basel, Stuttgart 1962 (Reihe: Theater unserer Zeit, Bd. 4).

Theater ohne Drama oder das »Sprechstück«

Peter Handke

In seinem *»Brief über Theater«* schrieb *Peter Handke* u. a.:

»Ich wollte die Wirkung des Beat an mir — und die war eine umstürzlerische — anderen mitteilen, indem ich mit Wörtern und Sätzen eine strukturell ähnliche Wirkung erzeugte; vor allem wollte ich Theater machen.«[1]

Es trifft sicher zu, wenn *Ernst Wendt* sagt, *Handkes* Stücke »richten sich auf gegenüber einer weitgehend von Dokumentarspielen beherrschten Situation, sie verweisen darauf, daß die bloße Anhäufung protokollarisch gesicherter Fakten und die bloße Abschilderei von dem, was der Betrachter zuvor als die Realität deklariert hat, auch nur zu bloßen Lügen führen«.[2]

Mit seiner *»Publikumsbeschimpfung«* hat *Handke* das Theater, genauer gesagt, das traditionelle Spannungsverhältnis zwischen Bühne und Zuschauerraum, umzukehren versucht. Das Publikum, das ins Theater kommt, um ein wie auch immer gelungenes Theatererlebnis zu haben, wird nicht nur enttäuscht, es wird beschimpft, verhöhnt, verbal zumindest angegriffen und auf jede nur mögliche Weise beleidigt. Von Umkehrung der tradierten Situation ist mit Recht zu sprechen. Denn: In der *»Publikumsbeschimpfung«* geht es nicht mehr darum, daß die Schauspieler sich im Urteil des Publikums bewähren; hier ist das Publikum in Rang und Parkett gefordert, sich vor den Akteuren auf der Bühne zu behaupten.

Nun aber ist der Wortlaut der *»Publikumsbeschimpfung«* alles andere als der Text eines Dramas. Das »Stück« hat keine Handlung. Die sprachliche Grundform der Dramatik, den Dialog, gibt es nicht, ebensowenig das Gegenüber der Repräsentanten gegeneinander stehender Fronten. Das angesprochene Gegenüber ist das Publikum. Es soll durch die bis zum Exzess wiederholten Beschimpfungen nach und nach dazu gebracht werden, zu reagieren und zurückzuschimpfen. Das kann zwar von großer Wirkung sein. Gewiß hat aber das, was sich zwischen den vier Schauspielern auf der Bühne und dem Publikum abspielt, nichts mehr mit dem — auch modernen — Drama zu tun. Es ist gute, mit geradezu ausgeprägtem Instinkt für das eben jetzt Interessante zeitentsprechend gebrachte »Show« neuer Art. Der Erfolg ist ohne Zweifel berechtigt. Nur: Von einem Drama kann man dabei nicht mehr sprechen.

Handkes erstes »Sprechstück« lieferte Regie und Schauspielern einen am ehesten dem Libretto vergleichbaren Text aus dem Vorrat der Sprache an Schimpfwörtern und Schimpfreden, der mit suggestiven Aufforderungen an das Publikum, etwas Bestimmtes zu tun (etwa zu atmen, um sich seiner Gliedmaßen bewußt zu werden) durchsetzt ist. Der Text wirkt durch die Komposition sprachlicher Ausdrucksnuancen und ihren rhythmischen und gestischen »Satz«. Die Vorbilder für den gestischen Ausdruck der *»Publikumsbeschimpfung«* liefern »die kirchliche Litanei, die Anfeuerungsrufe und Schimpfchöre auf Fußballplätzen, die Rolling Stones, die Simultansprecher bei den Vereinten Nationen, die Beatles-Filme, ... Gebärden bekannter Schauspieler«.[3] *Handke* selbst behauptet, daß seine Sprechstücke kein Bild der Welt, sondern einen Begriff von der Welt gäben. Daß ein Begriff von der Welt durch Sprache hergestellt und vermittelt werden kann, steht außer Zweifel. Ob es durch die in rhythmisch-gestischer Komposition von Einzelstimmen und Chor konzentrierte Anhäufung von Schimpfwörtern in der aggressiven, an ein Publikum gerichteten Anredeform geschehen kann, ist fraglich.

Um als Drama zu gelten, das einen Begriff von der Welt gibt, fehlt der das Drama erst konstituierende Gegenspieler auf der Bühne, im Fall der *»Publikumsbeschimpfung«* der mit der Beschimpfung Angegriffene und seine Reaktion auf diese. Der Zuschauer als Objekt eineinhalb Stunden hindurch auf ihn einprasselnder Schimpforgien kann nicht die Stelle des Dialogpartners im Drama einnehmen. Er wird unweigerlich zum überraschten Opfer einer anhaltenden konzentrierten Aggression: Entweder er erleidet hilflos die gegen ihn verbal vorgetragenen Attacken, oder er wehrt sich, in die Enge getrieben, mit blindwütiger Aggression seinerseits.

Um Drama zu verwirklichen, war dem Zuschauer seit je die Freiheit des Urteils über Verhalten und Handeln der auf der Bühne agierenden Personen garantiert. In *Handkes* »Sprechstück« wird ihm diese Freiheit verweigert. Er hat zuzuhören, es sich gefallen zu lassen, oder er darf zurückschimpfen. Auf die Frage, ob ein derartiges »Sprechstück«, wenn schon kein Beitrag zum Drama, so doch wenigstens einen Schritt in Richtung auf ein »Neues Theater« darstellt, kann die Antwort nur negativ ausfallen, solange man nicht davon überzeugt ist, daß Theater und Beatschuppen ein- und dasselbe sind.

In der *»Publikumsbeschimpfung«* die vielfach variierte, kombinierte, gesteigerte aggressive Artikulation des Sprachvorrats an Beschimpfungsformen — in *»Das Mündel will Vormund sein«* (1969) das Stummbleiben der Sprache in einer Bühnen- und Szenenrealität ohne jedes gesprochene Wort! Dieses »sprachlose« Spielstück *Handkes* geschieht in einer Bühnenwirklichkeit, die dem Zuschauer einen Bauernhof mit gemalten Rüben- und Gemüsefeldern und eine typische

Bauernstube vor Augen stellt. In dieser »Welt« das Mündel, starr, stupide, stumm, aufmüpfig, und der Vormund als primitiver, gefühllos-egoistischer Repräsentant besitz- und kraftbewußter Überlegenheit des Herrn über den Knecht. Wortlose Vergegenwärtigung der in dieser Konstellation vorgegebenen Spannung durch gespieltes Grundverhalten, Mimik, stark kontrastierte Gestik und in überlangen Dehnungen ausgeführte Tätigkeit des einen wie des anderen. Ein Beispiel dafür: Der Vormund liest die Zeitung, da holt das Mündel ein kleines Buch, unterstreicht in diesem Wörter, malt das Buch voll und malt dann auf dem nackten Arm weiter. Man sieht zugleich, daß der Vormund am Arm tätowiert ist: Nachahmung des Vormunds (und Lehrherrn) durch den Untergebenen, der, von Angst und Unsicherheit gehemmt, mühsam versucht, das zu werden und zu sein, was der Vormund ist oder doch in seinen Augen darstellt. Ein anderes Beispiel: Der Vormund schneidet sich Finger- und Fußnägel. Diese lang ausgedehnte Beschäftigung veranlaßt das Mündel, währenddessen mehr als dreißig Kalenderblätter abzureißen. Auch wenn es einen Apfel ißt, oder wenn es lernt, wie man Rüben schneidet, wiederholt sich dieser Vorgang.

Nach *Handkes* Äußerung soll das Stück ohne Sprache Herrschaftsverhältnisse demonstrieren und zeigen, daß sie sich auch ohne Worte praktizieren lassen. Ob man eine derartige gestische Demonstration als *Pantomime* bezeichnen kann, bleibt fraglich. Von einem Drama kann jedenfalls auch bei diesem wortlosen Spiel zwischen Mündel und Vormund keine Rede sein.

Chronologisch gingen dem sprachlosen bzw. stummen Spiel ein Spiel um den Erwerb von Sprache und um die Konsequenzen des Sprechenkönnens sowie ein selbst für *Handke* relativ kurzes Stück mit dem Titel *»Selbstbezichtigung«* voraus. Das letztere ist sicher als beabsichtigte Irritation des Publikums konzipiert, entsprechend angelegt und durchgeführt: Nach der Verdunkelung des Zuschauerraums sieht der Zuschauer im voll aufgeblendeten Bühnenlicht etwa drei bis vier Meter voneinander entfernt die völlig nackten Körper eines Schauspielers und einer Schauspielerin. Nur ihre Gesichter sind durch eine Gesichtsmaske unkenntlich gemacht. Und nun sprechen beide überdehnt langsam und monoton ihre (besser des Autors) Erfahrungen über das Leben als ein Lernen in einer Sprechweise aus, die den Zuschauer wie eine Litanei, deren Ende unabsehbar ist, anmuten muß. Auch die *»Selbstbezichtigung«* ist kaum ein Drama. Inwieweit es die modischen Entblößungen in zahllosen Produkten der sogenannten »Kulturindustrie« ironisch zu spiegeln unternimmt oder ihnen vielmehr auch auf der Bühne des Theaters nach bislang zwar mehrfach angesetzten, aber aus Rücksicht auf Empfindlichkeiten des Publikums auf halbem Wege gestoppten Versuchen zum Durchbruch zu verhelfen, bleibt offen.

1967 lag *Handkes* Sprechstück *»Kaspar«* vor.[4] Ein Jahr darauf wurde es gespielt.[5] Bislang erörterte der Autor in seinen Stücken ebenso kenntnisreich wie kritisch die Sprache; Sprache allerdings immer als Sprechenkönnen des Menschen allgemein, vor allem aber des oder der je gemeinten und betroffenen Individuen seiner »Sprechstücke« verstanden. Mit *»Kaspar«* ist zwar auf Kaspar Hauser — als Anlaß für das von *Handke* Versuchte — verwiesen. Absicht des Autors war es aber keinesfalls, aufzudecken, wer der rätselhafte historische Kaspar Hauser tatsächlich war und wie sich sein Schicksal erklärt. Der Autor wollte vielmehr mit den Mitteln seines Spiels demonstrieren, was möglich war (oder auch heute noch ist) mit einem Menschen, der, seinen Lebensjahren nach bereits »erwachsen«, erst noch lernen muß zu sprechen.

Der Prozeß, den der Text in von der Sache her erforderlichem, betont verzögertem »Fortschreiten« nach und nach vorführt, ist eine für die Vertreter der »Modern Linguistics« akzeptable Darstellung des Sprache schrittweise lernenden und dadurch zum Sprechen fähig werdenden Individuums. Daß sich gerade im Fortschreiten eines solchen Prozesses auch im Bezugssinn eines Wortes oder sogar einer vorgeprägten Sprachform das, was gesagt werden sollte, als Aussage über etwas ganz anderes oder Gegenteiliges auswirken kann, demonstriert *Handkes* »Sprechstück« immer wieder.

Das Stück soll an einem Individualfall vorführen, was mit der zweifelhaften Hilfe der »Einsager« an Manipulation möglich ist.

»Die Stimmen, die auf den Helden einsprechen, sollten, obwohl in ihrem Sinn immer ganz verständlich, die Sprechweisen von Stimmen sein, bei denen auch in der Wirklichkeit ein technisches Medium zwischengeschaltet ist: Telefonstimmen, Radio und Fernsehansagerstimmen, die Stimmen der Zeitansage im Telefon, die automatischen Antworttonbänder (ZUGAUSKUNFT BITTE WARTEN), die Sprechweisen von Fußballkommentatoren, von Stadionsprechern, von Kommentatoren in den lieblicheren amerikanischen Zeichentrickfilmen, von Ansagern der Zugauskünfte und -abfahrten, von Interviewern, von Gymnastiklehrerinnen, die in der Sprechweise ihrer Bewegungsanweisungen sich dem Ablauf der Gymnastikbewegungen anpassen, von Sprachkursschallplatten, von Polizisten, wie sie bei Aufläufen durch Megaphone sprechen etc. etc. —« (*Handke* in der einleitenden Regieanweisung zum *»Kaspar«*).

Alle Sprechweisen sollen nur so angewendet werden, daß durch sie »der *Sinn* oder *Unsinn* des Eingesagten verdeutlicht wird«.

Kaspar lernt durch Nachsprechen, sich in der Wirklichkeit zurechtzufinden. Wörter, die Sachen benennen, bannen die Angst vor ihnen, geben dem Sprache Erwerbenden trügerische Sicherheit. Im ersten Satz, den Kaspar spricht und den er viele Male wiederholen wird: »Ich möcht ein solcher werden wie einmal ein anderer gewesen ist«, reflektiert Kaspar bereits über sich selbst. Mit Hilfe der »Einsager« erwirbt Kaspar die Fähigkeit des Vergleichens, Folgerns und Defi-

nierens. Ja, er kann schließlich sogar selbständig Sprachfiguren bilden, wenngleich nur in Analogie zu solchen, die ihm »eingesagt« wurden. Es gelingt Kaspar offenbar, die Welt durch die in langwierigem Lernprozeß erworbene Fähigkeit des Sprechens (*Handke* sagt, man könne diesen Prozeß auch als »Sprechfolterung« bezeichnen) zu *seiner* Welt zu machen. Sie könnte wohnlich für ihn sein. Aber: In jeder Sprachsicherheit lauert auch von Anbeginn die Unsicherheit und für das Ich dessen Verunsicherung. Wenn es von ihm (im 25. Bild) heißt: »Kaspar schafft sich seine eigenen (drei) Wände«, so scheint der Prozeß seiner Integration in das Sprechen erfolgreich beendet zu sein. Aber eben hier erweist sich für Kaspar, daß Sprechen*können* zugleich Sprechen*müssen* ist. Die eben begriffene Sicherheit schlägt in Unsicherheit um. Freiheit, mühsam erworben, wird unversehens zum Zwang. Im zweiten Teil des »Stücks um Sprache« werden immer wieder Szenen aus dem ersten Teil in verdichteter Form aufgegriffen, jetzt aber wirken sie nicht mehr als Schritte zur Freiheit hin, sondern als quälende Erfahrungen. Hinter dem einen sprechenden Kaspar tauchen neue kleinere Kaspars auf. Sie stören ihn und das, was er sagen möchte, durch Schreien, Quieken, Feilen, Sägen und alle nur irgendwie produzierbaren Geräusche. Kaspar, der zu sprechen gelernt hat, muß seine stolze Erkenntnis »Ich bin, der ich bin« schon wenig später revidieren. Andere Kaspars kommen auf die Bühne. Er, der »Sprechkaspar«, ist nur einer von vielen. Die vielen kleinen Kaspars rücken ihm auf den Leib. Sie überdecken, überlagern, überwachen ihn. Der Triumph, sprechen zu können und dadurch zu einem seiner selbstbewußten Ich geworden zu sein, schlägt ins Negative um. Unsicherheit gewinnt die Überhand. Kaspar weiß nicht mehr, was er eben gesagt hat. Sätze, die er auszusprechen gelernt hat, helfen ihm nicht, als die kleinen Kaspars ihn fällen: »Jeder Satz ist für die Katz«. — Er kann sich der vielen kleinen Kaspars nicht erwehren, da es ihm nicht gelungen ist, als ein in sich ruhendes Ich er selbst zu werden: »Man hat mich in der Hand. Ich bin nur zufällig Ich ...« Kaspar fällt in dem Augenblick, in dem der Bühnenvorhang fällt. Unter dem immer schriller werdenden Geräusch des Vorhangs hört man mit Kaspars Stimme die zwischen langen Pausen gesprochenen Wörter: »Ich: bin: nur: Ziegen und Affen: Ziegen und Affen.«
Gegenstand von *Handkes* »Kaspar« ist zwar im Fortschreiten des Texts als Wortlaut der Sprechen lernende und am erlernten Sprechen scheiternde Titelheld. Das in diesem Prozeß tatsächlich zur Frage gestellte Objekt aber ist die Sprache, genauer das dem Menschen beigebrachte Sprechenkönnen als Ermöglichung der Existenz in der Gesellschaft und als Knebelung seiner individuellen Freiheit. Der Text demonstriert das zutreffend. Nur ist der Text, auch wenn er auf einer Bühne vor Zuschauern gespielt wird, kein Drama. *Handke* bestätigt

das selbst in der das Sprechstück einleitenden sehr ausführlichen Regieanweisung:

»Sie [die Zuschauer] erkennen sofort, daß sie einem Vorgang zusehen werden, der nicht in irgendeiner Wirklichkeit, sondern auf der Bühne spielt. Sie werden keine Geschichte miterleben, sondern einen theatralischen Vorgang sehen ... weil keine Geschichte vor sich gehen wird, können sich die Zuschauer auch keine Nachgeschichte vorstellen, höchstens ihre eigene ...«

Es ist vielleicht doch mehr als nur zufällig, daß das Stück *»Kaspar«* eben zu der Zeit entstand, als die öffentliche Diskussion kaum ein anderes Problem zum Gegenstand hatte als die Sprache und ihre Verwendung durch die Herrschenden, die von ihnen Abhängigen zu unterdrücken und weiterhin unterdrückt zu halten. Die Frage drängt sich auf, ob das Stück nicht auch als eine auf die Bühne zugeschnittene Exemplifikation der in den politisch-weltanschaulichen Aktionen zwischen 1967 und 1969 endlos wiederholten Beschuldigungen der Sprache als Unterdrückungsinstrument seitens der »herrschenden Klasse« verstanden werden könnte. *Handkes* Sprechstück über das Sprechenlernen und Sprechenkönnen und die Fragwürdigkeit des letzteren wäre auch dann noch kein Drama. Es hätte aber die Eigenschaften eines »Librettos« für ein gezielt eingesetztes »Politisches Theater« nach dem Vorbild von *Piscators* »Politischem Theater« der »Zwanziger Jahre«.

Handkes Sprechstück *»Der Ritt über den Bodensee«*[6] gibt sich schon durch das dem Text vorangestellte Zitat als Traumspiel zu erkennen: »Träumt ihr oder redet Ihr?« Was in dem zum Titel des Stücks gewählten Zitat der Überschrift von *Gustav Schwabs* Ballade angedeutet werden soll, ist nicht ohne weiteres schlüssig zu erkennen. Die Ballade berichtet, daß ein Reiter über die schneebedeckte, äußerst dünne Eisfläche des Bodensees geritten war, ohne einzubrechen und die große Gefahr für sein Leben zu ahnen, da er das Eis für verschneites Land hielt. Als er erfährt, in welcher Gefahr er sich befand, läßt ihn das jähe Erschrecken tot zusammenbrechen.

In *Handkes* Werk ist die alltägliche, von sinnleeren Floskeln durchsetzte Sprache jene dünne zerbrechliche Schicht über dem Abgrund, die den Menschen solange trägt, wie er sie — irrtümlich — für soliden Boden hält.

Das immer wieder seltsam gehemmte Verhalten der Personen auf der Bühne erinnert an das Verhalten von Menschen, die, aus Schlaf und Traum erweckt, sich noch traumbefangen bewegen, handeln und sprechen. Der Traum oder die Träume, um die es geht, sind Alpträume, deren Inhalte in den fetzenartig aneinandergestellten Dialogen allenfalls angedeutet, aber an keiner Stelle zusammenhängend berichtet werden. Alles, was die Schauspieler Emil Jannings, Heinrich George, Elisabeth Bergner, Erich von Stroheim, die Zwillinge Ellen und Alice Kessler in Dialogansätzen, die abbrechen, ehe sie zu einem Abschluß gekommen sind, sagen oder in zumeist schon vor der Ausführung gebremsten Bewegungen zu tun versuchen, ist eine ungewollte Demonstration einer durch Konventionszwang, Schuldbewußtsein und durch aus der Wiederholung des immer gleichen erwachsenden Langeweile. Jede beginnende »Szene« vergegenwärtigt dem Zuschauer eine jener typischen, in Film und Fernsehen und auf der Bühne bereits oft gesehenen Szenen. Keine wird beendet. Die fünf Hauptpersonen mit ihren in der Theater- und Filmwelt berühmten Namen führen eine Art immer wieder unterbrochenen Tanz auf, einen Tanz, in dem private Empfindlichkeiten, Verstörungen, störende Retrospektiven und narzistische Selbstbespiegelung Tonlage, Tempo und Rhythmus bestimmen.

Neu (nicht nur für das Drama und das Theater) ist, daß es im »Spiel ohne Sinn« (das scheint es schließlich zu sein) kein deduktives »Weil« oder »Warum« gibt. Wenn zum Beispiel eine Kommodenschublade klemmt, fragt keiner der Betroffenen nach der Ursache hierfür. Man konstatiert: Sie klemmt! Man läßt es dabei bewenden. Die Erkenntnis, daß man auch ohne die Frage nach dem Warum sein Leben führen kann, löst unter den agierenden Schauspielern eine Art »Freiheitsfest« aus.

Das Ganze soll auf einer Bühne gespielt werden, von der aus eine von jeder Seite her geschwungene Doppeltreppe nach oben zu einem in den Bühnenraum vorstoßenden Balkon führt. Auf der Bühne sind zu Beginn Sessel, Sofas, Tische, Wandbilder mit weißen Schonbezügen überzogen, die im Fortgang des fragmentarischen Dialogs nach und nach »enthüllt« werden. Im Szenischen kommt es immer wieder zu einer Konstellation, aus der »echte« dramatische Szenen entstehen könnten. *Handke* greift keine von ihnen auf. Er schreibt statt dessen Szenen, in denen das durch Abhängigkeiten oder psychische Hemmungen bedingte Verhalten der jeweiligen Hauptfigur das Abbrechen des szenischen Vorgangs fordert.

Der von der Kritik als erstes echtes Theaterstück bezeichnete Text »*Der Ritt über den Bodensee*« ist als Ganzes trotz seiner zahlreichen dramatischen Elemente kein Drama. Der ohne Gliederung in Szenen ununterbrochen fortgeführte Text verwendet immer wieder erzählende Formen. Er bewegt sich auf der Grenzlinie zwischen Erzählung und Dialog, die sich zur Parodie des Theaters und seiner immer wiederholten typischen Versatzstücke (als Bühnenausstattung wie als Szene und Dialog) als besonders geeignet erweist. Alle für das traditionelle Theater typischen »gewohnten« Elemente haben sich decouvriert als durch ständige Wiederverwendung abgegriffene, längst verbrauchte Versatzstücke. Sie sind danach im übertragenen Sinn so tot wie der Reiter in *Schwabs* Ballade. Das heißt mit anderen Worten, daß das bisherige, das gewohnte Theater sein Ende erreicht hat und nicht fortgesetzt werden kann. Ein neues, anderes, überzeugenderes

Theater aber ist bisher nicht erfunden und erprobt. Auch *Handkes* »*Sprechstücke*« bleiben auf die traditionelle Bühne und ihre verschlissenen Versatzstücke angewiesen.

Literatur

Peter Handke

Dramen:

Publikumsbeschimpfung, Frankfurt a. M. 1966; ferner in: Spectaculum X, 1967, und in: Prosa/Gedichte/Theaterstücke/Hörspiel/Aufsätze, Frankfurt a. M. 1969.
Weissagung, Frankfurt a. M. 1966.
Selbstbezichtigung, Frankfurt a. M. 1966.
Kaspar, Frankfurt a. M. 1968; ferner in: Theater 1968, Velber 1969; in Spectaculum XII, 1969.
Das Mündel will Vormund sein. In: Prosa..., Frankfurt a. M. 1969; ferner in: Theater heute, Februar 1969.
Der Ritt über den Bodensee, Frankfurt a. M. 1971; ferner in: Theater heute, Oktober 1970; in Spectaculum XIV, 1971.
Die Unvernünftigen sterben aus, Frankfurt a. M. 1973; ³1974.

Literatur zu Peter Handke:

Klein, Wolfgang, Über Peter Handkes Kaspar und einige Fragen der poetischen Kommunikation. In: Moderne Dramentheorie. Hrsg. von Aloysius van Kesteren und Herta Schmid, Kronberg/Ts. 1975, S. 300 ff.
Scharang, Michael (Hrsg.), Über Peter Handke, Frankfurt a. M. 1972, ²1973.

Das Drama der Gegenwart: Sackgasse oder »Neue Gleise«?

Die in der »Einleitung« ausgesprochene Behauptung, daß es so etwas wie das zeitgenössische deutsche Drama als einen durch gemeinsame Eigenschaften inhaltlicher und formaler Art im weitesten Sinne des Begriffs zeitentsprechenden Dramentyp nicht gibt, hat sich bestätigt.

Das Panorama »zeitgenössisches Drama« stellt sich als ein Nebeneinander einer Reihe von durch unterschiedliche Tendenzen bestimmten, ihrer äußeren Form nach dramatischen Texten dar. Das zeigt sich in der Unmöglichkeit einer an überwiegend ähnlichen inhaltlichen oder formalen Kriterien orientierten umfassenden Benennung, wie sie vergleichsweise noch für das »naturalistische« oder »expressionistische« Drama ohne Schwierigkeit möglich war. Bezeichnungen wie »Das Drama nach 1945« oder »Das zeitgenössische Drama« besagen lediglich etwas über die Entstehungszeit, nichts aber über spezifische Eigenschaften bzw. gemeinsame Merkmale des Dramas dieses Zeitraums.

Die verschiedenen Tendenzen im zeitgenössischen Drama insgesamt haben ihrerseits bisher nicht zur Herausbildung bestimmter, sich voneinander abgrenzender Dramentypen geführt. Die Überschriften der einzelnen Abschnitte dieses Buches möchten daher nicht als Bezeichnungen fixierbarer und beschreibbarer Typen oder Kategorien des zeitgenössischen Dramas verstanden sein. Sie versuchen nur, anhand sich andeutender Schwerpunkte oder Gruppierungen innerhalb des gesamten Panoramas »Zeitgenössisches Drama« vorsichtige Orientierungshilfen zu geben. Wie weitreichend die einzelnen von unterschiedlichen Wirkungsabsichten bestimmten »Gruppen« zeitgenössischer Dramatik tatsächlich ineinander übergehen und sich als letztlich mehreren solcher »Gruppen« zugehörig erweisen, ist dargelegt worden. So etwa, daß das »Dokumentarische Zeitstück« zugleich zeitgenössisches Geschichtsdrama, Versuch der Vergangenheitsbewältigung und politisch-weltanschauliches »Argumentationsdrama« ist, etc.

Gemeinsam ist allen zeitgenössischen Dramen, auch solchen, die sich in Thema, Stoff und Personen nicht ausdrücklich mit ihr befassen, die »jüngste Vergangenheit« als Bewußtseinskomplex. Die »Wirklichkeit«, die das zeitgenössische Drama darstellt und in der seine Personen handeln und leiden, für ihre Rechte kämpfen oder ihre Ausbeutung tatenlos ertragen, sich durchsetzen oder untergehen, vergegenwärtigt fast ausnahmslos die Wirklichkeit der durch Naziherrschaft, politischen Terror, Massenmord, Krieg, Zerstörung, Vertreibung, Gefangenschaft, Schuldkomplexe und Wiederaufbauleistungen geprägten Zeit und die durch sie bestimmte Mentalität des heutigen Menschen. Als Täter und Erleidende bestätigen sie diese »Wirklichkeit«, sie versuchen, sie zu verändern oder richten sich schlecht und recht in ihr ein.

Die durch die Zielvorstellungen bzw. Wirkungsabsichten der Autoren bestimmte Wahl der Situationen, Probleme und Personen sowie die unterschiedlichen sprachlichen und szenischen Anlagen und Ausformungen des zeitgenössischen Dramas habe ich anhand einer Auswahl charakteristischer Beispiele darzustellen versucht. Dabei hat sich erwiesen, daß trotz unterschiedlicher Sehweisen, Problemstellungen und Gestaltungen die oben bezeichnete »Wirklichkeit« einer in ihren Grundlagen wie in ihren Lebensbedingungen für den Menschen veränderten Welt jeweils bestimmend »mitspielt«. Je weiter die Technisierung und die verwaltende Organisation in ihr fortschreiten, die an sich dem Wohl des Menschen dienen sollten, um so mehr fühlt sich der Mensch als ihr hilfloses Opfer. Das zeitgenössische Stück, das ihn in dieser Rolle vergegenwärtigt, findet je nach der spezifischen Problemstellung die für das Vorhaben besonders geeignete Form im Drama des Absurden oder im grotesken Drama. In beiden bildet die Wirklichkeit der Gegenwart den Anlaß des Geschehens und bestimmt die besondere Eigenart seiner dramatischen Gestaltung.

Eine weitere Gemeinsamkeit der untereinander durchaus verschiedenartigen zeitgenössischen Dramen beruht auf den Wirkungen der Stücke *Brechts* und den Prinzipien seiner Dramaturgie. Von den jüngeren deutschen Dramenautoren, deren Stücke in diesem Buch behandelt werden, hat sich keiner den Wirkungen *Brechts* ganz zu entziehen vermocht, auch diejenigen nicht, die seinen Einfluß bestreiten (wie etwa *Peter Handke*) oder Stücke schreiben, für die *Brecht* und seine Technik des Verfremdungseffekts keine Rolle spielen sollen (wie etwa Verfasser des »Neuen Volksstücks«, die sich bewußt auf *Ödön von Horváth* und ausdrücklich nicht auf *Brecht* berufen). Aber auch in der betonten Ablehnung von *Brechts* »Stücken« und seiner »nichtaristotelischen Dramaturgie« bestätigt sich deren Wirkung, da sie die Auseinandersetzung mit ihnen ausgelöst und zu Versuchen in einem »nichtbrechtschen Drama« geführt hat.

Die zeitgenössischen deutschen Dramatiker brauchten *Brecht* als anerkanntes oder abgelehntes, auf jeden Fall faszinierendes Beispiel. Soweit sie sich von ihm zu befreien und ein von ihm unabhängiges Drama zu schreiben behaupten, ist solche Absicht Folge der Auseinandersetzung mit ihm, nur eben so, daß keiner der »Weg-von-Brecht-

Dramatiker« bisher vermocht hat, Dramen zu gestalten, die *Brecht* widerlegen und ihn an Qualität überholen. *Brecht* wußte spätestens seit etwa 1930 sehr genau, welche Art Drama man schreiben und mit welchen Mitteln man inszenieren muß, um dem Zuschauer Vergnügen zu bereiten, jenes theatralische Vergnügen, das ihn sogar die gut verpackte »Belehrung« unbemerkt akzeptieren läßt. Die penetrant demonstrierte Absicht, den Zuschauer zu belehren, sei es weltanschaulich oder politisch, pervertiert das Drama zur Lektion und seine Aufführung zur Podiumsdiskussion oder Unterrichtsstunde. Diese bei manchen zeitgenössischen Autoren vorherrschende Tendenz markiert eine heute akute Todesgefahr für die Gattung Drama. Soweit sie sich auf *Brecht* beruft, bezeugt sie ein grundsätzliches Mißverständnis des »Stückeschreibers«.

In einem für *Brechts* Auffassung von der Wirkung seiner Stücke auf den Zuschauer entscheidenden Punkt allerdings sind ihm die Verfasser des zeitgenössischen Dramas nicht gefolgt. Nach *Brecht* soll dem Zuschauer im gespielten Vorgang auf der Bühne demonstriert werden, daß »die Welt« (d. h. der Zustand der gesellschaftlichen Verhältnisse) schlecht und der Mensch in der Lage ist, die als veränderbar dargestellte Welt zum Besseren zu wenden. Der Zuschauer soll durch die Brechtschen Stücke dazu gebracht werden, die als behandelbar gezeigte »Welt« durch politische Aktivität zu verändern.

Selbst die sozial engagierten Autoren des »Neuen Volksstücks« des deutschen Dramas nach *Brecht* scheinen derartige utopische Vorstellungen nicht zu hegen. Sie versuchen lediglich dem Zuschauer unvertretbare Zustände, Mängel, Nöte, Ängste, Hoffnungen und Verzweiflungen der mühseligen Existenz der Angehörigen unterprivilegierter Randgruppen der bestehenden Gesellschaftsordnung vor Augen zu führen. Als eine entscheidende Ursache für die Hilflosigkeit dieser sozialen Randgruppen stellen die Verfasser des »Neuen Volksstücks« vor allem die Unfähigkeit heraus, Probleme in einer Sprache zu artikulieren, die in der Öffentlichkeit wie in Behördenzimmern verstanden wird.

Daß solche Stücke praktisch wirkungslos bleiben müssen, hat zweierlei Gründe, die schließlich auch auf das Versäumnis ihrer Autoren, *Brecht* als Modell zu begreifen, zurückzuführen sind. Zunächst diesen: Die Angehörigen der dargestellten Gruppen gehen nicht ins Theater. Wenn sie es täten, wären sie enttäuscht darüber, daß man ihnen nichts Angenehmeres und Erfreulicheres als das hoffnungslose Grau in Grau ihrer ihnen nur allzu vertrauten Alltagswelt zeigt. Einen Anstoß zur aktiven Bemühung um deren Änderung zum Positiven nähmen sie aus derart verfehlten Theatererlebnissen nicht mit. Der andere Grund: Die theaterbesuchenden Schichten leben zwar nicht unter den Existenzbedingungen der sozial schwachen Klassen. Sie kennen sie aber aus der Realität zur Genüge, so daß das auf der Bühne sich schlecht und recht zwischen Bekanntem und wenig Spannendem, zwischen Sprachfragmenten und Pausen hinschleppend Gezeigte keine Teilnahme oder gar aktive Parteinahme auslöst.

Eben hier aber könnte die dramatisch wirksam eingesetzte »Verfremdung«, wie Brecht sie in seiner »Neuen Schauspielkunst« entwickelt und in seinen Gedanken zu einer neuen Dramaturgie dargelegt hat, den bislang ausgebliebenen Erfolg ermöglichen.

Die graue Alltagswelt der Bewohner eines niederbayerischen oder oberösterreichischen Dorfes mit ihren kleinen Problemen kann das Interesse der Theaterbesucher kaum erreichen. Der Abtreibungsversuch einer ungewollt Schwangeren mit einer Stricknadel als Szene eines »Volksstücks« ist von eher abstoßender als interesseweckender Wirkung. Das Brechtsche Element der »Verfremdung« könnte gerade bei dieser Art von Stücken, richtig eingesetzt, jenes bisher mangelnde Interesse des Publikums ansprechen und es zum Mitgehen mit den Zielvorstellungen der Autoren bewegen. Obwohl Rainer Taëni diese Möglichkeit schon in seinem 1968 erschienenen Buch »Drama nach Brecht« ausführlich erörtert hat,[1] gibt es bisher keine Versuche, das »Neue Volksstück« durch gekonnt verwendete »Verfremdungseffekte« zu der Wirkung zu bringen, die seine Verfasser von ihm erwarten.

Im Unterschied zum »Neuen Volksstück« macht das zeitgenössische Drama des Absurden und Grotesken mit unbestrittenem Erfolg von den Möglichkeiten der »Verfremdung« Gebrauch. Unter den zeitgenössischen Dramatikern deutscher Sprache verwendet Dürrenmatt diese Möglichkeiten konsequent und mit bestätigendem Erfolg. Die unerwartete Wendung zum Schlimmstmöglichen, die er als die Wendung zur Komödie versteht, leistet ein Äußerstes an Verfremdung. Die Kombination des Verfremdungseffekts mit den Darstellungsmitteln des Komischen in seinen Dramen verweist auf eine zeitgemäße, durchaus weiter ausbaufähige Möglichkeit für ein zukünftiges Drama.

Einen anderen Weg versucht Frisch mit seiner »Biografie. Ein Spiel« zunächst experimentell zu erschließen: Die Loslösung des vorstellbaren Geschehens zwischen Menschen von der in der Tradition des Dramas festgelegten Kausalität des Geschehensablaufs zwischen Exposition und Katastrophe. Wie schon in seinem von ihm selbst als »Theaterroman« bezeichneten »Mein Name sei Gantenbein« versucht Frisch im Verhalten des Professors Kürmann, der die Chance bekommt, »noch einmal anfangen« zu können, die Möglichkeiten einer nicht von vornherein vorgegebenen dramatisch-tragischen Entwicklung durchzuspielen. Die Art und Weise, wie Kürmann seine Chancen, sein ihm vorgegebenes Leben (mit den Erfahrungen des bereits gelebten) »nutzt«, erweist im Grunde nur des Menschen Eingebundensein in seine persönlichen Eigenschaften, in seine schicksalhafte Vorbestimmtheit zu einem bestimmten Leben und seine Unfähigkeit, sich ihnen zu entziehen.

Festzuhalten bleibt: Das Drama ist — unabhängig von der Zeitlage, in der es entsteht und deren Problematik es vergegenwärtigt — die mit den Mitteln der Sprache gestaltete Ausdrucksform des menschlichen Konflikts, der Handlung auslöst und in deren Verlauf die Probleme des Daseins zwischen Schicksal und Schuld, sozialen Voraussetzungen und Hoffnungsinhalten anhand des Handelns und Leidens seines Helden miterlebbar macht. Eben das aber vermag es seinem Wesen und seinen spezifischen Ausdrucksmöglichkeiten nach nur durch die Herausstellung des individuellen Konflikts des sich mit sich selbst und mit einem ihm konfrontierten Du, das — unter gewissen Umständen — auch die gegenwärtige Gesellschaft oder bestimmte politische oder soziale Zustände sein können. Eben letztere aber sind heute die Gegenstände, die die Themen und Problemkonstellationen für die von den modernen Medien und ihren technisch vervollkommneten Darstellungsmöglichkeiten liefern, für das Fernsehspiel, den modernen Film und das Hörspiel.

Gerade in Anbetracht dieser Tatsache sollten sich die heutigen und zukünftigen Verfasser von Dramentexten für das Theater darüber Gedanken machen, wo sich zwischen Fernsehspiel, Film und Hörspiel das Feld abzeichnet, auf dem das Drama auch heute im Rahmen seiner ihm vorgegebenen Möglichkeiten seine spezifischen Aufgaben in der heutigen Gesellschaft finden und erfüllen kann.

Soweit wir zur Zeit zu sehen vermögen, ist es der gesamte Bereich des Individuellen, nach *Max Frisch* des »Privaten«. Das heißt, daß auch das Drama von heute und morgen keine andere Aufgabe und Funktion hat und haben kann als jene, die es, von Zeitalter zu Zeitalter unterschiedliche Formen der sprachlichen und szenischen Verwirklichung hervorbringend, erfüllt hat: Den Menschen als in Konflikte geratendes, sie bestehendes oder ihnen unterliegendes Wesen vorzustellen, in dessen Ich Veranlagung, Schicksal und Schuld Anlaß und Verlauf des in der dramatischen Handlung in Dialog und Szene verwirklichten Vorgangs bestimmen.

Eine in allen geistigen und materiellen Bereichen von Grund auf veränderte Zeit und die dieser Veränderung entsprechende Mentalität des heutigen Menschen verlangen auch vom Drama die Anpassung seiner Themen und seiner formalen Gestaltung an die derzeitige Lebensrealität. Das zeitgenössische Drama muß die der Zeit gemäßen neuen Mittel und Wege in Themenwahl und Gestaltung finden, wenn es weiter überleben und gefragt bleiben will. Nicht verändern darf es das uralte Prinzip, aus dem es lebte und das ihm seine Funktion im öffentlichen Leben zuwies: Die Problematik des menschlichen In-der-Welt-Seins zwischen Schicksal und Schuld im Konflikt des einzelnen mit dem »notwendigen Gange des Ganzen« so unmittelbar und intensiv zu verwirklichen, daß der Zuschauer in dem durch die Bühne Vorgestellten sich selbst erkennt, sich selbst auch in seinem ethischen Gefordertsein durch die Gesellschaft, der er angehört und für die er mitverantwortlich ist. Außer in den Dramen von *Frisch* und *Dürrenmatt*, die zumindest Möglichkeiten einer Lösung des derzeitigen Dilemmas des zeitgenössischen deutschen Dramas aufzuweisen versuchen, lassen sich positive Entwicklungsmöglichkeiten für die Zukunft zur Zeit nicht erkennen. Jede bloße Vermutung hätte den Charakter von Prophetie. Sie hat mit diesem Buch und den Absichten seines Verfassers nichts zu tun.

Anmerkungen

Einleitung

1 *Rainer Taëni*, Drama nach Brecht. Möglichkeiten heutiger Dramatik, Basel 1968 (Theater unserer Zeit, Bd. 9).
2 Vgl. *Friedrich Georg Jünger*, Über das Komische, Frankfurt a. M. 1948. Jüngers Darlegungen sind nicht im strengen Wortsinn »wissenschaftlich«. Sie erfassen und erklären das Wesen des Komischen aber präziser als die meisten rein wissenschaftlichen Publikationen über die Komödie.
3 Vgl. dazu *Peter Szondi*, Theorie des modernen Dramas, Frankfurt a. M. ³1963.
4 Vgl. *Gerhart Baumann*, Arthur Schnitzler. Die Welt von Gestern eines Dichters von Morgen, Frankfurt a. M., Bonn 1965.

Das Drama der »Zwanziger Jahre«

1 *Franz Werfel*, Gedicht »Der Revolutionär«. In: F. Werfel, Gedichte, Wien (Zsolnay-Verlag), 1927, S. 320.
2 *Bertolt Brecht*, Trommeln in der Nacht. Zitiert nach B. Brecht, Erste Stücke, Band 1, Berlin (Suhrkamp-Verlag) 1957, S. 204.
3 Vgl. *Walter Hinck*, Das moderne Drama in Deutschland, Göttingen, o. J. (1973). Hinck bringt in seinem ebenso informativen wie kritischen Überblick über das moderne Drama erstmals eine sachliche Bestandsaufnahme der Dramenproduktion der »Zwanziger Jare« und ihrer unterschiedlichen Tendenzen und Ausprägungen.
4 *Helmut Lethen*, Neue Sachlichkeit 1924—1932. Studien zur Literatur des »weißen Sozialismus«, Stuttgart 1970, S. 9.
5 Vgl. dazu den Versuch eines solchen Vergleichs bei Hinck, a.a.O., S. 67.
6 Vgl. *Jost Hermand*, Ernst Toller: »Hoppla, wir leben!« In: Jost Hermand, Unbequeme Literatur. Eine Beispielreihe, Heidelberg 1971, S. 134.
7 Dazu *Walter Hinck*, Das moderne Drama in Deutschland, Göttingen o. J. (1973), S. 78.
8 Zu beiden Dramentypen *Volker Klotz*, Geschlossene und offene Form im Drama, München 1960.
9 Zitiert nach: *Günther Rühle*, Theater für die Republik 1917/1933, Frankfurt a. M. 1967, S. 32.
10 *Günther Rühle*, Theater für die Republik 1917/1933, Frankfurt a. M. 1967, S. 36.

Das deutsche Drama seit 1945

1 Ausstellungskatalog »Als der Krieg zu Ende war«, Katalog Nr. 23 der Sonderausstellungen des Schiller-Nationalmuseums. Ausstellung und Katalog von Gerhard Hay, Hartmuth Rambaldo, Joachim von Storck, Kösel-verlag München 1973.
2 *Rainer Taëni*, Drama nach Brecht. Möglichkeiten heutiger Dramatik, Basel 1968 (Theater unserer Zeit, Band 9).
3 *Tankred Dorst*, Toller, Frankfurt a. M. 1968. Dazu: Werkbuch über Tankred Dorst. Hrsg. von Horst Laube, Frankfurt/Main 1974.
4 *Wolfgang Hildesheimer*, Erlanger Rede über das absurde Theater. In: Spectaculum 6, Frankfurt a. M. 1963.

5 *Christian Dietrich Grabbe*, Über die Shakespeare-Manie, 1827.
6 *Marianne Kesting*, Das deutsche Drama seit Ende des Zweiten Weltkriegs. In: Manfred Durzak, Die deutsche Literatur der Gegenwart. Aspekte und Tendenzen, Stuttgart 1971, S. 76 ff.
7 Zitiert nach: *Erich Franzen*, Formen des modernen Dramas. Von der Illusionsbühne zum Antitheater, München o. J. (1961), ²1970, S. 175.

Die Anfänge einer neuen Dramatik

1 Vgl. *Helmut Motekat*, Gedanken zur modernen deutschen Kurzgeschichte. In: Der Deutschunterricht, Tübingen 1957, H. 1.
2 *Wolfang Borchert*, Draußen vor der Tür. Ein Stück, das kein Theater spielen und kein Publikum sehen will. In: W. Borchert, Das Gesamtwerk, Hamburg 1949; Zitat nach: Bd. 51 der Reihe »Bücher der Neunzehn« 1951, S. 157/158.

Das dokumentarische Zeitstück

1 *Walter Muschg*, Hochhuth und Lessing. In: »Der Stellvertreter« von Rolf Hochhuth, Hamburg 1963, S. 296.
2 *Herbert Ihering* am 13. 9. 1926 im »Berliner Börsencourier«, zitiert nach *Günther Rühle:* Theater für die Republik, Frankfurt a. M. 1967, S. 722.
3 Zitiert nach *G. Rühle*, a.a.O., S. 721.
4 Definition laut dtv = Lexikon IV, S. 146.
5 *Rolf Hochhuth*, Der Stellvertreter, S. 229.
6 a.a.O., S. 229.
7 a.a.O., S. 23.
8 a.a.O., S. 81.
9 a.a.O., S. 86.
10 a.a.O., S. 36.
11 a.a.O., S. 23.
12 a.a.O., S. 26.
13 a.a.O., Vorwort zur Buchausgabe, S. 7 bzw. S. 9.
14 *Rolf Hochhuth*, Das Absurde ist die Geschichte. In: Theater 1963, S. 73.
15 *Rolf Hochhuth*, Der Stellvertreter, S. 30.
16 a.a.O., S. 30.
17 a.a.O., S. 83.
18 a.a.O., S. 117.
19 a.a.O., S. 175.
20 a.a.O., S. 175.
21 a.a.O., S. 168.
22 a.a.O., S. 9 (Vorwort von Erwin Piscator).
23 a.a.O., S. 14 (Erklärung des Autors nach der als »Personen« überschriebenen »dramatis personae«).
24 *Rolf Hochhuth*, Soll das Theater die heutige Welt darstellen? In: Rolf Hochhuth, Die Hebamme/Erzählungen/Gedichte/Essays, Hamburg 1971, S. 324.
25 *Henning Rischbieter / Ernst Wendt*, Deutsche Dramatik in West und Ost, Velber 1965, S. 11.
26 *Rolf Hochhuth*, Der Stellvertreter, S. 216.
27 a.a.O., S. 60.
28 a.a.O., S. 188 f., S. 196.
29 a.a.O., S. 197.
30 a.a.O., S. 197.

31 *Georg Hensel*, Theater der Zeitgenossen. Stücke und Autoren, Frankfurt
   a. M.—Berlin—Wien 1972, S. 146.
32 a.a.O., S. 147.
33 *Heinar Kipphardt*, In der Sache J. Robert Oppenheimer, Frankfurt a. M.
   1964, S. 142 (»Nachbemerkung«).
34 a.a.O., S. 142.
35 a.a.O., S. 142.
36 a.a.O., S. 45.
37 a.a.O., S. 104.
38 a.a.O., S. 14.
39 a.a.O., S. 140.
40 a.a.O., S. 139 f.
41 *Bertolt Brecht*, Leben des Galilei, Stücke 8, S. 188.
42 *Bernd Naumann*, Auschwitz. Bericht über die Strafsache gegen Mulka u. a.
   vor dem Schwurgericht Frankfurt, Frankfurt a. M. 1968, S. 7 ff.
43 *Peter Weiss*, in: »Der Spiegel« 43/1965, S. 152.
44 Ders., Fluchtpunkt, Frankfurt a. M. 1962, S. 137.
45 Ders., Meine Ortschaft, Frankfurt a. M. 1968, S. 114.
46 Ders., Fluchtpunkt, S. 148.
47 Ders., Die Ermittlung, S. 8.
48 Ders., a.a.O., Einbanddecke innen.
49 a.a.O., S. 8.
50 a.a.O., S. 88.
51 a.a.O., S. 88.
52 a.a.O., S. 89.
53 *Peter Weiss*, in: »Der Spiegel« 43/1965, S. 152.
54 *Peter Weiss*, Gesang vom Lusitanischen Popanz und andere Stücke, München (dtv) 1969.
55 Vorbemerkung zu *Peter Weiss*, Gesang vom Lusitanischen Popanz und
   andere Stücke, München (dtv) 1969, S. 8.
56 Eine zutreffende Charakteristik der elf Nummern bzw. »Gesänge« gibt
   Henning Rischbieter, Peter Weiss, Velber 1967 (»Friedrichs Dramatiker des
   Weltheaters«, Band 45), S. 82 ff.

Ein neues Geschichtsdrama in einer Zeit ohne historisches Bewußtsein?

1 *Peter Weiss* im Feuilleton der Wochenzeitung »Die Zeit« vom 10. September 1967.
2 *Peter Weiss*, Die Verfolgung und Ermordung des Jean Paul Marat, dargestellt von der Schauspielgruppe des Hospizes zur Charenton unter der
   Leitung des Herrn de Sade, Drama in zwei Akten, Frankfurt a. M. 1964
   (edition suhrkamp 68).
3 U. a. in: *Peter Weiss*, Gegen die Gesetze der Normalität, Rede zur Strind-
   berg-Feier. In: »Akzente«, August 1972; Der große Traum des Brief-
   trägers Cheval. In: »Akzente«, Oktober 1960; Avantgarde Film: In:
   »Akzente«, April 1963.
4 Vgl. hierzu die sachlich-kritische Auseinandersetzung mit den frühen
   Dramen von Peter Weiss von *Manfred Karnick*, Peter Weiss' dramatische
   Collagen. Vom Trauerspiel zur Agitation. In: G. Neumann, J. Schröder,
   M. Karnick, Dürrenmatt. Frisch. Weiss. Drei Entwürfe zum Drama der
   Gegenwart. Mit einem einleitenden Essay von Gerhart Baumann, München
   1969, S. 115 ff. Ferner: *Manfred Durzak*, Dürrenmatt Frisch Weiss. Deut-
   sches Drama der Gegenwart zwischen Kritik und Utopie, Stuttgart 1972,
   S. 243 ff.
5 *Peter Weiss*, Rapporte, Frankfurt a. M. 1968, S. 7.

6 a.a.O., S. 7.
7 a.a.O., S. 14.
8 Gespräch mit Peter Weiss im August 1965, geführt mit *Ernst Schumacher*. In Materialien zu Peter Weiss' Marat/Sade, Frankfurt a. M. 1967, S. 108.
9 *M. Karnick*, Peter Weiss' dramatische Collagen, S. 126.
10 »Marat/Sade«, S. 96.
11 *Peter Schneider*, Über das Marat-Stück von Peter Weiss. In: Materialien zu Peter Weiss' Marat/Sade, edition suhrkamp 232, Frankfurt a. M. 1967, S. 129 f.
12 *Manfred Durzak*, a.a.O., S. 277.
13 *Peter Weiss*, Hölderlin, Frankfurt a. M. 1971 (Bibliothek Suhrkamp, Band 297).
14 *Manfred Durzak*, Dürrenmatt Frisch Weiss Deutsches Drama der Gegenwart zwischen Kritik und Utopie, Stuttgart 1972, S. 331.
15 Vgl. die von *Durzak*, a.a.O., S. 333 angeführten Textbeispiele.
16 Zitiert nach *Durzak*, a.a.O., S. 334.
17 *Peter Weiss* im »Spiegel«-Interview: »Warum verkroch sich Hölderlin im Turm?« In: »Der Spiegel« vom 13. 9. 1971, S. 166.
18 Vgl. u. a. *Günter Zehm*, Der manipulierte Hölderlin. In: »Die Welt« vom 24. 9. 1971, Nr. 222: »Alles an dem Peter-Weiss-Stück ist ... historisch falsch, und zwar bis ins letzte Detail hinein ...« oder Hartmut Lange, Ein linkes Heldenlied — ein roter Schimmel. In: Süddeutsche Zeitung vom 4. 12. 1971.
19 *Weiss*, Hölderlin, 2. Akt, 8. Bild, S. 174.
20 *Durzak*, a.a.O., S. 335.
21 *Weiss*, Hölderlin, 1. Akt, 2. Bild, S. 50.
22 Die Kritik hat das mit Recht verurteilt, so etwa *Reinhard Baumgart*, der in seiner Rezension »Von Arkadien in Kistchen«, Süddeutsche Zeitung vom 28. 9. 1971, schreibt, Goethe und Schiller seien als »Feldwebel der Ästhetik« dargestellt. Ähnlich auch *Rolf Michaelis* in »Hölderlin im Panoptikum«, Frankfurter Allgemeine Zeitung vom 8. 10. 1971.
23 *B. Brecht*, »Choral vom Manne Baal«. In: Bertolt Brechts Hauspostille, Berlin und Frankfurt a. M. o. J. (1927), S. 125 f.

Das »Neue Volksstück«

1 *Bertolt Brecht*, Anmerkungen zum Volksstück, in: Gesammelte Werke, Bd. 17 (Schriften zum Theater, Bd. 3) S. 1162.
2 Vgl. *Hilde Spiel*, Jung Graz. Ein neuer Sturm und Drang? in: «Theater heute«, Dezember 1970.
3 a.a.O., S. 42.
4 *Ödön von Horváth*, Gebrauchsanweisung, in: Materialien zu Ödön von Horváth. Frankfurt a. M. 1970, S. 54.
5 Laut Münchner Abendzeitung vom 22. Juni 1966.
6 Vgl. *Curt Riess*, Theaterdämmerung oder das Clo auf der Bühne, Hamburg 1970.
7 *Ödön von Horváth*, Gebrauchsanweisung, a.a.O., S. 55.
8 *D. Hildebrandt*, Der Jargon der Uneigentlichkeit, Notizen zur Sprachstruktur in Horváths »Geschichten aus dem Wienerwald«, in: Materialien, a.a.O., S. 236.
9 *Ödön von Horváth*, Zur schönen Aussicht. Ges. Werke, 2 Bde., S. 286, 52. Szene.
10 *Wilhelm Emrich*, Die Dummheit oder das Gefühl der Unendlichkeit. In: W. Emrich, Geist und Widergeist. Wahrheit und Lüge in der Literatur, Frankfurt a. M. 1965, S. 187.
11 Ders., a.a.O., S. 187.

197

12 *Ödön von Horváth*, Kasimir und Karoline, Ges. Werke, Bd.1, 88. Szene, S. 308.
13 Vgl. *K. Kahl*, Ödön von Horváth, Velber 1966 (Friedrichs Dramatiker des Welttheaters, Bd. 18).
14 *Franz Xaver Kroetz*, Liegt die Dummheit auf der Hand? Süddeutsche Zeitung, Feuilleton Nr. 278 vom 20./21. 11. 1971.
15 Vgl. *Günther Rühle*, Leben und Schreiben der Marieluise Fleißer aus Ingolstadt. In: Theater heute, Jahressonderheft 1972.
16 *Franz Xaver Kroetz*, Liegt die Dummheit auf der Hand?, a.a.O.
17 Die Texte der drei Dramen unter dem Titel *Martin Sperr*, Bayerische Trilogie, suhrkamp taschenbuch 28, Frankfurt a. M. ³1975.
18 Das kritische Urteil von *Curt Riess*, Theaterdämmerung oder das Clo auf der Bühne, Hamburg 1970, zeigt sich u. a. auch durch Sperrs »Münchner Freiheit« bestätigt.
19 *F. X. Kroetz*, Beitrag zum Horváth-Colloquium. In: Theater heute, Dezember 1971, S. 13.
20 Ders., Vor dem Text von »Heimarbeit«, Stück in 20 Bildern. In: F. X. Kroetz, Heimarbeit. Hartnäckig. Männersache. Drei Stücke. edition suhrkamp 473, Frankfurt a. M. 1971, S. 8.
21 *Hellmuth Karasek*, Die Sprache der Sprachlosen. In: Theater heute, Jahressonderheft 1971, S. 9.
22 *F. X. Kroetz*, Heimarbeit. Hartnäckig. Männersache, S. 8.
23 Ders., Programmheft der Münchner Kammerspiele, Vorbemerkung des Verfassers zur Aufführung des Stücks »Heimarbeit«, Spielzeit 1970/71.
24 *F. X. Kroetz*, Vorbemerkung zu »Heimarbeit«, im Programmheft der Kammerspiele München, Spielzeit 1970/71.
25 *B. Henrichs*, Abend der Sprachlosen. Zwei Einakter von F. X. Kroetz, im Münchner Werkraumtheater uraufgeführt. In: Süddeutsche Zeitung, Feuilleton, am 7. April 1971.
26 Vgl. *Volker Klotz*, Geschlossene und offene Form im Drama, München, ⁵1970.
27 Vgl. *Peter Szondi*, Theorie des modernen Dramas, Frankfurt a. M. ⁶1969, insbesondere über Episierungstendenzen im naturalistischen Drama.
28 *Friedrich Hebbel*, Tagebücher. In: Friedrich Hebbel, Sämtliche Werke, hrsg. von Richard M. Werner, Tagebücher, Band 3, S. 131.
29 *F. X. Kroetz*, Vorbemerkung zu »Heimarbeit«, a.a.O.
30 *Rainer Werner Faßbinder*, Antitheater. Katzelmacher, Preparadise sorry now, Die Bettleroper, Frankfurt 1970, und Antitheater II. Das Kaffeehaus / Bremer Freiheit / Blut am Hals der Katze, Frankfurt 1972.

Sinnlosigkeit als Thema: Das zeitgenössische Drama des Absurden

1 *Thomas Bernhard*, Rede, als Danksagung bei der Entgegennahme des Österreichischen Staatspreises für Literatur. In: »Neues Forum — Dialog 15, 1968, H. 173.
2 a.a.O.
3 *Thomas Bernhard*, Der Italiener. In: Insel-Almanach auf das Jahr 1965, Frankfurt a. M. 1964. Vgl. auch (allgemein), Über Thomas Bernhard. Hrsg. von Anneliese Botond, Frankfurt a. M. 1970.

Plebejer und Heimkehrer

1 *Martin Walser*, Eiche und Angora. In: M. Walser, Gesammelte Stücke, Frankfurt a. M. 1971 (suhrkamp taschenbuch 6), S. 53 ff.

2 *Günter Grass*, Die Plebejer proben den Aufstand. Ein deutsches Trauerspiel. In: G. Grass, Theaterspiele, Darmstadt und Neuwied 1970; als
  Rowohlt-Taschenbuch, Reinbek bei Hamburg 1975, S. 173 ff.
3 *Bertolt Brecht*, Schriften zum Theater, Band 3, Formprobleme des Theaters
  aus neuem Inhalt, S. 1143 (als Band 17 der Gesammelten Werke, Frankfurt a. M. 1968).

Das Fragwürdigwerden der Identität

1 *Max Frisch*, Tagebuch 1946—1949, Frankfurt a. M. 1950, S. 29 ff.
2 Ders., Montauk. Eine Erzählung, Frankfurt a. M. 1975.
3 *Jürgen Schröder*, Spiel mit dem Lebenslauf. Das Drama Max Frischs. In:
  G. Neumann, J. Schröder, M. Karnick, Dürrenmatt Frisch Weiss, München 1969, S. 63 f.
4 Nach *Horst Bienek*, Werkstattgespräche mit Schriftstellern, München 1965,
  S. 26.
5 a.a.O., S. 27.
6 *Max Frisch*, Andorra, Stück in zwölf Bildern, Frankfurt a. M. 1961.
7 *Max Frisch*, Tagebuch 1946—1949, S. 32 ff.
8 *Horst Bienek*, a.a.O., S. 28.
9 *Max Frisch*, Andorra, S. 11 f.
10 *Horst Bienek*, Werkstattgespräche, S. 25.
11 In *Heinz Ludwig Arnold*, Gespräche mit Schriftstellern, München 1975,
  S. 35.
12 *Max Frisch*, Daten und Anmerkungen zu »Andorra«. In: Stücke, Band 2,
  Frankfurt a. M. 1962, S. 347.
13 Ders., Tagebuch 1946—1949, S. 19 f.
14 *Heinz Ludwig Arnold*, a.a.O., S. 38.
15 U. a.: *Klaus Matthias*, Die Dramen von Max Frisch. In: Literatur in
  Wissenschaft und Unterricht, III, H. 3, 4 (1970), S. 129—150 und 236 bis
  252. *Hellmuth Karasek*, Max Frisch, Velber 1968 (Friedrichs Dramatiker
  des Welttheaters, Bd. 17), S. 90.
16 Etwa *Helmut Krapp*, Das Gleichnis vom verfälschten Leben. In: Spectaculum V, Frankfurt/Main 1963, S. 282 ff. u.a.
  Vgl. dazu *Manfred Durzak*, Dürrenmatt Frisch Weiss. Deutsches Drama
  der Gegenwart zwischen Kritik und Utopie , Stuttgart o. J. (1972),
  S. 227 ff.
17 *Manfred Durzak*, a.a.O., S. 230.
18 *Jürgen Schröder*, a.a.O., S. 87.
19 *Max Frisch*, Tagebuch 1946—1949, S. 246.
20 a.a.O., S. 19.
21 a.a.O., S. 120.
22 a.a.O., S. 251.
23 *Max Frisch*, Mein Name sei Gantenbein, Frankfurt a. M. 1964.
24 a.a.O., S. 8.
25 a.a.O., S. 29 f.
26 *Max Frisch*, Biografie. Ein Spiel, Frankfurt a. M. 1967.
27 a.a.O., S. 28.
28 a.a.O., S. 119.
29 *Max Frisch*, Mein Name sei Gantenbein, S. 29.
30 *Max Frisch*, Tagebuch 1946—1949, S. 65.
31 *Max Frisch*, Öffentlichkeit als Partner, Frankfurt a. M. 1967, S. 76.
32 a.a.O., S. 79.
33 *Max Frisch*, Tagebuch 1946—1949, S. 116.
34 *Horst Bienek*, Werkstattgespräche mit Schriftstellern, München 1965, S. 29.

35 *Max Frisch*, Tagebuch 1946—1949, S. 66.
36 *Max Frisch*, Mein Name sei Gantenbein, S. 103.
37 *Max Frisch*, Tagebuch 1946—1949, S. 135.

Tragikomik und Groteske im Drama

1 *Arnold Heidsieck*, Das Groteske und das Absurde im modernen Drama, Stuttgart Berlin Köln Mainz o. J. (1969); *Martin Esslin*, Das Theater des Absurden, Frankfurt a. M. · Bonn 1964; vgl. auch Wolfgang Kayser, Das Groteske in Malerei und Dichtung, Reinbek bei Hamburg o.J. (1960).
2 *G. Neumann, J. Schröder, M. Karnick*, Dürrenmatt — Frisch — Weiss, München 1969, S. 21.
3 *Friedrich Dürrenmatt*, Theater = Schriften und Reden. Hrsg. von Elisabeth Brock-Sulzer, Zürich 1966, S. 136 f.
4 *Gerhard Neumann*, Friedrich Dürrenmatt. In: G. Neumann, J. Schröder, M. Karnick, Dürrenmatt Frisch Weiss, München 1969, S. 28.
5 *Friedrich Dürrenmatts* Vorwort zu »Die Panne. Eine noch mögliche Geschichte«, Zürich ²1966, S. 11 ff.
6 *Friedrich Dürrenmatt*, a.a.O.
7 *Friedrich Dürrenmatt*, Theater = Schriften und Reden, S. 122.
8 a.a.O., S. 122.
9 *Friedrich Dürrenmatt*, Die Wiedertäufer. Eine Komödie in zwei Teilen, Zürich 1966, Nachwort, S. 101. Ähnlich auch in »21 Punkte zu den Physikern«. Als Anhang zu »Die Physiker. Eine Komödie in zwei Akten«, Zürich o. J. (1962). Vor allem in den Punkten 3, 4, 5.
10 a.a.O., S. 101 f.
11 *Friedrich Dürrenmatt*, Der Meteor. Eine Komödie in zwei Akten, Zürich o.J. (1966).
12 *Friedrich Dürrenmatt*, Es steht geschrieben. Zu: Komödien II und frühe Stücke, Zürich ⁴1963, S. 23.
13 Vgl. *Friedrich Dürrenmatt*, 20 Punkte zum »Meteor«. Neue Zürcher Zeitung vom 28. 2. 1966.
14 *Friedrich Dürrenmatt*, Der Meteor, S. 67 f.
15 *Gerhard Neumann*, Friedrich Dürrenmatt, Dramaturgie der Panne, S. 51. In: G. Neumann, J. Schröder, M. Karnick, Dürrenmatt — Frisch — Weiss, München 1969.
16 *Friedrich Dürrenmatt*, Theater = Schriften und Reden, a.a.O., S. 122.
17 Ders., Die Wiedertäufer, Eine Komödie in zwei Teilen, Zürich 1967, S. 108.
18 a.a.O., S. 19.
19 *Günter Grass*, Die bösen Köche. Ein Stück in fünf Akten, 1960/61. In: *Günter Grass*, Theaterspiele, Darmstadt und Neuwied (Luchterhand) 1970; Reinbek (Rowohlt) 1975, S. 111 ff. Gemeint sind die Stücke »Hochwasser«, »Onkel, Onkel«, »Noch zehn Minuten bis Buffalo« und »Davor«. Eine Ausnahme bildet das Drama »Die Plebejer proben den Aufstand«.

Theater ohne Drama oder das »Sprechstück«

1 *Peter Handke*, Brief über Theater. In: Theater heute, 1967, H. 2, S. 37.
2 *Ernst Wendt*, Der Behringer der Beat-Generation. In: Über Peter Handke. Hrsg. von Michael Scharang, Frankfurt a. M. 1971, S. 129.
3 *Günther Rühle*, Allerlei Absprünge. In: Über Peter Handke, a.a.O., S. 112.
4 *Peter Handke*, Kaspar, Frankfurt a. M. 1968.

5 Das Stück wurde gleichzeitig am 11. 5. 1968 in Frankfurt a. M. (Theater am Turm) und auf den Städtischen Bühnen Oberhausen uraufgeführt.
6 *Peter Handke*, Der Ritt über den Bodensee, Frankfurt a. M. (Verlag der Autoren) 1970. Weitere Auflagen: Frankfurt a. M. (edition suhrkamp 509) 1971/72.

Das Drama der Gegenwart: Sackgasse oder »Neue Gleise«?

1 *Rainer Taëni*, Drama nach Brecht. Eine Einführung in dramatische Probleme der Gegenwart, Basel—Hamburg—Wien (Basilius Presse) 1968 (Theater unserer Zeit, Band 9).

Register

Ahlsen, Leopold 34, 39
Andres, Stefan 46, 48
Anouilh, Jean 35
Aristoteles 9, 170
Artaud, Antonin 93, 133
Bauer, Wolfgang 106, 107, 125
Beckett, Samuel 121, 161, 170
Bernanos, Georges 35, 46, 48, 49
Bernhard, Thomas 129-134, 175
Bertaux, Pierre 96
Bienek, Horst 145, 146
Borchert, Wolfgang 29, 34, 36, 46
  bis 49, 52
Brecht, Bertolt 10, 11, 12, 17, 18,
  19, 24, 25, 26, 27, 29, 30, 34, 37,
  38, 39, 40, 41, 42, 52, 53, 58, 67,
  69, 72, 73, 74, 75, 76, 85, 89, 94,
  97, 98, 101, 102, 107, 111, 123,
  135, 136, 138, 139, 148, 149, 152,
  189, 190, 191
Brooks, Peter 93, 94
Bruckner, Ferdinand 26
Büchner, Georg 29, 36, 56, 120
Camus, Albert 35
Celan, Paul 66
Chaplin, Charles 67
Churchill, Winston 51, 69
Claudel, Paul 35, 46, 49
Cocteau, Jean 35
Corday, Charlotte 92
Dahn, Felix 89
Deichsel, Wolfgang 106, 108, 111,
  125
Dorst, Tankred 38, 51, 53
Dürrenmatt, Friedrich 160-172, 175
  bis 177, 191, 193
Durzak, Manfred 95, 97, 99, 152
Eliot, Thomas Stearns 35, 46
Enzensberger, Hans Magnus 51, 53,
  77
Faßbinder, Rainer Werner 16, 106,
  126
Fischer, Ernst 27
Fleißer, Marieluise 106, 111, 124
le Fort, Gertrud von 48
Freud, Sigmund 15

Frisch, Max 143-158, 191, 192 193
Fry, Christopher 35
Fuchs, Klaus 73
Gauguin, Paul 26
Giraudoux, Jean 35
Goethe, Joh. Wolfgang 14, 36, 37,
  40, 96
Gogh, Vincent van 26
Grabbe, Christian Dietr. 36, 40, 56,
  89
Grass, Günter 19, 34, 39, 135, 138
  bis 140, 173, 177
Graetz, Wolfgang 51, 53
Grillparzer, Franz 15, 36, 56, 89
Guevara, Che 98
Halbe, Max 15
Handke, Peter 180-187, 189
Hašek, Jaroslaw 136
Hauptmann, Gerhart 15, 28, 36, 123
Hebbel, Friedrich 15, 36, 89, 124
Heine, Heinrich 41
Hensel, Georg 70, 71
Herder, Joh. Gottfr. 106
Hey, Richard 34, 39
Hildesheimer, Wolfgang 34, 39
Hirche, Peter 34, 39
Hochhuth, Rolf 16, 17, 42, 51-69,
  70, 71, 77, 137, 170
Hofmannsthal, Hugo von 15, 16
Hölderlin, Friedrich 96, 99, 100
Holz, Arno 15, 123
Horváth, Ödön von 19, 106, 107,
  108-112, 114, 115, 117, 189
Hubalek, Claus 39
Ihering, Herbert 54
Ionesco, Eugène 41, 170
Jahnn, Hans Henny 32
Jens, Walter 51, 53
Jünger, Ernst 34
Kaiser, Georg 19, 25, 34, 38, 48, 169
Karasek, Hellmuth 116
Kasack, Hermann 25
Kennedy, John F. 53
Kesting, Marianne 41
Kipphardt, Heinar 51, 53, 72-76
Kirst, Helmut 51, 53

Kleist, Heinrich von 36, 37, 163
Kraus, Karl 41
Kroetz, Franz Xaver 16, 106, 107, 108, 111, 114-117, 119-125,
Lampel, Peter Martin 27
Lessing, Gotthold Ephraim 36, 37, 152
Lothar, Peter 51, 53
Lützkendorf, Peter 51, 53
Luft, Friedrich 84
Luxemburg, Rosa 53
Marx, Karl 96, 98
Marat, Jean Paul 92
Miller, Arthur 46, 49
Molière, Jean Baptiste 36
Muschg, Walter 53
Naumann, Bernd 78, 79
Neumann, Gerhard 162
Nestroy, Johann 36
Paquet, Alfons 31
Perten, Hans-Anselm 94
Piscator, Erwin 26, 27, 28, 30, 31, 52, 54, 58, 65, 73, 74, 102, 185
Pius XII. 51
Priestley, John Boynton 35
Oppenheimer, J. Robert 51, 72, 76
Raimund, Ferdinand 36
Raupach, Ernst 89
Sartre, Jean Paul 35
Schiller, Friedrich 17, 36, 37, 54, 55, 56, 58, 96, 176
Schlaf, Johannes 123
Schnitzler, Arthur 15, 16
Schwab, Gustav 185, 186

Shakespeare, William 13, 14, 36, 40, 138, 139, 140, 171
Shaw, George Bernard 36, 144
Sikorski 69
Sommer, Harald 106, 107, 111, 126
Sperr, Martin 106, 107, 108, 111, 112-114, 124
Stalin, Josef 51
Strauss, Richard 16
Swift, Jonathan 161
Swinarski, Konrad 93
Taëni, Rainer 191
Tagger, Theodor s. Bruckner, Ferdinand
Tennessee Williams 46, 49
Toller, Ernst 25, 26, 27, 28, 29, 30, 31, 34, 38, 51, 135
Trotzki, Leo 51
Truman, Harry S. 73
Turrini, Peter 106, 107, 111, 125
Udet, Ernst 89
Unruh, Fritz von 25, 26, 34, 38
Walser, Martin 34, 39, 51, 135-138
Weill, Kurt 39, 138
Weisenborn, Günter 27
Weiss, Peter 17, 51, 53, 77-85, 88, 89, 90-103, 137, 170
Wendt, Ernst 180
Werfel, Franz 24, 26, 135
Wichert, Ernst 89
Wilder, Thornton 35, 36, 46, 49, 170
Wolf, Friedrich 27, 28
Zuckmayer, Carl 19, 34, 37, 38, 49, 88, 89-90, 120

203

Literaturwissenschaft

— Eine Auswahl —

Urs Herzog
Der deutsche Roman des 17. Jahrhunderts
Eine Einführung
184 Seiten. Sprache und Literatur, Bd. 98
Kart. DM 25,—. ISBN 3-17-002831-6

Manfred Durzak
Der deutsche Roman der Gegenwart
Böll — Grass — Johnson — Härtling — Jens — Christa Wolf —
Handke — Wiener
2., erw. Auflage. 424 Seiten. Sprache und Literatur, Bd. 70
Kart. DM 28,—. ISBN 3-17-001310-6

Marianne Kesting
Das epische Theater
Zur Struktur des modernen Dramas
6. Auflage. Urban-Taschenbücher, Bd. 36. DM 8,—
ISBN 3-17-001928-7

R. Grimm/J. Hermand (Hrsg.)
Geschichte im Gegenwartsdrama
Mit Beiträgen von: U. Weisstein, R. Grimm, G. L. Mosse, A. Huyssen, J. Elliot, B. Little, C. Poore, E. Torton Beck, B. Edelson, N. Vedder-Shults, K. L. Berghahn, D. Bathrick
120 Seiten. Sprache und Literatur, Bd. 99. Kart. DM 18,—
ISBN 3-17-002611-9

D. Papenfuss/J. Söring (Hrsg.)
Rezeption der deutschen Gegenwartsliteratur im Ausland
Internationale Forschung zur neueren deutschen Literatur
Tagungsbeiträge eines Symposiums der Alexander von Humboldt-Stiftung, Bonn-Bad Godesberg, veranstaltet vom 21. bis 25. Oktober 1975 in Ludwigsburg
XII, 448 Seiten. Leinen. DM 98,—. ISBN 3-17-002962-2

**Auf Wunsch erhalten Sie unser Gesamtverzeichnis
»Sprache und Literatur«**

Verlag W. Kohlhammer
Urbanstraße 12-16 Postfach 747 7000 Stuttgart 1

103 0080